多多益扇

阿海三侃私家藏扇

黄沂海　著

上海古籍出版社

图书在版编目（CIP）数据

多多益扇：阿海三侃私家藏扇／黄沂海著．—上海：上海古籍出版社，2016.2
ISBN 978 - 7 - 5325 - 7960 - 0

Ⅰ.①多… Ⅱ.①黄… Ⅲ.①扇—收藏—中国 Ⅳ.①G894

中国版本图书馆 CIP 数据核字（2016）第 020908 号

多多益扇

——阿海三侃私家藏扇

黄沂海　著

上海世纪出版股份有限公司
上 海 古 籍 出 版 社 出版
（上海瑞金二路 272 号　邮政编码 200020）
(1) 网址：www.guji.com.cn
(2) E－mail：guji1@guji.com.cn
(3) 易文网网址：www.ewen.co

上海世纪出版股份有限公司发行中心发行经销
印　　刷　上海丽佳制版印刷有限公司
开　　本　710×1000　1/16
印　　张　20.75
字　　数　120,000
版　　次　2016 年 2 月第 1 版　2016 年 2 月第 1 次印刷

ISBN　978 - 7 - 5325 - 7960 - 0/J·542
定价　78.00 元

多多益扇

乙未秋月
戴小京

藏界那么大，我只是个路人甲
(代　序)

　　连续两年参加上海书展的签名售书活动，一本是《漫不经心》，一本是《家俭成储》。两本书著，皆与藏扇无关，却有不少读者捧着我的《扇有善报》《扇解人意》找到展台，让我补签，纷纷打探：下一本藏扇新书何时出版？

　　期待是美好的，过程总是辛劳的。从上一册扇书付梓，到这本续集面世，实足经历了五年时间。光阴荏苒，我见证了市场行情的阴晴冷暖，画廊表情的喜怒哀乐，藏家心情的跌宕起伏，林林总总，心心念念，伴随色彩纷呈的扇面，统统收揽进了字里行间。小小扇面，仿若人面、场面和情面，"翻手为云，覆手为雨"，撩拨了情意，摇曳了星云，纸扇藏伏笔，玄机诗文里。我的爱扇觅扇藏扇研扇之心，日月可鉴呐！

　　向古籍出版社呈报出书选题的同时，依旧为了书名而纠结：扇气迎人？扇气音同膻气，味道欠奉；积扇成德？涉及上层建筑，有些牵强；尽扇尽美？藏品参差不齐，说得太满；我本扇凉？自我意识浓重，不够谦卑；为扇最乐？尚扇若水？从扇如流？多多益扇？……篓里挑花，挑得眼花，索性晒到朋友圈里征求意见，回复来了，多位好友意属"多多益扇"，那我就择善而从，顺水推舟。

　　想想也是，经年累月，集腋成裘，收藏了数百柄扇子，但寻寻觅觅的脚步依然没有停歇。人家韩信点兵，多多益善；我的集藏生活，自然也是多多益"扇"喽！恰如一首耳熟能详的"神曲"所唱到的：怎么爱你都不嫌多……种下希望就会收获……

　　"希望"播种在哪里？以往也去拍卖场里淘宝，天遂人愿，时有斩获。可如今的拍卖领域，鱼目混珠，赝品横行，能有三四成真迹的拍卖会，居然已属"业界良心"，捡漏无疑成了奢望，各种乱象，玄妙莫测，让人畏首畏尾，望而却步。偶遇几件拍品，尚算"真精新"（即品性真、品质精、品相新），却是轿子众人抬，槌子频频敲，钱潮逐浪高，拍价更"碉堡"。没辙，阮囊羞涩，顶多心存侥幸举举牌子，体验"一秒钟拥有"的感觉。更多的拍卖活动，风云诡谲，虚张声势，尤擅摆弄噱头，炮制些"海外回流"、"家属珍藏"的名堂经，外面挂着一棵松，里头只栽一根葱，花好加稻好，忽悠接忽悠，是你欺负我读书少？所以，对于雷到"外焦里嫩"的拍卖会，我早已退避三舍了。

曾有拍卖公司的老总找我，说给你"包装"一下，搞个扇面拍卖专场，肯定拍出好价钱。我想，我的私家藏扇已经写了三本随笔，实话实说，一览无余，还用得着你来"包装"？况且，同扇子耳鬓厮磨，日久生情，甘之如饴，我压根儿还没考虑过脱手换钱呢。要是我的儿子今后也喜欢扇面艺术，几本扇书，几箱藏扇，就算是传家之宝吧。儿子大名黄羽鸿，中间嵌一"羽"字，确乎蕴藏着"户羽为扇"、"羽（与）人为扇（善）"的涵义。

工余玩扇，接受过不少媒体的采访，大凡记者问起收藏，头一个问题几乎都是：你的扇面总共值多少钱？当初投了多少？现在赚了多少？这让我很是扫兴。8年前，我购藏了第一把扇子，即为贺友直的扇画"小二黑结婚"，因了儿时的"小人书"情结，以及对贺老人品艺品的敬仰，纯属喜爱。据说眼下涨了五倍八倍的，与我何干，我怎么会拿自己的童年梦想去"套现"呢？

当然，是藏品总得有个价值，这也无需回避。好比我买扇面，也要探究现时画家的润笔价码，倘若两眼一抹黑，就容易买贵，谁都不会跟自家钱包过不去。但情之所钟与财富增值是慢慢转化的，一上手就急吼吼盯着谁的字画能否涨价赚钱，过于看重投资功能，结果往往用错了表情，坐失了行情，败坏了心情。

对于我的"收藏经"，许多媒体同好表示"看不懂"。按照他们的规则，画家奉上画作，才动笔写文章推介，哪像你，自掏腰包买画，再为之妙笔生花，花钱替人作嫁衣，有空噢！再则，当下我只去相熟的画廊购扇，店家开价，我从不还价。我这样想，若是你锱铢必较，过分精明，一帧扇面也许能还掉千儿八百，但久而久之，人家就对你敬而远之了，许多收藏好机缘已跟你挥手作别。事实证明，能吃亏的人，才配得上好运。因为不断"吃亏"的过程，便是积累人脉、广结善缘的过程，得道多助，厚积薄发，成功的天窗终会被自己不经意地打开。

记得与画家朋友餐叙，觥筹交错之余，我流露出对席间一位文人画家作品的欣赏，人家倒是一派豪爽之气：侬要是不嫌弃，我回去画一幅送侬。我脸皮薄，又忖画家的润金不低，送画就是送钱啊，没有接过话头。过了一段时间，闲逛画廊，撞见这位画家的成扇，我不假思索掏钱买了一柄。此种情形比比皆是，我喜欢这种风清月明两不欠的做派。

　　收藏之道，得失相当，糊涂一分，快乐十分。伴随藏扇生活，"吃亏是福"的真谛，我的体会是越来越真切了。小处吃亏，大处便宜；暂时吃亏，长远受益。

　　人一辈子没法做太多的事，因而每件事都尽可能做得精彩。无论扇小扇大，坚持就是伟大。就一项收藏，八年里写了三本书，日后或许还会继续记述下去，我不晓得自己做得算不算精彩。然而，有句人生箴言，我倒是铭记于心：谦卑是当你有资本高调时，选择了低调；节制是当你有条件奢侈时，选择了朴素；执著是当你面临更多诱惑时，坚守了最初的选择。凡事凡物，准备充分了，缘分就到了；脾气来了，福气就走了！

　　出这本书，情况就是这么个情况。藏扇，我的"小确幸"——微小而确定的幸福。

目 录

藏界那么大，我只是个路人甲（代序）

差钱，不差"钱"
　　——"城隍庙画派"创始人钱慧安溯源 2

红尘呀滚滚，痴痴呀情深
　　——才女画家周炼霞身后的"老八卦" 7

拉到"菜"里都是"兰"？
　　——"兰王"白蕉之低调、高调与腔调 12

碎片化史料，还原不碎的你
　　——"海上新美术先驱"张聿光奇人奇事 17

"月份谢"的"白弄"人生
　　——谢之光"求一赠二"奉送葡萄 21

有一种老头子叫达摩
　　——钱化佛、韩敏、顾伯达佛心画佛扇 25

浓浓墨，淡淡心
　　——来楚生艺品纯粹简简单单才是真 31

时事风俗也"八卦"
　　——吴友如和他的《点石斋画报》 34

进为达官，退亦名士
　　——交通银行创始人叶恭绰的传奇人生 40

人来"刻"往
　　——沈觉初和朵云轩的"硬"道理 45

除了态度还有温度
　　——张石园、顾振乐的师生情缘 49

幽默应笑我
　　——陈从周、潘君诺"趣事一箩筐" 53

冬季到台北来看"虞"
　　——由侯碧漪扇画说到台湾学者虞君质 58

真的，有目共赏
　　——漫话秦淦扇画与艺苑真赏社 61

"姜"是老的辣
　　——姜妙香的怀袖雅墨与舞台绝响 64

"花边新闻"回头看
　　——李根源、唐慎坊"官司"之外笔墨缘 67

"家"·春·秋
　　——细数商业翘楚方积蕾的名衔故事 71

钱袋子，笔杆子，都有两下子
　　——经济学家贺其燊与中央信托局 75

朋友朋友，"碰碰"就有
　　——承名世、涂伯清、涂孝穆名家"三碰头" 78

健碧·秋兰·高花
　　——觅得陈佩秋书法"情面扇面两不欠" 84

听吴超讲述"太爷爷"的故事
　　——"百代印圣"吴昌硕之落"印"缤纷 87

五福厂？王福庵！
　　——持默老人王褆之闲雅逸事 91

"两脚书橱"与"画坛美男子"
　　——胡道静、胡亚光写扇"胡""胡"生风 94

月冷·越亮
　　——多伦路闲拾赵冷月、伏文彦旧作 99

把日子过成诗词
　　——春潮诗社副社长张联芬、施南池能者为"诗" 103

不藏富，不藏娇，惟藏书
　　——"书痴"董康、潘景郑开卷藏卷皆有益 ………………………… 108

西画邂逅国画
　　——李咏森"白寿"之年挥毫花卉扇面 …………………………… 112

生死相隔不相忘
　　——从《黄金时代》说到端木蕻良扇画 …………………………… 116

闻闻"臭"吃吃香
　　——邓散木入室弟子单晓天、叶隐谷 ……………………………… 119

苦难是化了妆的祝福
　　——江门弟子江石邻、张中原的苦乐年华 ………………………… 123

近猫者"妙"
　　——"江南猫王"陈莲涛弄墨兰花 ………………………………… 128

"阿诗玛之父"的淡泊与无奈
　　——文物商店偶遇王仲清仕女扇画 ………………………………… 131

一横一竖勾
　　——海派广告画老法师丁浩书艺弘道 ……………………………… 134

非同"樊"响
　　——姐弟画家樊诵芬、樊伯炎"双响炮" …………………………… 138

"人参卖出萝卜价"
　　——上海"人美"首届书画会留传的扇画 ………………………… 141

"格子布"成了硬通货
　　——丁乙的"十"字秀到了折扇上 ………………………………… 145

另类顽皮，有什么不可以?
　　——"画坛抒情诗人"王向明的游戏精神 ………………………… 148

言传身教
　　——说说林曦明和他的外孙庞飞 …………………………………… 151

迟悟、顿悟与领悟
　　——陆俨少高足车鹏飞、陈幼华 …………………………………… 155

是线条，也是符号

——萧海春生性"木笃笃"手艺"乒乓响" ·············· 160

天王"画"地虎

——韩山描摹山君临"威"而不惧 ·············· 164

"闷皮"老顽童

——儒雅韩硕也画"三打白骨精" ·············· 167

"四"郎探母来啦

——杨正新、韩伍、陈九、沐斋同题戏画 ·············· 171

书道亦是人道

——涂云叔、王伟平之殊"师"同归 ·············· 180

莳"花"弄"草"

——丁申阳为草书扇面补画荷莲 ·············· 184

金融如棋局局新

——杨凯生行长赠我一柄围棋名人签名扇 ·············· 188

"凤""麻""牛"也相及

——浙江美院同学梁洪涛、施立华"缘"聚扇外 ·············· 192

字是画出来的妙

——张安朴送来黄若舟、吴颐人扇书 ·············· 196

锦心绣肠

——江宏、薛邃的翰墨"圈子" ·············· 201

"成"人之美

——老画家成立吸引"小鲜肉" ·············· 205

以墨会友皆"鸳鸯"

——郑孝同再现"郑杨柳"风范 ·············· 209

"多"乎哉，不多也

——程十发公子程多多之"鸡"趣人生 ·············· 213

画是金装，做人不装

——"虹庐画派传人"之女王守中的金笺风情 ·············· 217

敢越"雷"池一步
——苏渊雷公子苏春生之"山水清音" 220

女神的"新衣"
——"上海女孩"曹晓明和她的老公与老爸 223

天地飘飘一江鸟
——看沈鸿根笔底"软硬兼施" 227

"女儿是水做的骨肉"
——马小娟画"窈窕美眉"美也不媚 230

画家的口吃，藏家的吃口
——何曦说话结巴笔墨表达不"结巴" 234

映日荷花别样"洪"
——洪健摹写老建筑"贵到没朋友" 237

画是情书，用眼睛去定情
——"女文青"鲍莺、万芾的浪漫诗意 240

唯女人与小人好"养"也
——朱新龙、朱新昌画坛"哥俩好" 244

上海闲话，可勿可以画出来？
——范生福、范思田兄弟"海上寻梦"绘风情 248

画鬼容易画人难
——宣森、聂秀公的人物画缘 252

"牛博士爸爸"接翎子
——戴逸如送我"花好月圆" 256

古月依旧照今人
——苏小松、邵仄炯"活"回了宋元古风 259

"连"蓬头还起得来吗
——连环画名家试笔扇面小品连连看 264

不"闽"则已……
——"误打误撞"识得陈云华、陈运星 271

一"团"清气涤烦尘

　　——梅若、余欣、丁一鸣的团扇风情 275

赏心而知"肉"味

　　——上海书画院画师刘亨、涂旭峰、顾炫、蔡毅强 280

附庸风雅or附庸俚俗

　　——另类装晶一本"歪"经念到底 287

跨出去，还能收得回

　　——杂家卢金德头衔多到"一天世界" 290

苏腔苏味

　　——姑苏城"淘"得顾曾平、周矩敏、潘振元扇作 294

偶像派使了实力派的劲

　　——"川味"新人贺娟、吕欣之奇思妙画 299

拍案"金"奇

　　——杨秋宝绘180幅《金瓶梅》扇画 304

后记 313

差钱，不差"钱"

——"城隍庙画派"创始人钱慧安溯源

细品钱慧安的扇画，恬静明洁，秀逸醇正，其笔下的人物，既有平易通俗的皮相，又不失高古俊逸的骨质，还透溢出大都会生活的情趣与风韵，让人感受到民间的脉搏和心跳。

我也集币，但不求全，有一搭没一搭，遇有题材合乎心意的，买一套赏而藏之。1999年中国人民银行发行的明清扇画纪念币，可称我国第一套扇形银币，共四枚，其中一枚图案，采用了北京故宫博物院收藏的钱慧安作品《柳塘牧牛图》。我喜藏扇，爱屋及乌，对扇形艺术品也一概藏纳了。

"牧牛图"是明清扇画中的常见题材。佛教文化，源远流长，禅宗文学善用"牧牛"比拟治心，将"牧童"比作人，将"牛"喻为"心"，以牧牛当成修身养性的重要途径。且看清人钱慧安的《柳塘牧牛图》，柳枝轻扬，水波粼粼，牧牛惬意地躺在池塘里，而牧童却牵着绳索欲将水牛拉上岸，一拉一扯之间，笔意苍劲疏宕，格调素淡隽雅，浓郁的田园气息扑面而来，给人以清新的享受。

钱慧安《柳塘牧牛图》扇面银币

钱慧安《江边垂钓图》扇面

"钱"不是问题，问题是没"钱"。对于钱慧安的扇画，我心仪已久，然而姓"钱"的作品，绝非几个钱就能搞掂。一次偶然的机会，我看中沁园阁蒋老板手头的一批扇面，好几幅的作者刚巧都姓"钱"：钱慧安、钱化佛、钱瘦铁……呵呵，搬回家好开"钱"庄哉！最终，刷尽了信用卡里的钱，换取了这批画艺精湛的"钱"——心是痛的，手是快的，是谓痛快痛快，痛并快乐着啊。

　　与海派大家任伯年、吴昌硕相同，钱慧安（1833—1911）也来自民间，出生于上海浦东高桥的一户农家。如今，高桥古镇设立了钱慧安纪念馆，那天偶然路过，走近一瞧，馆舍三重进深，粉墙黛瓦，花格门窗，仿若老画家一幅幅清新雅致的画稿。天资聪颖的钱慧安自少年时代起，就从民间画师的写真技艺中汲取养料，早年研习明代仇英、唐寅、陈洪绶的画风，继而取法费丹旭、改琦的侍女画，对清初的《晚笑堂画传》更是心追手摩，终将诸家之法融会贯通。观其一生，钱慧安经历了清道光、咸丰、同治、光绪、宣统五个朝代，最早接受了绘画作品商业化的洗礼，是开创晚清南北画坛交流的先驱者，更是在人物画领域锐意创新、默默耕耘的"城隍庙画派"的开创者。漫步钱慧安纪念馆，抬眼可见程十发题写的"海派源流"四字匾额，这也恰如其分地概括了他的地位与影响。

　　鸦片战争之后，上海"租界"林立，各方人物比肩接踵，汇集海上，包括来自各地的书画艺术家，其中不乏翘楚精英。历史机缘的碰撞，诞生了中国近代画坛上的重要流派——海派。早先，海派画家大多以鬻画为生，艺术水准急急巴巴，变法革新势在必行。为此，许多画家吐故纳新，尝试走市场与艺术相融合的新路，钱慧安就是较有代表性的一位。张鸣珂在《寒松阁谈艺琐录·卷六》中记述道："当时的上海，自海禁一开，贸易之盛，无过上海一隅。而以砚田为生者，亦皆于而来，侨居买画，公寿、伯年最为杰出。其次画人物则湖州钱慧安……皆名重一时，流传最盛。"

　　面对西方绘画理念的涌入，钱慧安既不囫囵吞枣，照单全收，也不严防死扛，一味排斥，他的人物画继承了传统绘画的精髓，同时吸纳西洋美术的特性，打破了"工笔"与"写意"的界限，雅不避俗，以雅写俗，俗不伤雅，俗而不媚，令人耳目一新。细品钱慧安的扇画，恬静明洁，秀逸醇正，其笔下的人物，既有平易通俗的皮相，又不失高古俊逸的骨质，还透溢出大都会生活的情趣与风韵，让人感受到民间的脉搏和心跳。领风气之先，融雅俗之美，为大众所喜闻乐见，这恰恰是海上画派的鲜明特点。

通俗与媚俗之间，往往只有一步之遥。老实讲，以往的画评中，对钱慧安的评价不甚高，认为他的画作题材老套，意境灰暗，散发出一股高墙大院内的霉味；人物开相流于公式，缺乏个性；晚岁用笔劲峭有余，虚灵不足，等等。或许，人物画家怎么把握"笔墨当随时代"之真谛，很有讲究。这话就像一柄双刃剑，走得太快，你一定抛弃了一些传统，走得太慢，你就被时代抛弃了。

钱慧安的画技，智仁相见，但他的画德却是有口皆碑，备受称颂的。徜徉钱慧安纪念馆，中堂两侧由其自撰的一副对联，确是老画家一生为人立德的追求："竖直脊梁立定脚，拓开眼界放平心。"宣统元年，也即公元1909年，已近暮年的钱慧安发起创办"豫园书画善会"，因其"画名久著"、"敬重伦常"被推为首任会长，会员数百人，吴昌硕、王一亭、蒲作英、汪仲山等亦在其列。每逢初一、十五，钱慧安必到会与众友谈画论艺，又常劝人立德尽孝，继承传统道德。根据章程，凡会员售出之书画润费，"得款半归作者，半归会中储蓄，公议拨用；施米送药，助赈各省水旱灾馑"。其中的储蓄，应是悉数存入钱庄，至于是否近水楼台存进王一亭曾经谋职的慎余钱庄，就不得而知了。

令钱慧安难以释怀的，还有"双管楼"中一段二十余载的翰墨姻缘。据记载，钱慧安到了知天命的年纪，因丧妻而续弦储氏织华。储氏也擅丹青，夫妻俩朝夕砚畔挥毫，双管齐下，其乐融融。因而，钱慧安将画斋取名曰"双管楼"，并曾作"双管楼图"以志其趣。当年有好友题诗羡之："青衫红袖两如何，唱和年末笔墨多，借问故人谁相似，输他一个赵鸥波。"七律中的赵鸥波，乃元代书画大家赵孟頫，因居处筑有鸥波亭，人亦称赵鸥波。诗意认为，即便是合作"欧波亭图"的赵孟頫与管夫人仲姬，其风流美满与钱慧安伉俪相比，仍略输一筹。

当然，"双管"之意，也包含了画家对丹青艺术的求索，即枯淡由之，虚实相间，左右逢源，得心应手。旧时考验人物画家有两套基本功，一是写像，二是衣纹。写像在于描摹面容五官的微妙差异，衣纹难在人物举手投足间的千变万化。就此番技艺来说，钱慧安已然达到了随心所欲的境界。

2011年，钱慧安逝世100周年之际，上海笔墨博物馆举办了钱慧安书画藏品展。所有展品中，最引人注目的当数四幅立轴，这其中还有一段"插曲"。在钱氏后人提供

钱慧安纪念馆

的藏画中，原来只有三幅花卉立轴，分别为瓶梅、兰花和盆菊，独缺一幅墨竹。为弥补缺憾，钱氏曾孙女钱德敏特意拜访了现任豫园书画善会会长戴敦邦，欲请他补笔画竹。戴先生听了个中原委，欣然挥毫。于是，四幅立轴"穿越"时空聚在一起，其构图、设色与气韵，浑然一体。

收藏靠眼力，更靠财力。浩瀚藏海，丹青佳构汗牛充栋，鄙人钱袋瘪瘪，绝对差钱；然则，回溯海派源流之代表画家，我等"人品爆发"，妙手偶得钱氏精品扇作，顿觉欣慰：我不差"钱"了。

红尘呀滚滚，痴痴呀情深

——才女画家周炼霞身后的"老八卦"

且观扇作，画也流美，字也清秀，看似随意而作，却能把握墨法的精髓，传达内心所蕴藉的情感，色彩斑斓的花石丛中，流动着的是娴静高华气息，笔法游走自如，浓淡点染之间，仿佛是前代名流的还魂。

陈巨来的文字，"香烟壳上记风流"，烟雾缭绕，气味熏人，酸溜溜，嘲讥讥，还有一点恶狠狠。相比较一般意义上的笔记掌故，他的《安持人物琐忆》贬损他人，恶心自己，种种情态的艺苑"老八卦"，集体性浮出水面。

既然曰"琐忆"，自然多为日常生活中的细枝末节，信手拈来，戏谑调侃，不乏添油加醋，未必摆得上台面。譬如他写林徽因"脚踩多只船"，曾同时给四位男同学发去情书电报，庞左玉心眼小气量窄偏好吃醋，陈小翠赋诗喜好"山寨"古人旧句，张大千待友至厚却极其好色，周炼霞行为不羁，上厕所不避人，还自我标榜拥有"面首"（用今人的话来说，即是吃软饭的小白脸）10人……更有甚者，坊间传闻周炼霞和吴湖帆之间若有若无的感情，到了陈巨来的笔下却成了卿卿我我的男女私情。为示可信度，陈巨来还拍着胸脯言之凿凿，说是刘海粟亲口告诉他的。这些描述，几乎颠覆了读者以往的固有认知，恰如作家小宝所说的："安持老人以古朴文字儿童态度写艺坛文苑琐事轶事下流事，令生活上守身如玉阅读中嗜痂成癖的我辈十分过瘾。"

民国海上文坛，颇似时下的娱乐圈，但凡姿色上等且能诗善画的女子，都会传出各色绯闻，并频频见诸报端。此类文章含沙射影，欲言还休，惹人浮想联翩，比起今时的八卦报道来，热辣不足，韵味远胜。周炼霞这样活色生香的人物，一枝红杏，

周炼霞《花卉》扇面

性情摇曳，天生丽质，才情鲜艳，并且一度与丈夫分居两地，时髦的说法叫作“已婚享受未婚待遇”，小报记者当然最喜欢追捧。

偶然读到民国杂志中刊登过的一帧周炼霞倩影，一袭素雅旗袍，轻盈婉丽的身形半隐于纱帘之后，面容白皙，秀雅脱俗，略微上挑的嘴角浮动出万种妩媚，令人心头顿生怜惜之情。以记录民国掌故著称的“补白大王”郑逸梅，第一次见到她，就惊为天人，乱了方寸，说她“本身就是一幅仕女图”；画家邵洛羊感叹其秀外慧中，“美风姿，婉转清腴，若流风回雪，在女画家中最具风采”；陈巨来则讲得比较赤裸裸，称之“绝代尤物，令人销魂也”。

岁月是一把杀猪刀，也是一把雕刻刀。即便到了美人迟暮之年，周炼霞仍不缺追星族，作为当年的众多仰慕者之一，复旦大学教授苏渊雷用“七十犹倾城”之句不吝赞美。据说周炼霞曾以《卜算子》回应：“已是丑奴儿，那复罗敷媚？绿意红情得暮春，弄影全无谓……”你看，周炼霞骨子里也透出风韵，连拒绝人家都来得这般娇美绰约!

有才气,解风情,懂浪漫,会交际,洒脱练达,不拘小节,难怪当时的名流显贵纷纷拜倒在周炼霞的石榴裙下,诸如冒鹤亭、吴湖帆、瞿蜕园、张大千、郑昌午、江寒汀、唐云、谢稚柳等等,均为沪上艺林之顶尖人物。面对民国时期上海滩小报连篇累牍刊登其所谓的艳闻轶事,周炼霞倒也颇具娱乐精神,任凭风吹浪起,我自一笑置之。"新公房里做邻居——浑身不搭界。"

中国的才女,或多或少都跟某种暧昧关系纠缠在一起,说不清也道不明。倘若就此认为周炼霞热衷于招蜂引蝶,野草闲花,恐怕显得轻慢了。说起来,周炼霞(1908—2000)幼年随父移居上海,14岁正式拜名画家郑德凝习画,17岁跟随晚清四大词人之一的朱孝臧学词,又从徐悲鸿外舅、蒋碧薇之父蒋梅笙学诗,受的是大家闺秀教育。上世纪30年代,她已是标准的职业女性,在上海锡珍女校担任国画教师,并为王星记扇庄绘制扇面,作品还在加拿大第一届国际展览会上捧得金奖。我在《女人如玉扇如虹》一文中记到,老上海有过中国女子书画会,周炼霞和李秋君、吴青霞、陈小翠、庞左玉、陆小曼等一起成为首批会员;1956年上海中国画院成立,她又是首批被聘为正高级职称的女画师。她的画风和诗风气息贯通,与其高贵优雅的气质相呼应,有"画如其人"、"文如其人"之感。

所以,无论小报花边新闻怎么渲染周炼霞的男朋友如过江之鲫,她依然心无旁骛地写诗作画,稳稳当当地做着文化人。刘心皇的《抗战时期沦陷区文学史》有云:"周炼霞,号称'炼师娘',当时,与苏青、张爱玲、潘柳黛等齐名。'炼师娘'不能不说有些才气,书画诗词都有相当造诣,姿容也在女作家中最为艳丽。她在一首词中写出过'但使两心相照,无灯无月何妨'的名句。"文学史著作中评介到周炼霞,这也许是惟一的一次。

文学理论家陈子善说周炼霞"不可单以女画家目之",言外之意,是请大家不要忽略周炼霞的文字。文学史里的"齐名",不仅在于她曾客串过《万象》杂志的文学编辑,同时她创作的小说《宋先生的罗曼史》、《佳人》和《遗珠》,虽然写的是痴男怨女、有情无意的故事,立意构思却卓而不俗,文笔较张爱玲单纯清澈,犹如一枝清荷,温婉雅致,于世间人情,颇有通透的智慧。何况,她的诗词还备受近代诗坛大家冒鹤亭等人推崇，"画院中人，论诗词，周炼霞第一，愧煞须眉"。董桥也说，她的词仿佛李清照再世，书画则有"久违的缥缈芳华"。

周炼霞的小说，我找来一篇看了大概，而周炼霞的扇画，我收藏已久，不时翻出悉心摩玩，试图从中体味几分"炼师娘"的"婉转清腴"。且观扇作，画也流美，字也清秀，看似随意而作，却能把握墨法的精髓，传达内心所蕴藉的情感，色彩斑斓的花石丛中，流动着的是娴静高华气息，笔法游走自如，浓淡点染之间，仿佛是前代名流的还魂。

成扇背面书法题写者白蕉，精书法，会篆刻，能诗文，擅画兰，沙孟海先生誉其曰"三百年来能为此者寥寥数人"。白蕉与周炼霞的交集不多，早年曾通过同学结识了画家徐悲鸿，后与周炼霞等人一起加入徐悲鸿外舅蒋梅笙组织的诗社学习旧体诗。我亦藏有一柄白蕉的兰花扇，容我另文再叙了。

参照"韩剧"的标准，故事假若就此打住，似乎还缺少一个哀怨的结尾。回到开头，吴湖帆和周炼霞的八卦传闻，究竟是"吴周恋"还是"胡匀恋"？今已不可考。也许是刻意回避，后人在吴湖帆的日记里，找不到关于周炼霞的一点记录；也许是屈打成招，文革期间交代"罪行"，周炼霞只承认与吴湖帆一人有过关系。不管怎么推断，有目共睹的是，两人交往甚密过后，周炼霞的画艺大有长进，而吴湖帆的好些诗词，经周炼霞的润色，添了万千气象。这正应了周炼霞的那句名诗：但使两心相照，无灯无月何妨。

民国时期与周炼霞"齐名"的张爱玲，在《红玫瑰与白玫瑰》里有这样一段经典名言："也许每一个男子全都有过这样的两个女人，至少两个。娶了红玫瑰，久而久之，红的变了墙上的一抹蚊子血，白的还是床前明月光；娶了白玫瑰，白的便是衣服上沾的一粒饭黏子，红的却是心口上一颗朱砂痣。"熟悉的地方没有风景，得不到的总是最好的。周炼霞是红玫瑰还是朱砂痣，时光安好，岁月无语，早已湮没在漫漫风尘中。

不过，后来吴湖帆和周炼霞却因事反目为仇。据说上世纪五六十年代，周炼霞曾打算把所藏沈石田、唐伯虎、文徵明等手卷卖给上海博物馆，手卷钤有"梅景书屋"藏画印记，为吴湖帆当年所赠。谁晓得一经鉴定，老母鸡变鸭，均为赝品。呃呕，周炼霞切齿痛恨，与吴湖帆一刀两断，不再交往。

转眼到了那个疯狂的年代，许多画家的结局十分悲惨：吴湖帆中风住院，得知自己毕生珍藏的文物字画被六辆大卡车拉走，自拔导管饿死；瞿蜕园因说过江青的"坏话"吃了官司，病死在狱中；几个同时代的女画家中，陆小曼幸而已于1965年病逝，跟周炼霞同样遭受折磨的陈小翠和庞左玉，一个趴在自家厨房的煤气灶上自尽，一个从上海博物馆四楼跳下身亡……惟有周炼霞没有选择轻生，尽管被革命小将殴打，一目受伤几乎失明，她却请人刻了两枚印章，一枚引用楚辞"目眇眇兮愁予"，一枚"一目了然"，后来还将之钤在其书画作品上，依旧诗书酬唱，文采纵横。如此气度高旷，通透豁达，令人叹服！

周炼霞的晚年，大部分在美国度过，与曾经"齐名"的张爱玲一样，最终客死他乡。仿若一首歌词唱道：天地悠悠，过客匆匆，潮起又潮落；恩恩怨怨，生死白头，几人能看透？红尘呀滚滚，痴痴呀情深，聚散终有时，留一半清醒留一半醉，至少梦里有你追随……

周炼霞《蚕吐丝蜂酿蜜》

拉到"菜"里都是"兰"？
——"兰王"白蕉之低调、高调与腔调

性格决定命运，命运亦决定性格。一路凄风苦雨，让白蕉养成了超然物外、散淡自然的人生态度，但又不乏忧患意识和爱国情怀。他喜欢画兰，也欣赏笔下物事的气格：清气若兰，虚怀当竹，傲骨似梅。

白蕉画兰，风姿绰约，气韵高雅，人称"兰王"。同时代的几位大画家，对其所画兰草无不钦佩。沙孟海誉其为"三百年来能为此者寥寥数人"；谢稚柳夸曰"云间白蕉写兰，不独得笔墨之妙，为花传神，尤为前之作者所未有"；唐云题诗亦胜赞有加："万派归宗漾酒瓢，许谁共论醉良宵，凭他笔挟东风转，惊倒扬州郑板桥。"

早就想觅一把白蕉的兰花扇面，沁园阁蒋国胜蒋老板古道热肠，替我留心搜寻，终有收获，看来这个朋友没有"白交"啊。此柄成扇，一字一画，字画俱佳，一见倾心。据云白蕉绘兰，与众不同，独以逆笔写蕙兰之梗，笔势流畅，壮实优美；兰叶则俯仰穿插，聚散自如，其质感风神潇洒，栩栩如生，得人所无。如是墨韵，在白蕉的扇画里演绎得酣畅淋漓！俗话说，拉到篮里皆是菜。"篮"与"兰"同音——"篮"者，筐子也，大扇小扇往里装；"兰"者，君子也，骨骼清新非俗流。无论此"篮"还是彼"兰"，都是我的"菜"呀我的"菜"。

我看白蕉年轻时的照片，西装革履，奶油包头，一副金丝边眼镜，一道时髦的八字胡，有点像现时谍战片里的孙红雷，倜傥不羁，一表人才。查了资料，白蕉（1907—1969），上海人，别署云间居士，出身书香门第，曾任上海中国画院秘书室副主任兼画师。他自称诗第一，书第二，画第三，还能为人奏刀治印，才情横溢，传统文艺修养

白蕉《兰花图》扇面

相当齐活。上世纪30年代，他和徐悲鸿、邓散木并称为"艺坛三杰"，且有"白蕉兰、（申）石伽竹、（高）野侯梅"三绝之誉。

　　云间白蕉，人生匆匆，只活了60多岁，却经历了北伐战争、十年内战、抗日战争、解放战争、反右斗争及"文革"时期，阅尽岁月沧桑，尝遍人间冷暖。征途漫漫，白蕉遭遇了生命中的几道"坎"：1927年，国内政局陷入"白色恐怖"，爱国青年惨遭杀害，白蕉因此失学，颠沛流离；1940年，屋漏偏逢连夜雨，先是父亲去世，旋即母亲病重，家庭动荡不安；1948年秋，白蕉回乡省亲，与乡绅发生言语之争，被疑为地下党员，上了黑名单，差点遭到毒手；1957年，因在撰写悼念白石老人的文章中，剖析了"有些画家到了生活中去，为什么没有创作"的原因，不幸被划成"右派"，降级、降职、降薪，剥夺创作及政治权利，一"撸"到底；"文命"风潮起，久病初愈的白蕉又被戴上"地主分子"的帽子，抄家、批斗、写交待材料，做了"牛鬼"，游街示众，饱受折磨，含冤病逝……这些故事串起来，真可谓一部"苦情片"。

白蕉书法扇面

　　性格决定命运，命运亦决定性格。一路凄风苦雨，让白蕉养成了超然物外、散淡自然的人生态度，但又不乏忧患意识和爱国情怀。他喜欢画兰，也欣赏笔下物事的气格：清气若兰，虚怀当竹，傲骨似梅。复合起来看，白蕉表面谦和低调，内心狂傲高调，实则很有腔调。

　　比起写兰，白蕉的书法亦别有一功，其书风如兰亭之竹，清放脱俗。且看此幅扇书，有咫尺千里之势，用墨之枯润浓淡，结体之刚柔疏密，节奏之收放缓急，点画之圆转清朗，均和谐而隽逸，精到而醇正，活脱脱的二王风范！上世纪帖学阵营的代表人物——沈尹默、邓散木、马公寓、潘伯鹰诸家也以二王为宗，但白蕉却表现出一种融会贯通的能力，成功地借鉴了绘画的用笔技巧，落笔肯定，流转畅适，放得开又收得住，流动中有凝重、有跌宕、有顿挫，丝毫没有浮滑薄俗之感，通篇似凝珠带露的春兰，充满了清灵温馨之气韵。书家看似在写字，分明是在画兰啊。

　　所谓"爱书正与此身仇，半夜三更写未休"，白蕉走的是苦学派的路子。他曾回忆："我初学王羲之书，久久徘徊于门外，后得《丧乱》、《二谢》等唐摹本照片习之，稍得其意，又选《阁帖》上的王字放大至盈尺，朝夕观摹，遂能得其神趣。"他研字习画，差不多每夜都要用掉一两杯子墨水，并自立规矩，墨不尽字不休也，一直坚持到晚年。画坛史料记载，白蕉临欧阳询之《九成宫醴泉铭》，将临本的字迹与宋拓本上的笔墨于太阳光下比照，竟能重合起来，一时传为美谈。足见其用心之至，积功之深。

练功夫，"举轻若重"，说原理，却是"举重若轻"。白蕉的理论著作不算多，但内涵很深，份量很足，而且善于将复杂问题简单化，文风活泼流畅，观点平易近人，娓娓道来，如同在拉家常，著有《云间谈艺录》、《济庐诗词稿》、《客去录》、《书法十讲》、《书法学习讲话》等。

尤其是《书法十讲》（包括书法约言、选帖问题、执笔问题、工具问题、运笔问题、结构问题、书病、书体、书髓、碑与帖），纵横古今，旁征博引，论述时有妙语："怎样去执笔，这问题又正和怎样去用筷子一样，简单而平凡"，"运笔能发能收，只看和尚手中铙钹；空中着力，只看剃头司务执刀"，"选帖这一件事真好比婚姻一样，是件终生大事，选择对方应该自己拿主意"，等等。他对前人的批评，亦能一针见血，点评十分到位。譬如评康有为挥毫，说其"颇似一根烂草绳"；论包慎伯草书用笔，则言"一路翻滚，大如卖膏药好汉表演花拳秀腿"。这般直截了当，仿若时下流行的名人脱口秀，不回避，不世故，不兜圈，"洗洗澡，治治病"，尽现犀利本色。

白蕉之"狂"，有目共睹。陈巨来的《安持人物琐忆》有"记十大狂人事"，其中就点了白蕉的名："白狂名至大，但余觉得，并不如外面所传为甚也。只他对沈尹默云云，似太对沈老过分一些，使沈老大大不怿。或者即据此一例可概其余邪？白书学右军固佳，晚年作隶书，尤非马公愚、来楚生可及者也。"白蕉小沈尹默25岁，虽说学书皆取法二王，但论资排辈，长期笼罩在沈尹默的影子之下。坦白来讲，沈尹默写字，"第一口奶"吸的是流行于科举考场的馆阁体，重经营，重法度，谨小慎微，规规矩矩，其书乍看几乎全无败笔，可是古板拘束，了无生趣，长处与短处同样明显；而白蕉取法乎道，于帖于碑汲取大量营养，最后又"跳"出法来，重归于帖，大有夐夐独造之精妙。他的作品几乎全不在意笔法，即便个别地方出现败笔亦不管不顾，一切顺从自然，讲究水到渠成，反而传得正脉。从这一点来说，白蕉"看不上"沈尹默，是有理有据的。

对于一个"狂"字，其实白蕉在《书法十讲》里，不经意中倒有绝好的诠释：学问高者，见多识广，心胸高旷，独来独往。因为心中毫无杂念，毫无与世争衡之心，书画诗文，其气息必超脱尘俗，潇散飘逸，神采清奇。

与许多书家不同，白蕉"狂"归"狂"，却坚持着一条清白自守的路子。他一生中参加书法活动甚少，既不遍交名流，也不广收门徒，更没有出版文集，"寂寞梧桐深院锁清秋"。这固然使他在当时及身后名声寥落，以至于渐渐被人淡忘，但事物总是辩证的，这对他的书风的形成并达到艺术高度，有百利而无一弊。《东方早报》艺术评论主笔顾村言曾撰文呼吁"重估白蕉"，"重估"意味着原来"评估"没有到位，不公正。我想，其意义并不仅仅在于书法，还关乎审视当下书坛缺少文人性情之积弊，以及重塑中国文化精神内核之深刻命题。

白蕉书法扇面

碎片化史料，还原不碎的你

——"海上新美术先驱"张聿光奇人奇事

那些曾经以为念念不忘的事情，或许就在历史念念不忘的过程里，被世人彻底遗忘了。新美术先驱，本来屈指可数，但也正因为是先驱，终被前赴后继的时光浮云所遮蔽了，残留几多破碎的散片，供后来者深情揣摩。

美国作家福克纳的《野棕榈》里的一段话，读来耐人寻味："当她不再存在时，我记忆的一半也就不在了；而假如我不再存在时，那么，所有的记忆也就都不在了。是的，在忧伤与虚无之间，我所选择的是忧伤。"

海上新美术画家张聿光（1885—1968）是一奇人。翻阅近现代海派美术史料，关于他的描述，几为空白，偶有提到，也是语焉不详。作为上世纪初中国美术转型期的领军人物，张聿光对美术史的贡献本不该被忽略：

他为早期西洋画先端，出自中国西画之摇篮——土山湾孤儿院图画馆，徐悲鸿曾著文说："土山湾亦有习画之所，盖也。其中陶冶出之人物，如张聿光、徐咏青诸先生，俱有名于社会。"其习画之作在南洋劝业会展出并获奖，但历史资料记载存世极少，后人几乎一无所知；

他曾担任上海美术专科学校（前身为上海图画美术学院）首任校长，刘海粟为继任，后又任上海新华艺术专科学校副校长，培育桃李无数，虽然校史里写得明白无误，但后辈只晓得大名鼎鼎的刘海粟；

他锐意戏曲舞台革新，率先设计使用布景，改变了京剧的传统舞台面貌，还集资在十六铺建造了一座可转动的"新舞台"，轰动一时，为我国早期的舞台美术家，

张聿光《孔雀图》扇面

梅兰芳在《舞台生活四十年》中也提到过"新舞台"和张聿光的大名，而民国时期美术史论家陈定山说当时许多业内人士"却数典忘祖"了；

他潜心探索电影布景的接景技术，被戏剧家洪深、欧阳予倩邀至明星影片公司担任美术主任，拍摄《白云塔》等多部影片，实景与布景的衔接浑然一体，效果不俗，却被电影市场的后世喧嚣所湮没；

他是我国最早在报纸上发表政治讽刺画的漫画家之一，在圈内举足轻重，被誉为漫画界的"祖师爷"，发表了家喻户晓的作品《袁世凯骑木马》、《中饱》、《饭桶》等，而"后浪推前浪"的漫画界早就将他遗忘了；

他最早开始实验绘画用的现代颜料，因不满舶来的西洋画颜料统治中国市场，出于强烈的爱国热忱，1919年与人合作创办民族颜料厂，注册商标"马利"牌，取意马到成功，利国利民，生产出中国第一支水彩颜料和油画颜料，还成功出口打入东南亚市场，然而事过境迁，现如今还有谁知道张聿光和"马利"牌的这段缘分呢？……

那些曾经以为念念不忘的事情，或许就在历史念念不忘的过程里，被世人彻底遗忘了。新美术先驱，本来屈指可数，但也正因为是先驱，终被前赴后继的时光浮云所遮蔽了，残留几多破碎的散片，供后来者深情揣摩。

读油画家陈抱一的《洋画运动过程略记》，其中对先师张聿光的一段回忆，约250来字，可称是仅存的美术文献中比较"奢侈"的记述和评价：

大约1907、1908年光景，某一时期，我在四川路青年会学校读书；那时的图画先生，正巧是张聿光。我对于那时期的印象最深。他当时所作的水彩、铅笔画等作风，已可感见其个性的美，笔致极其生动，一切作品，都流露出一种高逸的气品。在当时所见的洋画中，他的画也最能引起我的兴趣。……看张氏的画，不难窥知他有一种很优异的艺术素质。他的性情态度，也最为人所敬爱。在那个时期，假使他能够注意到洋画理论的要点，能实行开始正规研究法的话，则上海的洋画风气，当会更早几年，就可以明朗起来。因为当时张氏的洋画作风，也曾经给上海方面有相当影响的。

张聿光从事美术教育传道授业，前后长达40年之久。除了一身才气的陈抱一，还有不少高足头角峥嵘，享出蓝之誉。有趣的是，他的弟子，许多名字里都有一个"光"字：谢之光、胡旭光、张光宇、赵吉光……真的是光前裕后、光彩夺目啊。当年，张聿光不仅办学任教，还在斜土路鲁班路买地自建住宅兼画室，并请于右任题写门匾"冶欧斋"，取绘画艺术冶欧亚两地于一炉之意。"冶欧斋"吸引了诸多年轻习画者纷至沓来，大家在画室里济济一堂，临炭笔，画静物，练写生，张聿光为学员讲授解剖学、透视学、色彩学，教学相长，其乐融融，气氛甚为浓郁。

知道张聿光曾画过漫画，我在撰著《漫不经心——我的动漫收藏故事》时，很想收录他的漫画手稿，怎奈何藏海茫茫，无处寻觅。资料记载，张聿光创作漫画的时间虽然不长，但属辛亥革命和"五四"运动期间成长起来的中国第一代漫画家，与同时代的钱病鹤、马星驰、沈泊尘、丁悚等，并肩冲锋在漫画阵营里。他的漫画线条流畅而富有灵气，造型精准而适度夸张，常在《新闻报》、《民呼画报》、《民主画报》上发表针砭时弊、为新时代呐喊的作品。辛卯岁末的朵云轩拍卖，尽管未见张聿光的漫画，但有张汀、张光宇两位漫坛前辈的画稿登场，我跃跃欲试。岂料这年头漫画拍卖行情飙升，"漫"天开价，两幅作品落槌价均过六位数，令我大吃一惊以致脖子抽筋！

满怀热望而去，却遇颗粒未收，心有不甘。拍卖临近尾声，适逢一柄张聿光的

"孔雀图"成扇亮相，价格还算适中，赶紧拍了下来，聊胜于无嘛。此扇设色鲜净绚丽，笔墨浑厚凝练，构图不落陈套，兼容中西画法，扇中孔雀虽未开屏却充满张力，有天真自然之趣，不错，不错。原本一门心思冲着漫画前去，无心插柳新添一幅扇画，正应上我的书名"漫不经心"了。

穿越张聿光的艺术旅程，处处称奇。不过，最让人匪夷所思的是，张聿光生来就有一双"阴阳眼"。所谓"阴阳眼"，乃民俗信仰中的一种通灵的特异功能，代表能看见鬼魂等常人无法视觉的超自然现象存在。按照民间的说法，"阴阳眼"可以是先天带来的，也可是后天施法而"开"的。虽说"阴阳眼"并未得科学证实，但在许多宗教中，都有能够用肉眼看见灵体的先知。

这绝不是我故弄玄虚信口杜撰的，而是在南怀瑾的《南禅七日》里说得有板有眼。南师记述，张聿光天生是鬼眼通，他不用翻什么眼珠，随时可以看见鬼。张聿光经常说鬼有什么稀奇，走在街上到处都是，有时还从我们的肚子里穿过去，愈闹热的地方，鬼愈多。有一次，南怀瑾跟他去朋友家作客，就先警告他不要乱看，还说有个穿着清朝衣服的人坐在客厅里，大概是这家人的祖先，你说听了能不叫人毛骨悚然？不过也有好处，那时躲避日本人空袭，南怀瑾就跟着他躲，他看到哪边无头鬼多了，哪边就可能会落炸弹，只要跟着他跑就没事。张聿光不研究佛学，可讲鬼的情形却和佛经上如出一辙，这便是前世修行得到的报通。

人生的痛苦，源于活得太清楚。眼是用来审美的，结果却纠缠在鬼魅中，最后都审了丑。张聿光的晚年，正当是非颠倒、人鬼莫分的年代。1966年初夏的一天，张聿光偕家人去梅龙镇酒家吃饭，吃了一半，就有革命小将跑来拆除店招上的盘龙装饰。张聿光预感不妙，草草用完餐，回到家里，果不其然，"冶欧斋"的门匾已被人卸了下来，山雨欲来风满楼，一片"破四旧"的气氛。

查阅地方志悉知，"冶欧斋"所在的斜土路鲁班路一带，早先都是坟地，鬼神出没心慌慌。或许，张聿光的"阴阳眼"，只能用来发现正常人难以看到的魑魅魍魉；而一场浩劫，搞得人不像人，鬼不像鬼，张聿光有眼难辨，避之不及，结结实实"见了鬼"，身心遭受毁灭性的打击，很快一蹶不振，撒手人寰了。

"月份谢"的"白弄"人生

——谢之光"求一赠二"奉送葡萄

"白弄"者，人生至高境界也——"白茫茫大地一片真干净"！钱这个东西，非常奇妙，眼睛睁着是财产，眼睛闭了成遗产，惟有使用了才能实现它的价值。说穿了，一个人钞票多得花也花不完，等于没钱。因此，看淡名利，不取报酬，视"白弄"为乐趣，才是真性情。

感知决定认知。很多时候，对于一个人或一桩事的判断，通常取决于留存记忆里的一两个关键词，虽说有时也会以偏概全。譬如，我认识的几位名叫"之光"的朋友，大多头子活络，门槛贼精；而老底子一位也叫"之光"的画家，却是澹泊清心，疏于算计，对孔方兄糊涂得够可以。

这位"之光"，大名谢之光，因画月份牌起家，又称"月份谢"。一些前辈回忆，那个年代，谢之光家门口时常排起长队，可他对求画者来者不拒，有求必应，有人觉得过意不去，会送几包香烟或一篓水果，谢先生也不计较，哪怕是空手而来，依然让你携画而归。据说谢之光闲时爱吃啤酒加花生米，侬晓得当时一瓶啤酒可以换几张他的作品吗？告诉你吓你一跳，三张！本来讲好画一张的，但谢之光一杯啤酒下肚，心情大好，"鲜格格"主动再奉送你一张。准备离开的时候，他说不定让你等一歇，操起笔来又画一幅葫芦或葡萄赠你。

嘿嘿，我收藏的这帧葡萄扇画，或许就是当年那位索画者"求一赠二"的结果。谢之光生前常说："我是一个画家，不叫我画，我活在世上有啥个意思？他们不叫我画，我自己画，为大家画，白画总可以吧！"所以，他将画室起名为"白龙堂"，谐音为

谢之光《葡萄》扇面

"白弄"。

"白弄"者，人生至高境界也——"白茫茫大地一片真干净"！理财法则中，有三种钱不能称为钱，即不敢用的钱不能算钱，不舍得用的钱不能算钱，用不完的钱不能算钱。钱这个东西，非常奇妙，眼睛睁着是财产，眼睛闭了成遗产，惟有使用了才能实现它的价值。说穿了，一个人钞票多得花也花不完，等于没钱。因此，看淡名利，不取报酬，视"白弄"为乐趣，才是真性情。

既然称"月份谢"，其绘画构思与技法自然非同凡响。谢之光（1900—1976）年轻时师从周慕桥习画，笔法采中西之长，温婉典雅，别具一格。从上海美术专科学校毕业后，他以舞台美术、商业美术设计为业，曾在上海福州路天蟾舞台画布景。1922年，他出版了第一张月份牌《西湖游船》，引起了工商美术界的关注，南洋兄弟烟草公司捷足先登，将他招入麾下。上世纪二三十年代，谢之光绘制的月份牌风靡上海滩，与郑曼陀、杭穉英并称为"月份三剑客"。当时谢之光的一张月份牌，叫价500大洋，他全部拿来供养兄弟姐妹。

画月份牌，画出了人生传奇，谢之光与"烟标模特"结下不解之缘。读东方卫视主持人曹可凡《海上畸人谢之光》一文，其中记述："……老画家与夫人相濡以沫，感情笃深。之光先生曾经遭遇过一次失败的婚姻，后来这位太太是他准备为'美丽牌'香烟月份牌写生时认识的。日长时久，两人生出了感情，之光先生同情她的遭遇，毅然为其赎身,并与之结为秦晋之好。"不过,作家王琪森的《画家谢之光之谜》,描摹谢先生的"婚变",又有别样的版本。其实光阴远逝,孰是孰非已不重要,我情愿相信这个动人心弦的美丽故事。

新中国建立后,谢之光起初无职无业,以画檀香扇为生,依旧保持着工细写实的画风。进入上海中国画院后,他如同找到了组织那样地欣喜若狂,全身心地投入艺术创作,研墨铺纸,当景挥写,为讴歌时代风貌尽心尽力。上世纪六七十年代,"月份牌"不再吃香,谢之光改腔易调,画随世变,从有法到无法,画风有了彻里彻外的变化。有幸看过谢先生现场作画的朋友说,他后期的绘画手法狂放不羁,越来越洒脱,时常把整碟的墨汁和颜料往宣纸上泼倒,甚至拉到篮里都是"笔",拿刷子、竹筷、纸团、调羹当画具,恣意发挥,略加点划即成画。画到得意时,他还会背过身去,用手在背后默画,仿佛把自己整个生命都投进了丹青线条。

叫人啧啧称奇的是,谢之光作画用的砚台特别粗砺,磨墨犹如砂轮一样,磨出的墨交关浓,毛笔则喜用秃笔、坏笔,而且砚台与毛笔从来也不洗,蘸上浓墨、焦墨、宿墨,新垢老垢全在其上,混蘸点清水,色墨交融,浓淡相间,干干湿湿,虚虚实实,天趣盎然的葡萄、葫芦或花卉,瞬时跃然纸上!

还是那句话,画是留给后人看的。前尘往事成云烟,能够传承下来的是蕴涵其间的丹青精神。谈到绘画之道,谢之光言简意赅,却字字珠玑:"钻进去要出得来,你临得像,不要结壳,要破壳变成自家的面孔,才算有出息。"谢之光别署"栩栩斋主"。"栩栩"出自庄子《齐物论》,"昔者,庄周梦为蝴蝶,栩栩然,蝴蝶也。"谢之光为人为艺,就像历经艰辛破茧而出的蝴蝶,生命有限,却是绚烂无比。

生活里的谢之光,幽默而旷达。前些日子,应邀参加"怡和会"雅集,偶遇玩家杨忠明,赠我新著《外婆买条鱼来烧》,除了美食,他对海上画坛趣闻逸事如数家珍。据他回忆,谢之光好热闹,闲暇走出画斋,在马路旁伫立静观,感叹人生如眼前的车水马龙,来去匆匆。看到手捧遗像和花圈路过的追悼人群,他半是发噱半是感叹:"本来我排在这里,结果被他插队了。"有时画画累了,他信步走到山海关路边的柴爿馄饨摊,买碗小馄饨点点饥,甚为满足:"做人天天要快乐,开心是一天,否则,不开心就牺牲了这一天。"哈哈,这跟TVB电视剧里的经典台词,说的是一个意思。

谢之光后半生醉心于"白弄",但许多拥有他作品的藏家却没有"白弄"。时下拍卖场上谢之光的真迹行情看涨，而他在画家的"好辰光"到来之前，早就"走脱"了。诚如程十发大师曾经说过的，"谢之光先生，海上画坛一怪杰耳，倒退20年，黑云压城，余尝于街头遇先生，虽白发苍颜，行疾疾，亦未有失路之态，磊磊豪气仍形于色也……近年洛阳纸贵，令藏者大发利市，得几多美钞，几多港币，而先生已去，山海楼空，姑苏城外，灵岩山下，墓草萋萋，惟余短碑"。

类似"白弄"者，还有来楚生、张大壮、钱瘦铁之辈，他们的晚年清贫如洗，画作价值一度被严重低估，却依然嗜画如命，临池不辍。罪过啊罪过！

谢之光月份牌

有一种老头子叫达摩

——钱化佛、韩敏、顾伯达佛心画佛扇

捧读数柄达摩扇画，浮想联翩，使人浊气顿消，神清意远。缘来不拒，境去不留，得之坦然，失之泰然，看淡了得失，才有闲心品尝真幸福。处世之道与收藏之道总是不谋而合。

画中有禅，禅中有境，境中有法。中国画里的宗教人物，演绎较多、塑造最简练的，当数达摩。达摩的面相，有一个基本款式：卷发，卷须，秃顶，大胡子，高鼻子，耳垂饰有耳环……因为佛教自印度传入，所以达摩造型留有西域人的特征，这亦是一般罗汉的基本勾画特点。

画家笔下的达摩，林林总总，汗牛充栋，或一苇渡江，或拈花看蝶，或乘风破浪，但最为驾轻就熟的描摹，还是盘膝而坐，面壁静修。相传，达摩在嵩山西麓五乳峰一孔天然石洞中面壁，一坐就是九年。面壁，是文人对世事不介意或无所用心的表示，画家取达摩形象，部分用意也在于此。通常，画达摩面壁，并不一定要把墙壁画出来，否则就太死心眼了，或可在画面上添加几笔松枝，涂抹几许氤氲，以体现一种野逸之趣。禅画，不是用笔来画的，是用心来画的。这便是《楞伽经》所说的，"心如工画师，能画种种物"。

化佛画佛，心境非同寻常

阿弥陀佛！开画廊的蒋老板迁址新华路，我过去坐坐，谈笑间，他拿出几帧扇画，说是十多年前广州文物商店流出的。我定睛细赏，爱不释手，一记头统统"吃"进，花销不菲，其中就有钱化佛的一幅扇面。

钱化佛，当然不是为钱画佛。其本名钱苏汉（1884—1964），18岁随父亲自常州

钱化佛《达摩图》扇面

郊区到上海定居后，自号玉斋，别号化佛。作为"民国第一画佛高手"，钱化佛一生画佛数千上万幅，但幅幅佛像均倾心创绘，每当弄墨之前，必焚香净手，先草稿勾勒，再复绘渲染，态度十分虔诚。所绘佛像神情逼真，栩栩如生，得之者莫不珍如拱璧。我手头的这柄佛扇，眼眉之间，有大慈悲，开脸不同于清末民初画家的惯常手法，极具写实意味，明显可见陈老莲画风对钱化佛的影响。任伯年学陈老莲，钱化佛学任伯年，一脉相承。他的作品，构图设色都很讲究，风格明丽，章法奇险，线条雄强有力道。人见其所绘佛像个个都闭着眼睛，问其缘由，他说："我佛慧眼，不要看人间的牛鬼蛇神！"可见化佛画佛的心境，非同寻常。

佛经有云："制心一处，无事不办。"拿今天的话来说即是：只要努力，一切皆有可能。钱化佛精诚所至，终成大业。他第一次开佛像画展，展览设在上海青年会，众所周知，青年会乃耶稣教会的地盘，里头只讲上帝耶稣，没有如来达摩，可是叹服于钱化佛的画艺，却破了规矩，开了先河。后来，他的画展还"巴拉巴拉"东渡，办到了日本东京。

已故"补白大王"郑逸梅记述，当时钱化佛的画作相当抢手，居然还引来了山寨仿作。一次，钱化佛路经南京路一家扇庄，发现里面公然出售其伪画，心里忿忿然，斥资买下赝品，连同扇庄发票送至法庭，对簿公堂。谁晓得开庭审判，法官认为书画作伪，自古有之，见怪不怪，无从惩罚。灰心丧气之余，钱化佛一不做二不休，领回伪画，倘遇自己开画展，附上说明，和自己的真迹一同悬挂示众，以正视听，也算出了一口恶气。

当然，钱化佛的传奇、神奇且离奇之处，远不止画佛。1911年，武昌起义爆发，钱化佛意气风发，投身革命，加入上海商团义勇队，跟随伶人潘月樵攻下清军江南制造局。嗣后，又担任沪军先锋队三中队司务长，率60余人，配合联军占领南京紫金山清兵据点天堡城。为此，他受到孙中山先生的接见并嘉奖。二次革命期间，目睹军阀混战，这位英勇骁战的"马前卒"功成身退，愤而投身新剧界，创办电影公司，俨然一副"文艺范儿"。他和陆镜若、郑正秋、欧阳予倩排演文明戏《西太后》、《黑奴魂》等，针砭时弊，发泄胸中郁勃之气；他受名伶盖叫天等人指点，艺事益进，在大舞台上演京剧《狸猫换太子》，成为票友中的名角；他还把新剧搬上银幕，主演电影《春宵曲》等，其表演风趣幽默，轰动一时……据说孙中山先生观后，称其为"化佛剧家"，并亲笔题赠"作如是观"横额，那叫一个"扎台型"啊。

事情再小，坚持就是伟大。钱化佛有收藏癖，什么都收罗。比如，他与我同好，喜藏扇，坐拥折扇数百柄，每柄均配扇套装护，并突发异想，众里搜寻，拟配成"五伦扇"，集有父子的、夫妇的、兄弟的、朋友的，可惜没有君臣的，只得任其为残缺的"四伦"；他从不吸烟，却持之以恒收集火花和烟标30年，数量达10万枚之巨，其中不乏稀世珍品，吴昌硕为之题曰"香火烟缘"；除去历代泉币、书画手卷、紫砂壶、鼻烟壶、老报纸、旧戏单等，最诡谲的一招，是他还收藏了形形色色的名人讣告，小若豆腐干，大如八仙桌，真是"玩收藏玩到了死人头上"！

"玩"到最后，未想自己也成了讣告中人。上世纪60年代初，钱化佛已成为上海文史馆馆员，生活比较安定，然而一次外出遭遇车祸，被撞断了胫骨，由此关了"禁闭"，足难出户，一蹶不振，没多久就驾鹤西去了。生活就像他曾经唱过的悲欢戏文，一歇哭，一歇笑，所谓"人生如戏，戏如人生"也。

韩敏造佛，夸张不失法度

画由戏造，戏因画生，画家与戏曲结缘，俯拾即是。盖因传统京戏里头的唱念做打功、生旦净末丑，都极有讲究，中国画里的线条笔墨也一样要有章可寻。海派画家韩敏也喜欢京戏，时常以戏喻画，触类旁通。巧的是，我也觅藏了一柄韩敏的"达摩图"成扇。

韩敏《达摩图》扇面

　　韩敏先生已过耄耋之年，却有着年轻的心态。甲午早春，上海文史馆为他举办了一场个人书画展，为配合扬声造势，我主编的《行家》杂志约老先生作一回专访。采访那天，我恰好有事，遂派了两位美女记者登门访谈，老先生眉开眼笑，高兴得不得了。欢声笑语中，韩敏不仅谈画论艺，还对《非诚勿扰》、《我们约会吧》等电视热门节目如数家珍，拍回来的照片，表情交关可爱。

　　窃以为，当代海派绘画领地，为人乐道的古典人物画家有两位，一位是刘旦宅，一位是韩敏。由于旦宅先生提前谢幕人生，而韩敏老而弥勤，屡有佳作问世，征服受众的眼球。同钱化佛一样，韩敏的绘画样式也有陈老莲、任伯年的痕迹，但他并非一味摹古，而是融合了自我的笔墨经验与现实感受，时而轻描淡写，时而泼墨运彩，笔法逆来顺往，张弛有力，夸张又不失法度，传达了画家对人物内心的深切揣摩。打开韩敏的达摩扇画，从开相到身姿，从勾线到设色，从主体到细节，熟能生巧，技进乎道，显露出传统水墨精髓和当代审美情趣。从这个"达摩"身上，形似与神似，妙有与真空，收获了赏心悦目的和谐统一。

说到习画之道，韩敏总结为"三字经"：一是讨，二是偷，三是抢。讨，就是虚心讨教，不懈追求；偷，就是偷师取法，学贯古今；抢，就是抢分夺秒，闻鸡起舞。因而，他的率意挥洒之中，其实蕴涵着一丝不苟的精神。他日夜临纸吮毫，殚思竭虑，平凡而富于规律，恰如一种达摩坐禅般的淡定，忘了时光之荏苒，天地之冷暖，润笔之多寡。

现下韩敏的画作在拍卖会上炙手可热，造假者亦前赴后继，数不胜数。我见过不少仿冒之作，凭良心讲，画中人物开相还算过得去，但一看衣饰衣纹等细节部位，画得含混不清，十分凌乱，露出了马脚。对此，韩敏却看得很开，态度与钱化佛大相径庭，往往一笑了之："他们画得比我好。"呵呵，一派大将风度！

阿弥陀佛，写意散发禅意

倏然记起，我的藏扇中，江苏省国画院画师顾伯达也画过达摩。许是阴错阳差，拙著《扇解人意》出版时，其中一篇《神马都是浮云》，漏印了一幅扇图，正是顾伯达画的达摩。这里朝画夕拾，旧话重提，算是补个缺憾。别号九峰居士的顾伯达（1903—1968），小小年纪就随出家镇江金山寺的舅父竺仙和尚学画，并云游四方，

顾伯达《达摩图》扇面

还参加了于右任发起的海上书画联合会。他的画笔，兼收石涛、板桥、伯年等名家之长，花卉尤擅画菊，动物着意画猴，渐成俊逸洒脱、安雅疏朗的风格，我还藏有他绘的菊花扇面。圈内有言，顾伯达与何基愚、鲍娄生、王启明，并称"扬州三个半画师"，多次在上海、南京等地举个人画展，代表作《三唱雄鸡东方红》挂进了人民大会堂。闲读陈履生著《(1949—1966)新中国美术图史》一书，论及"新花鸟画"，提到了北京的于非闇、浙江的潘天寿、南京的陈之佛、何香凝、顾伯达等。只不过，上海的美术评论家对此很有意见，认为图史对海派花鸟画家的贡献只字未提，与海派艺术之地位不相符合。此乃题外之话。

上海本来就是一个海，海纳百川，海阔天空，何必计较？不妨多看看禅画，性净顿悟，豁然开朗。

今人"喜旧厌新"，国学热潮推波助澜，席卷华夏，达摩祖师也成了禅宗文化的一枚"茶叶蛋"，吃吃蛮香，交关吃香。国学很简单，就是些流传下来的正确的道理。这个说法，有点站着说话不腰疼的味道。忽又记起，朵云轩秋拍，端出两幅蔡志忠漫画《禅》、《佛》，其笔下的人物，通常宽衣广袖，飘逸清新，令人有超脱凡尘之外的感觉，而画家的宽广济世、自然为真的哲学态度，更是随处流淌，溢满画纸。三下五除二，我以28000元将两幅漫画"请"回了家。这么一来，扇斋里的"达摩"就更闹猛啦。稍后，有人告诉我，你捡到便宜哉，前不久在杭州西泠拍卖会上，蔡志忠的一幅差不多大小的漫画，要拍到28万元呢。闻悉此言，我感觉不到任何惊喜。一张漫画居然弄出天价来，要么是主事方"玩猫腻"，要么是收藏者"昏脱了"，别无其他理由。戏演"过"了，难免会让人疑窦丛生。

捧读数柄达摩扇画，浮想联翩，使人浊气顿消，神清意远。缘来不拒，境去不留，得之坦然，失之泰然，看淡了得失，才有闲心品尝真幸福。处世之道与收藏之道总是不谋而合。

蔡志忠漫画《佛》

浓浓墨，淡淡心

——来楚生艺品纯粹简简单单才是真

惜乎，天不假年，来先生没有等到一个姹紫嫣红时代的到来。步入上世纪70年代，他的书风印风开始骤变，疾若旋踵，喷薄欲发。如果他的生命哪怕再有10年，其丹青人生不知会绽放出怎样的璀璨光芒。

去金陵古城拜访银行行长，他办公室里挂有来楚生的隶书，尺幅不大，且安于一隅，却照样夺人眼球。来楚生之隶书，貌拙气酣，清而不浊，用笔纵逸率真而具藏锋之妙，字形错落生动又无浮滑之感，为书坛啧啧称道。隶书多为摩崖刻石，风化剥蚀，难窥本来面目，一味表现"粗""重""厚"，过犹不及，毫无美感可言。《礼器碑》谓之"铁画银钩"，说明不一定非得粗壮才有气势。来楚生吸收汉简用笔，在自由与规范之间寻求一种默契，化刚为柔，避俗成雅，变汉隶石刻，独具一番风貌。

扇斋里存有来楚生的书法扇片，很巧，也是隶书，一样的凝练遒劲，极具金石气。其实，作为诗、书、画、印四绝的一代大家，来楚生对于毛笔和刻刀的掌控，均可谓炉火纯青。他的好友唐云曾评价："来氏书、画、篆刻无不精妙。而于书，篆、隶、正、草均熟中求生，刚健婀娜；平心辣，气势磅礴，不可名状，允推当代杰手；画从书法得来，清新横逸；刻则运刀如笔，饶有奇致，皆不涉前规，开生面者也。"在下阮囊羞涩，不敢得陇望蜀，欲藏来氏的绘画与印章，且看缘分吧。

返沪后数日，漫步福州路，恰遇笔墨博物馆推出《来楚生书画印精品展》，以纪念来楚生先生诞辰110周年。展览地盘很局促，作品也寥寥，但不乏佳作。私意认为，以此等规模与态度来缅怀大师风采，未免有些失敬了。看了展览，还是有一点感慨：

来楚生书法扇面

艺术有着恒久的生命力。什么叫艺术? 留得下来的才是艺术。诚如来先生活着的时候说过的一句话: "艺术要让后人来说话。"

来楚生(1903—1975)祖籍浙江萧山, 既曰"楚生", 缘于诞生武昌。受家庭环境熏陶, 来楚生自幼在父亲指导下练字习画刻印, 之后投考上海美术专科学校, 颇得执教的潘天寿赏识, 过从请教益密。抗战期间, 坚守孤岛, 以书画金石鬻艺为生, 遂崛起于海上艺苑, 并在上海"中国画苑"举行个展, 其写意花鸟最负时誉。1956年任上海中国画院画师, 数年后被聘为上海文史馆馆员。

陈巨来的《安持人物琐忆》"毁"人不倦, 仅有一句话写到来氏, 却掩饰不住对其推崇: "来楚生治印, 似学邓者, 但比邓为佳, 字亦比邓为雅也。"邓者, 邓散木邓粪翁是也, 擅书法篆刻, 艺坛有"北齐(白石)南邓"之誉。

沪上丹青多大家, 有些喜欢端架子, 而来楚生却是一贯的低调谦和。他话不多, 但遇上话题投机者, 总是滔滔不绝, 意犹未尽。朋友圈当中, 来楚生与杭人唐云的交情最深。来楚生和唐云性格相左, 一个沉静寡言, 一个风流倜傥, 一个不胜杯酌, 一个把酒言欢, 两人却甚为融洽, 并无违和感。早在上世纪30年代, 他俩就牵头组织了"纯社", 邀集同好讨论绘事, 后为筹募难胞医疗费用, 又联手举办了"杯水书画展"。来楚生办个展, 唐云不遗余力为之奔走; 唐云的名章闲章, 也多出自来楚生之手。建国后，两人进入上海中国画院共事，一起外出写生，挥毫切磋，情同手足。文革风雨袭来，来楚生与唐云相继遭遇批斗，直至1973年法国总统蓬皮杜访华，周恩来总理指示"京沪两地接待宾馆布置一批中国画"，两位老画家终又相聚在锦江饭店，泼墨论艺，扬眉吐气。谁晓得好景不长，1974年初春《解放日报》刊登了一篇署名文章，题为《一本地地道道复礼、翻案的画册〈中国画〉》，上纲上线，妄加罪名，直指来楚生《桂与鸡》、唐云《竹石麻雀图》等作品为"毒草"、"黑画"。此后，来楚生郁郁寡欢，病染膏肓，过了一年便撒手人寰。老友唐云获悉，挥作七绝追怀："展图重瞻墨犹新，春笔纷披更入神；不觉楚生竟死去，腾腾活气有余春。"

惜乎，天不假年，来先生没有等到一个姹紫嫣红时代的到来。步入上世纪70年代，他的书风印风开始骤变，疾若旋踵，喷薄欲发。如果他的生命哪怕再有10年，其丹青人生不知会绽放出怎样的璀璨光芒。然而，这是遗憾的艺术，也是艺术的遗憾，永远无法弥补。

《人品就是作品》——30多年前，来楚生出版画集，沈柔坚作序取的就是这个题目。且观来先生的人品艺品，莫不体现一个"纯"字：为人纯朴，心思纯粹，技法纯熟，气息纯净，风格纯正，炉火纯青……做书家，不妨做一个纯粹的人，对书法的理解尽可能单纯一点，反倒更容易抵达成功的彼岸。忽想起，早年来楚生和唐云携手创办的"莼社"，不正是草字底下一个"纯"吗？

《来楚生画集》封面

时事风俗也"八卦"

——吴友如和他的《点石斋画报》

当下，出版人嚷嚷着跨入了"读图时代"，其实早在100多年前，吴友如和他的《点石斋画报》已经投石问路，做出了可贵尝试。"天下容有不能读日报之人，天下无有不喜阅画报之人。"

朵云轩有四帧吴友如的扇画，静静地躺在墙角旮旯儿的玻璃柜里，不卑不亢，心若止水。吴友如画的是团扇，笔下泛出比较常见的清末画家的路数和气息，但画技娴熟，意境脱俗，似乎还埋伏着故事"桥段"，颇有戏剧性，沉浸于扇面人物与细节刻画，自然引发天马行空的想象。"团扇娇美似明月。"中秋之夜"请"回团扇，举头望明月，低头赏扇面，别有一番滋味和情怀。旧时扇，今时人，时空交错，因缘际会，想来也是可以"千里共婵娟"的。

鲁迅先生在《朝花夕拾》后记里说："吴友如画的最细巧，也最能引动人。但他于历史画其实是不大相宜的；他久居上海的租界里，耳濡目染，最擅长的倒在作'恶鸨虐妓'，'流氓拆梢'一类的时事画，那真是勃勃有生气，令人在纸上看出上海的洋场来。"

这个吴友如，乃清末时事风俗画家，苏州桃花坞木版年画画师。他担任主笔的《点石斋画报》，"选择新闻中可嘉可惊之事，绘制成图，并附事略"，一度风靡海上。鲁迅少年时深受《点石斋画报》的影响，在后来他倡导的连环图画和木刻运动中，曾多次力荐此刊，称赞它是"要知道'时务'的人们的耳目"。

对照着看，大家普遍认同的吴友如生平，与他自己说的有很大出入："余幼承先人余荫，玩偶无成。弱冠后遭'赭寇'之乱，避难来沪，始习丹青，每观名家真迹，辄

吴友如《古代人物》系列团扇

为目热心存，至废寝食，探索久之，似有会悟，于是出而问世，借以资生。"吴友如说自己来上海之前从未碰过画，随祖父避难沪上才开始学习绘画，但他应该记得，他小辰光在苏州云蓝阁裱画店当学徒，长期在书画堆里耳濡目染，并动笔描之摹之，后经画家张志瀛指点，画技大增，还曾应召至南京绘制《金陵功臣战绩图》，在姑苏城小有名头。所以，吴友如"掐"了前面"铺垫"的一截，而直接讲述自己闯荡上海滩后的"无师自通"、"突飞猛进"，未免有些矫情了。

近代中国画家逐个数，吴友如的地位，非常特殊。他靠临摹入门，靠画市井新闻混饭吃，又凭借石版印刷技术窜红，故而有人认为吴友如的作品过于匠气，从笔法到构图基本是拿来主义，有些则明显依葫芦画瓢，自己创作的成分微乎其微，够不上大师级别。而且，鲁迅从后设的眼光看之，觉得吴友如描绘海外风物是软肋，当真不得，"对于外国事情，他很不明白"。

其实，大师勿大师的，吴友如并未放在心上。那年头虽已西风东渐，但影像技术还只是"高端洋气上档次"的玩物，民间哪得几回闻，"画报"真的要依仗画家的心追手摹来呈现。吴友如心有灵犀，继承了明清版画的风致，又融会了西洋透视法，为适合石印制版，作品均以线条勾描，黑白分明，画风工整，构图繁复，令布衣百姓喜闻乐见。"补白大王"郑逸梅曾如是评说："吴友如在这石印有利条件下，就把新事物作画材，往往介绍外国的风俗景物，那高楼大厦、火车轮船，以及声光化电等科学东西，都能收入画幅。"对于读者而言，"外国事情"明白与否，并不打紧，是否画得新奇、耐看、接地气，才是硬道理。就像李伯元的《官场现形记》，描述佐杂官吏活灵活现，极其传神，可一写到朝廷大员便流于浮泛，但一点也不会影响此书的流行。反正芸芸读者当中，又有几个见过中堂大人是何德性？

可以说，机会成就了精于白描的吴友如。他用画笔写新闻，上至天文地理，下至鸡毛蒜皮，大到中法战争、甲午战事，小到邻里斗殴、水火灾劫，趣闻怪事，无奇不有，所绘风俗时事人物，笔姿细腻，名噪一时，也使得《点石斋画报》在沪上乃至外埠洛阳纸贵，读者奔走相传，争睹为快。无论如何，吴友如可称是《点石斋画报》的一道"招牌菜"，他的画说新闻，也给后世了解近代上海乃至中国风俗民情，留下了可资借鉴的"视觉文献"。功不可没也！

余生也晚，有幸从一位资深藏家手中读到一册《点石斋画报》，历经百年沧桑，吉光片羽，弥足珍贵。画报封面印有"光绪十年五月中瀚"、"计图八页，价洋五分"

吴友如《古代人物》系列团扇

等字样，封底可见"上海申报馆申昌书画室发售，外埠由卖申报处分售"之说明，明明白白，一览无余。开卷细加研赏，既有《英国地震》、《不堪回首》等社会热点，亦有《病中易腿》、《人财两失》等小道奇闻，有时事，有风俗，也有"八卦"，时效性与可看性相得益彰，很值得咀嚼玩味一番。这一期画报的八页绘图，其中六幅为吴友如（吴嘉猷）手笔，另两幅的作者系金蟾香，亦是时事画家，足见友如先生在当时出手之快，画艺之精，风头之盛，地位之重。

作为《申报》随报发行的中国最早的新闻图画旬刊，《点石斋画报》的创办，屡屡被专家学者提升为晚清西学东渐大潮中的标志性事件，它开启了图文并茂进而可能雅俗共赏的"画报"体例，兼及"新闻"与"美术"的功能，追求逼真，蕴涵美感，不仅是传播新知的生动途径，还是体现平民趣味的绝妙场所，为后人保留了晚清社会的世相百态，并从中窥探中国美术风格的兼容与嬗变，形成了一幕晚清独特的文化景观。

当下，出版人嚷嚷着跨入了"读图时代"，其实早在100多年前，吴友如和他的《点石斋画报》已经投石问路，做出了可贵尝试。"天下容有不能读日报之人，天下无有不喜阅画报之人。"透过这些具有"浮世绘"色彩的风情画卷，倏然发现，历史也不是一团漆黑，画面中的老百姓心态平和，随遇而安，过得还算和谐，只是一旦固步自封，错失机会，最终平衡还是会被打破，积聚起来的"改良"情绪，就会演变成"革命"风暴。然而，"革命"的代价实在是太大了。

不过，吴友如领衔的《点石斋画报》画师团队，大多是从苏州年画的行当"转会"而来，他们没有啃过洋面包，更没有组团参加"欧洲游"、"美洲游"，画及"海外奇谈"的场面，一半看外国图片，一半靠闭门想象，画面与情景之间大相径庭，差距勿是"一眼眼"啊。或许，正是这些限于眼界的思维"缝隙"，让我们才能在今朝的茶余饭后，怀着凭吊与追慕的心情，对晚清的社会风尚、文化思潮以及审美趣味的复杂性，有了更加深刻的解读。

吴友如或许称不上大师，但他的《古今百美图》和《古今人物图》，让许多大师级的画家从中受益，并成为众多入门者的范本，至今仍被视为画坛典藏。过往艺术大家中，就有不少吴友如的"粉丝"：徐悲鸿9岁学画时，对《点石斋画报》顶礼膜拜，每日临摹一幅吴友如的人物画，并称他为"为世界古今最大插图者之一"；张爱玲1946

年出版《传奇》时，就将吴友如的一幅《以咏今夕》仕女图信手拈来，用作封面插图，钟爱之心，溢于言表；文学翻译家包天笑孩提时代，宁可省下早饭点心钱，也要买一本《点石斋画报》来读，爱不释手，为的是赏读吴友如的新闻绘图……

回过头来，不难理解鲁迅之所以格外欣赏吴友如"勃勃有生气"的时事画，因其"令人在纸上看出上海的洋场来"，完全可能为后世画家之表现晚清社会，提供必要的场景与细节。事有凑巧，半个世纪后，画家范曾为鲁迅的小说画插图，寻找到的最佳参考资料，竟然正是吴友如的新闻时事画。在《生命的奇迹》一文中，范曾这样记述1977年绘制《鲁迅小说插图集》时的情景："彼时参考资料甚少，惟有《吴友如画宝》助我，因其描写社会人生诸相，时代与鲁迅先生所描述正相合。吴友如之画技至工而格近卑，然其观察生活之仔细，描画物件之精到，自是无匹作手。我画鲁迅小说中某些场景如唯连殳之哭丧，其中棺材、丧幛、头巾等等细节绝对无误；华老栓家床边的马桶、手中的灯笼形象刻画入微，皆有赖于吴公多多。"

用了吴友如的笔墨素材，如获至宝，临了却还数落人家"格调不高"，得了便宜还卖乖，范曾有点不作兴啊。

吴友如时事风俗画

进为达官，退亦名士

——交通银行创始人叶恭绰的传奇人生

政治家的"动"和学问家的"静"，在叶恭绰的身上得到了和谐统一。他沉浮宦海，历经荣辱，惯看炎凉，故而于玩好长物，藏品聚散，一概拿得起，放得下，豁然处之。

叶恭绰15岁时曾作《蚕》一诗云："衣被满天下，谁能识其恩，一朝功成去，飘然遗蜕存。"观其一生，其诗颇似叶氏的真实写照。

历史盖棺定论，称叶恭绰是一代名士。既为名士，一生总会是奇峰迭起，蓦然回首之时，处处可见奇山异水；又是民国年间人士，得了最后一缕翰墨书香的浸润，故事里有文化故国的夕阳笼罩，品咂起来自然另有一番苦涩滋味。

闲来读《开拓近代交通事业的文化人：叶恭绰》一书，可以窥见其多姿多彩的人生历程。清末举人叶恭绰（1881—1968）少年得志，曾在政治舞台上长袖善舞。他经历了晚清、北洋政府、国民政府、新中国四个时期，历任清政府铁路局代理局长、北洋政府交通总长、交通银行总经理、孙中山大本营财政部长、南京国民政府铁道部部长等职，在铁路交通、金融、财政管理方面卓有建树。上世纪30年代，叶恭绰退出政界，隐居京沪，蔚为名流。他精于词学，富于收藏，声著一时，搜求文献、保护古物更是不遗余力。新中国成立后，叶恭绰任中央文史馆代馆长，北京中国画院院长，全国政协常委。

进可为达官，退亦一名士。作为横跨政坛和文坛的传奇人物，叶恭绰不仅是现代交通的前驱，在文化学术领域更是成就不俗。他是博洽通达的学者，治学范围之广，在学术界甚为罕见；他是才学非凡的诗人，词学建树卓著，创作境界超拔；他是

叶恭绰《竹石图》扇面

极具水准的藏家，毕生收藏遗珍无数；他还是名满天下的书画家，作品雄强朴厚，自成一格，腕下功力直追古人。

因了他的硕学鸿儒的风范，也因了他的金融身份（交通银行的三位创始人为陈璧、叶恭绰和梁士诒），当一柄叶恭绰的书画合璧扇呈现在我眼前时，我毫不犹豫，掏出订洋，兴冲冲带回扇斋细细研赏了。收藏之道即是如此：多谋善断，当机立断，只为错过的遗憾，不为做过的后悔。

扇画为叶恭绰擅长的竹石，取于元人神韵，秀劲隽上，直写胸臆。叶恭绰的书法，更值得一说。清代以来，世人都重碑轻帖，及至民国，对帖的偏见开始改变，一些书家开始走碑帖并学的路子，多方面汲取养料。叶恭绰的字，即是融会碑帖、自成一家的结果，既有碑的厚重，亦有帖的灵动，用笔运腕，魄力非凡，人称其书有褚遂良之俊逸，颜真卿之雄浑，赵孟頫之润秀，被誉为当代高手。

同为政坛人物，观者很容易将叶恭绰的字与郭沫若甚至毛泽东的相提并论：毛

叶恭绰书法扇面

泽东写字如作诗，常有神来之笔、惊人之举、汪洋之势；郭沫若写字则豪放畅达，有一种规矩中的破格和冲动；而叶恭绰的字，虽然奇正相生，自成锋棱，但总体来说，更多的是书卷气。

书品如人品。叶恭绰的"盈寸之字，有寻丈之势"（启功评语），同他的豪爽性格、宽厚胸怀如出一辙。上世纪20年代，年轻的张大千常到上海孟德兰路"诗社"，以"打诗谜"的方式聚赌。有一天，他把"传家宝"——王羲之《曹娥碑》带去给众人观赏。不料当晚"入局"后连续败北，转瞬间欠下1000多大洋。百般无奈之下，他以《曹娥碑》抵了赌债。冷静过后，张大千十分悔恨，从此绝迹赌场。10年后，张大千母亲病入膏肓，询问《曹娥碑》下落，张大千不知碑帖辗转落于谁手，急成热锅上的蚂蚁。偶然间，张大千得知《曹娥碑》在叶恭绰手上，便提出三种回购方式。未料想，叶恭绰二话不说，原璧返赠。

叶恭绰的急公好义，亦体现在对国宝文物的倾力保护。我两次去看过台北故宫博物院，"毛公鼎"作为台北故宫的镇馆之宝，安置橱内，静默生辉，也铭刻着叶恭绰在危难之时的高义侠行。"毛公鼎"系1850年在陕西岐山出土的西周晚期的一件重器，是迄今为止出土的青铜器铭文中字数最多的稀世珍品。抗日战争爆发后，上海沦陷，叶恭绰准备避难香港。临行前，将珍藏的7箱文物秘密寄存在公共租界英商美艺公司仓库，其中一箱就是"毛公鼎"。1940年，叶恭绰在上海的一位亲属因财产纠纷，大兴讼事，并向日本宪兵队透露了"毛公鼎"藏在上海的消息。叶恭绰闻讯，急电侄子叶公超去上海主持讼事，并谆谆嘱托："毛公鼎"不得变卖，不得典押，决不能流出国土。此鼎终于没有落入日军之手，抗战胜利后交"上海敌伪物资管理委员会"处理。上海市政府聘叶恭绰为"毛公鼎"保管委员会委员，并从军统局领回拨交南京中央博物院保存，1949年被蒋介石带往了台湾。为了保护祖国文化遗产，叶恭绰倾囊购买了许多珍贵字画、碑帖、瓷器、铜器、孤本、善本等，他重金购得的稀世珍品——晋朝王献之的《鸭头丸帖》真迹，慨然捐献给了上海博物馆。

叶恭绰还有一段与毛泽东以书交往的佳话。1953年，叶恭绰将自己编辑出版的《清代学者象传》第二集寄给毛泽东，毛泽东接到赠书立刻回函："不知尚有第一集否？"《清代学者象传》第一集出版于1928年，历时久远已很难觅到，他便把自己珍藏的一套送给了毛泽东，并在信中表明了这套书的弥足珍贵，声言不必归还。毛泽东获得珍本后，在中南海的住所反复咏读，还在扉页钤盖了自己的藏书印"毛氏藏书"。据说毛泽东为此还请叶恭绰吃了几顿饭呢。

政治家的"动"和学问家的"静"，在叶恭绰的身上得到了和谐统一。他沉浮宦海，历经荣辱，惯看炎凉，故而于玩好长物，藏品聚散，一概拿得起，放得下，豁然处之。

然而，天有不测风云。"反右"运动飞来横祸，早已远离政坛的叶恭绰却被莫名其妙打成"右派"，职位被撤得一干二净。阅读章诒和的《往事并不如烟》，书中转引了她父亲章伯钧的一段话："1956年因为文化部和中国美协有轻视国画的倾向，我联络罗隆基，再拉上李济深，向周恩来反映了这个问题。后来又与叶恭绰、汪慎生、王雪涛、徐燕荪等人，一道发起成立北京画院，为的是把国画创作和研究独立出来。结果凡是与此事有关的画家，除齐白石外，其余一概划为右派。叶恭绰是我把他拉到北京画院当院长的，不想也给这位老先生戴上了帽子。"自从划成"右派"后，叶恭绰一下变得沉默了，既不愿意出去见客，也不欢迎来人造访，闭门独居，郁郁寡欢。

即使这样避世，"文革"风暴来袭时，已经85岁高龄的叶恭绰，仍然避之不及。幸亏宋庆龄听说叶恭绰处境困难，心中极为不安，并请周恩来出面制止了红卫兵的非常行动，他才免遭大难。宋庆龄还让秘书到叶家送去200元，身处逆境的叶恭绰见到这笔钱，老泪纵横："孙夫人的心意我领了，但这钱不能收，因为孙夫人也是靠工资生活，并没有财产。"

在生命的最后时刻，叶恭绰走得很冷清，身边没有亲人陪伴。以诗文寄情、佛法澄心的文人宿愿，在大乱之中化为泡影。劫难过后，落实政策发还抄家物品时，他惟一的女儿叶崇范远在加拿大，人未归来，只捎回来一句话："什么东西都不要了，连灯草胡同自家的房子也不要了……"

回到这柄新藏的扇子，定睛一看，上款为"纯农"。此君本名王凤岗，字纯农，华亭人。抗战前后曾担任嘉兴国术馆馆长，生前应与叶恭绰交情不浅。王凤岗诗、书、画颇有造诣，存世作品比较少，他的仕女画线条圆润流畅，修颈、削肩、柳腰、细目、樱唇，面部呈明暗虚实之感，具有清代晚期仕女画的特点。曾在央视《鉴宝》栏目见到两枚印章：白方"王凤岗印"和朱方"岗山"，专家鉴定团估价80000元。乖乖隆地冬，行情冲冲冲！

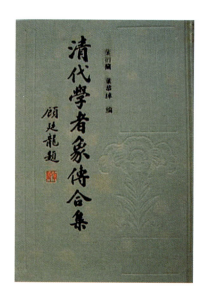

叶恭绰等《清代学者像传合集》封面

人来"刻"往

——沈觉初和朵云轩的"硬"道理

刀刻是一道绚烂的光芒，其爽利、硬朗与果断的刀风，是书画的笔墨情趣所不能抵达的境界。许多时候，因了这刀刻，器物材质之优劣，反而变得不再重要，而艺术家的情感和底蕴，令器物脱胎换骨，倏然有了灵魂。

上世纪70年代初，我刚进幼儿园，家住虹口海宁路同昌里；而海上书画篆刻大家沈觉初就蛰居我家隔壁的一条弄堂——鸿安里，我时常牵着大人的手，穿过这条弄堂。据说他的住所相当局促，小得很，转身都蛮困难，唐云曾为之书写"容膝斋"三字匾。当然，这些都是我眼下查阅掌故资料获知的，那时我还在牙牙学语，不可能跟沈觉初有什么交集。

成人后，喜欢扇面集藏，一次随资深藏家去南京路朵云轩转悠，无意瞥见拐角处挂有一幅山水画，题款"德清沈觉初"，标价三四千元。资深藏家循循善诱：侬晓得沈觉初是啥人伐？擅长竹刻、紫砂壶刻，宜兴有任淦庭，上海便是沈觉初了，大师级人物，不得了的名头啊！这张字画价格蛮便宜，要是换成他刻的紫砂壶，少则10万大洋呐。其实，沈觉初不仅刀刻艺术为海上一绝，山水画功夫也好生了得，不过是"刻名掩盖了画名"罢了。

有记载，民国时期，沈觉初的恩师吴待秋（大名赫赫的"三吴一冯"之一），对学生的字画技艺青睐有加，曾亲笔为其代订润格："觉初仁兄勤学好古，所作篆隶工力弥满，治印直追秦汉，俱入堂奥，非向壁虚造者可比。比来沪渎，求者接踵，为订润如后……"不过，吴待秋最终却因一笔银行存款，乱了阵脚，坏了心绪，伤了元气。新

沈觉初《山居图》扇面

中国建立之初，他的巨额存款因故被银行悉数冻结，无法支取，老先生急火攻心，愁眉不展，在苏州抑郁而终。此乃题外插曲。

事隔一年，仍旧在朵云轩，我觅得沈觉初82岁时绘制的山水扇作，额手称庆。看得出来，扇画继承了清"四王"之一王原祁"绵里裹针"的笔法，以苍老疏松的干笔焦墨构图，立意虚实相间，定景疏密有致，方尺弧形中烟云舒卷，山峦挺拔，苍松蔽日，高士飘逸，枯润转换之间，华彩滋生，纵横挥洒，笔墨、韵味与气象，皆为上乘。尽管成扇标价10000元，但考虑到扇面尺幅较大，气势不同凡俗，功力摆在那里，我二话不说，刷卡成交。继而，想法得寸进尺：倘使扇骨亦是沈觉初所刻的，那就一"刻"值千金，物超所值啦！

这两笔交易，都跟百年老店朵云轩相关。殊不知，沈觉初（1915—2008）与朵云轩也有着不浅的缘分呢。沈觉初为稻粱谋，早年从事的行当似乎都与金融有关：先是在老家浙江德清的长发典当行做学徒，后来到朋友投资开办于上海提篮桥的煤球厂担任出纳员。知天命之年，在唐云的引荐下，终于调到了老字号朵云轩工作，从底楼金石柜经售石章刻刀，到二楼收购旧字画和文房四宝，得天之厚，沈觉初学有所用，如鱼得水，心里怡怡然，乐陶陶，一直忙到退休。一个人，终其一生，把兴趣变为

沈觉初刻紫砂壶

职业,将职业做成兴趣,就是最大的幸福。

沈觉初为人温良恭谦,不求闻达,在朵云轩当营业员时,替单位把关,也替顾客着想。那个群魔乱舞的年代,革命小将冲击"封资修",大批古书碑帖字画遭遇不测。为防万一,朵云轩决定关门歇业。就在停业的前一天,有位年轻人跑来出让一件破旧不堪的虚谷《松鹤图》,收购处人员怕惹麻烦不想收下,沈觉初说,给他五元吧,事后重新装裱一下。未曾想,这幅作品经过修复,后来成为朵云轩稀有且难得的虚谷珍品之一。

已故作家、书画家洪丕谟生前回忆,他与沈觉初相识也在朵云轩。文革初期,家徒四壁,经济拮据,洪丕谟发了狠心,在浩劫之余残存的印章里,挑得一枚父亲珍藏的田黄章,心里对先父默念一声"对不起",拿到朵云轩出售。去时适逢沈觉初当班,收购价10元,如遇甘霖,总算帮助一家人度过难关。联想到弟弟洪丕森因为害怕被发现,而将沈尹默为家父所写的立轴偷偷卖给街头小贩,仅得1毛钱,洪丕谟的这笔交易,应该算是不错的了。

风暴过后,朵云轩一度以"东方红书画社"的招牌恢复营业。当时定了规则,字画古玩收购后,先送国家博物馆平价转让;如对外出售,则统加收购价的百分之二十。但是,那时大家日子过得紧巴巴的,而且天网恢恢,"革命群众的眼睛是雪亮的",很少有人吃饱了撑着,胆敢光顾此类"四旧"。一日,沈觉初接了一单业务,有人捧来田黄、鸡血石章,约百方,其中不乏吴昌硕、赵叔孺等名家印章,沈觉初一评估,付款136元。怎料想,稍后"军宣队"即派人前来调查核实,这才知道那位顾客从单位抄家物资中顺手牵"印",偷梁换柱,捞取外快。好在沈觉初估算的收购款没有出入,而那人自然遭到了"无产阶级专政"。这件事,令沈觉初印象至深:做人要实在,要清白,商家也要讲诚信啊。

以刀代笔,刻工是"硬"道理。刀刻是一道绚烂的光芒,其爽利、硬朗与果断的刀风,是书画的笔墨情趣所不能抵达的境界。许多时候,因了这刀刻,器物材质之优劣,反而变得不再重要,而艺术家的情感和底蕴,令器物脱胎换骨,倏然有了灵魂。早在典当行"吃萝卜干饭"时,沈觉初就受到熏染,跃跃欲试学刻印章。这一"刻"不要紧,竟然同他"刻"骨铭心结缘一辈子:刻石章、刻扇骨、刻臂搁、刻竹木笔筒、刻红木镇纸、刻砚台砚盒、刻紫砂壶……朵云轩工作闲暇,他更是心手双畅,无时不"刻",试着以双刀、单刀和圆刀法相机并用,或粗刻细刻,或深刻浅刻,领悟笔触笔意笔势,顺着画面的线条来刻,扬原作之长,避原作之短,干湿浓淡,徐疾轻重,深浅凹凸,竟能"老笔纵横,更现苍茫",所刻作品形神渐入佳境,精妙可叹,一派大家风范。

唐云说过:"沈觉初不但自己画得好,而且还懂得画理,当然要请他刻。非他莫刻!"翻开《紫泥丹青》一书,海上著名书画家朱屺瞻、王个簃、谢稚柳、陆俨少等人所作书画的紫砂名壶,其壶刻几乎均出自沈觉初之手。当然,他与唐云合作最多,唐画沈刻,乃珠联璧合的艺术佳品。1992年"汪辜会谈",汪道涵赠予辜振甫一把紫砂壶,上有"茶乐"两字,为汪道涵所书,唐云缀以山水并书"一帆风顺",而奏刀之人则由沈觉初当仁不让了。

今日朵云轩,有人曾亲睹大师刻壶之高超技艺。据云沈觉初晚年刻壶,成竹在胸,执刀为笔,以壶为纸,不打底稿,直接上刀,疏影横斜,暗香浮动,尽现壶上。本来受宠于文人的紫砂壶,因了铭刻,更添文人气质。后辈还记得,沈觉初人淡如菊,知足常乐,时以"三无老人"(即无名无利无忧)自居,淡泊自省,故仁者长寿。

朵云轩,百年墨香,精品云集,是谓牌子硬;沈觉初,刀笔老辣,游刃有余,是谓手艺硬。在朵云轩与沈觉初的扇面不期而遇,名头硬碰硬,画品过得硬,我此刻的心境,正应上扇画背后刘小晴先生的题书:"其乐无穷"!

除了态度还有温度
——张石园、顾振乐的师生情缘

这回在文物商店邂逅张石园的书法扇面，其字笔墨精湛，古雅有致，标价仿若八年前，可见民国一些丹青大家的作品实乃价格低谷也。好字不嫌多，顺手捧回，来它个"树上的鸟儿成双对"。

早春，与嘉定陆俨少艺术院的顾馆长约好，驾车前去造访。未想途中车辆遭遇碰擦，心情有点不爽。抵达陆俨少艺术院，正逢举办"美意延年——顾振乐书画展"，迎面一幅2米多宽的书法作品，笔力雄健，风姿端正，疏密错落有致，直击眼球。顾振乐挥毫此作时届九十七高龄，洋溢其间的精气神、笔力艺，依然宝刀不老。沐浴在扑面而来的淡定儒雅的气息里，瞬时心宽神定，座驾被擦掉几块油漆，又算得了什么？

也是有缘，没过多久，沪上藏家郑恩德转让我一柄顾振乐书画成扇，又在文物商店收获一帧顾振乐恩师张石园的书法扇片。桃李无言，下自成"戏"，师生两人的作品，就这么戏剧性地相聚于我的扇斋。

往事并不如烟。1942年，由蒙师翟树宜的介绍，顾振乐正式投入山水画家张石园之门，专攻虞山画派，据说当时还办了拜师酒，交了200大洋拜师金。那个时候，张石园住在凤阳路一条弄堂的石库门里，顾振乐住在金陵东路，相距并不远，常来常往，时常得到老师的指点与教诲。顾振乐曾回忆，张石园的寓所一上一下，比较宽敞，底楼客堂有许多书柜，藏有大量书籍、碑帖、画册和印谱，二楼亭子间作画室，前楼为卧室，教学生就在亭子间里。张石园喜好睡懒觉，早上起得晚，学生一般都下午去

张石园书法扇面

　　学画，张石园"一面说一面画，从头教起"。顾振乐至今还保存了一幅老师的青绿山水画稿，作为临摹研习的样本。

　　张石园的扇作，八年前我已藏有一帧，看官诸君读我《扇有善报》，其中略有记叙。这回在文物商店邂逅他的书法扇面，其字笔墨精湛，古雅有致，标价仿若八年前，可见民国一些丹青大家的作品实乃价格低谷也。好字不嫌多，顺手捧回，来它个"树上的鸟儿成双对"。

　　比起篆隶行草，张石园的山水画更具盛名。张石园（1898—1959）字克龢，年纪轻轻就加入了海上题襟馆金石书画会，后为上海中国画院首批画师，一专多能，字画、金石、青铜、瓷器、碑帖、鉴赏，都有两下子。海派绘画的形成与破茧，"四王画派"之蒙养源远流长。张石园对"四王"之一王石谷研究很深，他仿石谷山水，得其渲染之"能"，水墨之"意"，善变之"法"，几可乱真，海上首屈一指。上世纪30年代，海上鉴藏家钱境塘所藏历代书画题跋题签，多请张石园、吴湖帆题写，钱氏鉴藏用印也出自张石园之手。

　　书画圈内，张石园是出了名的好脾气，人缘甚佳，扶掖后进，不遗全力，入室弟子逾百人，除了顾振乐，还有后来名声赫赫的宋文治、郁文华、尤小云等人。上世纪40年代初，在上海九华堂笺扇庄谋差的郁文华，经江寒汀介绍拜在张石园门下。几年后，郁文华在苏州欲拜张大千为师，张大千对他说："张石园是你的老师，石园擅长

顾振乐《远岫夕照红》扇面

画石谷,我画石涛,我们是老朋友,须经石园点头后才能决定。"张石园听闻后甚为大度,欣然同意。拜师仪式那天,张大千还邀请张石园一起参加,此事成为当时画坛的一段佳话。

张石园的诸多弟子中,顾振乐算不上头角峥嵘,但他涵养品性,传承师道,潜心临摹虞山画派数十年,至今仍不脱传统规范,并外师造化,中得心源,自成风格。出生于1915年的顾振乐,可说是目前上海最高寿的书画家,文史研究馆"馆龄最长"的馆员了。有人问其秘诀,他笑言:弄墨治印,心手并用,舒筋通脉,凝气聚神,养怡致静,怎不益身健体,知足常乐?

其实,病魔也常恶作剧,顾振乐曾两次罹患癌症,但他却保持蓬勃乐观的心态,与鬼门关玩了一回"捉迷藏"。倒是同为文史馆馆员的一位知名画家,年岁不大,前些年得了与顾振乐相同的病症,可是心里就是放不下,隔三差五给顾振乐打电话,问的永远是重复的问题,唉声叹气,没完没了。顾振乐劝他把心放宽些,只是那位老兄做不到,没捱过半年,就命归黄泉了。顾振乐感叹,这画家是被自己愁死的,可惜呀,画得一手好梅花，却不耐"寒"啊。

读顾振乐的作品，仿佛他的为人处世，澄静、恬静、雅静，怎一个"静"字了得。这在当下弥漫着浮躁与功利的艺坛，实属难能可贵。我觅藏的这把"远岫夕照"的书画成扇，系老人"时年九十又四"所作。观其画，用笔施墨浑厚凝练，浅绛着色温婉妍雅，峰峦苍润，树木掩映，烟云蒸腾，无不刻画入微，淋漓尽致；品其字，师古不泥古，取法求变法，挥洒中显流畅，恬淡中见刚毅，处处体现雍容和谐之美。唐代书法家孙过庭著有《书谱》，其结语"通会之际，人书俱老"，意谓一个人须毕其一生精力，才能深刻把握书法的精髓，从而使书艺臻于化境，人也随之步入晚年。顾振乐的水墨和线条，伴随生命而娴雅圆熟，以"人书俱老"来评价他的创作，十分妥帖。

对于顾振乐的人品，园林艺术大家陈从周早有评说："顾君性格深沉内向，富文学修养，为人步步成规，作书一笔不苟，重情义，薄利禄。"西泠印社建社100周年，他慷慨捐出7部印谱和26方近代篆刻家的印章，其中包括西泠印社创始人之一王福庵的刻章。他时常会收到入选刊登书画大师名录的邀请函，老画家却不屑一"顾"：这种"名录"，我解放之前就上过了，都是势利眼，出钞票多的，就文字介绍多一些，照片放得大一点，我不出铜钿，就小小"豆腐干"一块。不登也罢！于是，将邀请函统统掷进废纸篓。

迎来期颐之年的顾振乐，思路清晰，反应灵敏，蛮有"经济头脑"，连QDII，QFII之类的金融新名词，也全知晓。他还不时调侃："现在什么都涨价，画纸也涨了不少，都是被炒上去的。这年头许多东西一炒就涨，就是股票跌跌不休。"说起来，顾振乐以往还喜集币，几乎收集了绝大部分旧银行、钱庄发行的纸币。新中国建立后或许觉得"破旧立新"，翻出家藏的旧纸币，给儿女们玩折纸游戏，崭新的纸币折成"田鸡"形状，吹口气，便在桌面上"噗噗噗噗"地跳动起来……假如保存到今天，当是上海金融史一份珍贵的见证。

顾振乐，号乐斋。乐即是开心，即是满足。动画大师万籁鸣生前常到顾家串门，进门就会直呼："顾老，乐哉乐哉！"写着这篇扇文，细细揣摩两代画家的师生扇缘，由此开启前辈的丹青精神"乐"、"园"，心里自然也是"乐哉乐哉"。

幽默应笑我

——陈从周、潘君诺"趣事一箩筐"

幽默是一种绝处逢生的力量,总能让苦涩的生活变得情味盎然。风雨过后,陈从周、潘君诺之辈的艺坛名家重获新生,他们的幽默和智慧,如同缓缓开启的陈年佳酿,美了风情,醉了夕阳。

《幽默应笑我》,为作家马尚龙先生的一本书名,我借来一用。新近淘得一柄成扇,两面皆画,一看画者名头:"中国园林第一人"陈从周,"画坛草虫圣手"潘君诺,都是数一数二的人物。打探他们的故事,趣话连篇,妙语如珠,叫人捧腹之余,好比大冷天吃冰糖葫芦,甜蜜和快活,一串一串的。

是金子总会发光,是镜子总会反光。两位大师,功名成就,却非科班出身,生前还一度饱受非议。被称为"中国现代园林学之父"的陈从周(1918—2000),早先只是一位普通的国文、历史课教员,解放后在同济大学建筑系任教,学校里很多人并不买账,认为他没有正经八百学过建筑,属于"野路子",况且他做园林设计时拿不出像样的设计图,全靠到现场指手划脚,只能算是"土木匠"。听到别人在背后指指戳戳,陈从周却从不介意,索性自嘲为"梓翁",书斋取名"梓室"。《周礼·考工记》有曰,"梓人"意谓木匠。所谓万丈高楼平地起,明星也是老百姓,一代建筑大师,以木匠自居,低调即腔调,毫发无损啊。

至于潘君诺(1906—1980),到死也没有加入美术家协会,一辈子从未举办过画展,但这并不影响他成为近代花鸟草虫画大家。潘君诺斋名有三:虫天小筑,茧蜕斋,演雅楼,都跟虫儿有关。他以写意草虫开宗立派,无论春卉秋芳,点缀一蜂一蝶,均入妙造微,栩栩欲活,信笔所至,意趣磅礴,赢得"北齐(白石)南潘(君诺)"之声

陈从周《竹鸟》扇面

誉。当年刘海粟夫人夏伊乔曾问，画花鸟草虫谁为首推，海粟老人脱口而出："当属潘君诺！"更让潘君诺受宠若惊的是，日后刘海粟还托人请他画了一套册页，作为夏伊乔学习花鸟画的摹本。圈内传言，郑午昌的一些花卉画稿，就由学生潘君诺代笔。

两位大师一生境遇坎坷，都经历了极端的年代，当命运的暴风雨劈头盖脑袭来，活着成了惟一的信念。好在蛰伏于心灵深处的幽默因子，让他们微笑着逆风飞扬。当曾经的坎坷化作过往，当历史的悲剧与现实的喜剧相互映照，幽默成为对抗庸俗现实的主题，无疑也是一种用以战胜磨难的力量。

陈从周心地善良，虽然在人生之旅中受到诸多不公正待遇的伤害，但他从无害人之心。晚年，他连遭家庭变故，白发人送黑发人，令人扼腕不已！一天，时任上海市委书记江泽民打来电话慰问："老夫子怎么样？"陈从周就用江泽民惯用的语调应答："莫得事。"以幽默的方式表达苦难，既需要对苦难的追问和自省，更需要直面苦难的勇气和力量。陈从周还刻有一方 "阿Q同乡"的闲章，不仅因为他祖籍浙江上

潘君诺《花卉》扇面

虞，与鲁迅笔下的人物是老乡，也是他从阿Q精神里读到了随遇而安、豁达乐观的积极元素。

而潘君诺的遭遇，同样凄凄惨惨戚戚。历次政治运动，他都"躺着中枪"，后来糊里糊涂被发配去了青海，数年后因病返沪，家里依靠夫人为糖果厂包糖纸头之微薄收入，勉强糊口，辛苦度日。但他生性乐观诙谐，颇有曹雪芹"有一壶酒一猪腿过一肥年足矣"之遗风。非常时期，潘君诺依然浸淫于花鸟草虫的丹青天地，笔端始终洋溢着蓬勃鲜活的气息。有时手头实在拮据，买不起国画中的主色花青，他灵机一动，到中药房购买一种叫"青黛散"的方剂来替代，画出的效果竟能同正宗花青媲美。

幽默是一种绝处逢生的力量，总能让苦涩的生活变得情味盎然。风雨过后，陈从周、潘君诺之辈的艺坛名家重获新生，他们的幽默和智慧，如同缓缓开启的陈年佳酿，美了风情，醉了夕阳。

听过陈从周讲课的学生都说，陈教授才华横溢，兼具诗人与画家的情感气质，授课深入浅出，妙趣横生，喜用生动形象的比喻，游刃雅俗之间，让学生在谈笑声中获得教益。说到大小园林的异同，他阐明"大园林宜动观，如浏览水墨长卷，小园林宜静观，如把玩扇子和册页"；论述园林浓妆淡抹总相宜，他借喻"小姑娘小时候喜欢红皮鞋，大了喜欢白皮鞋"；讲授园林造型处理之重要性，则调侃"比如旧时相亲，男看皮鞋，女看头发"；漫话营造新老建筑和谐关系时，又以"土要土到底，洋要洋到家"一言以蔽之……言简意赅，引人深思。

陈从周的火暴脾气，是出了名的。他嫉恶如仇，一向仗义执言，对煞风景的庸俗做派，挖苦鞭笞，毫不留情。他批评杭州西湖已经穿上了"西装"，警告苏州园林局不要变成"苏州商业局"，提醒扬州不要化身为"洋州"。路经上海某新村平房，嘲之"水泥棺材"；遇见郊区杂乱无章砌石驳岸，讥为"满口金牙"。有人新建一栋状如假山的宾馆建筑，请陈从周题字"楼山宾馆"，他不紧不慢地说，还是给你题成"猴山宾馆"吧，来者只好悻悻作罢。听闻姑苏城在名胜旁边开建盆景园，自称"万景园"，他当下口诛笔伐：我也听得有人在叫苏州有个"万金园"，那与万金油同名了，必定畅销全球无疑。其实万金油今日已改为清凉油，谓它有用，处处可涂，说它无用，处处不灵。那么，"万景园"说它有景，则如万花筒，过眼即逝。说它无景，有似万金油，清凉一时。多即是少，过分的夸张，是要使游者失望的。必也正名乎？"文化"二字可不慎哉！

老头子脾气虽大，但对于亲朋好友索画，陈从周却不摆架子，表示"梓翁画图不要钱"，"一文不取，敞开供应"。说起来，他年轻时还拜过张大千学画，1948年以"一丝柳，一寸柔情"为题在上海首开个人画展，笔下的仕女、花鸟，甚是精绝。我收藏的陈从周扇画，正为花鸟，秀润清逸，墨意淋漓，与他醉心的园林艺术有着异曲同工之妙啊。

却话潘君诺的好白相，在1947年出版的《美术年鉴》上就有记载："（潘君诺）个性温和，出言幽默。擅口技，善度曲。每遇嘉会，得其参加，合座尽欢。"其身后出版的《潘君诺花虫小品集》，编辑特意邀请了昆虫研究所的专家为草虫释名，种类达30余种，出神入化，前所未有。虫虽小，却是点睛之笔；见其大，妙在匠心别具。有一回他跟唐云开玩笑打赌：唐先生画出多少种花，我就上添多少种虫。一番过招比试，竟有胜算。潘君诺画虫之余，还能模拟虫语，逗蟋蟀居然不用丝草，而引之以声。晚年潘君诺作画时，常有不期之声，弟子闻虫鸣便四处张望寻找，他却一脸无状地说："声音是我嘴里发出来的。"逗得众弟子笑到喷饭。

上世纪六七十年代，蛰居于上海万航渡路的潘君诺，摆脱了一切尘世纷争，终日足不出户，躲在陋室里白天画画，完稿后即在画室兼卧室里拉一根绳子挂上，静坐观赏，怡然自得。间或有朋友介绍的学画者登门，他就口授心传，每次收费5角，并当场挥墨一张课徒稿赠学生回家临摹。那时潘君诺教画，如履薄冰，战战兢兢，在其画室的墙上，还书有一幅"安民告示"，告诫学画者要"取其精华，去其糟粕，为工农兵服务"。

乐活的态度与幽默的性情，支撑着潘君诺度过晚年困顿的生活。他的种种谐趣，在画作题识中显露无遗。《瓜》调笑童年的狡黠可爱："儿童爱食瓜，故作不胜载。失手堕地中，容颜假懊悔"；《钱驼子》调侃对金钱的欲望："一生皆为孔方累，不尔如何背向天"；《桂花嘉果》自嘲穷困潦倒的日子："中秋佳节不能无所点缀，但未免使人垂涎欲滴耳"；最有趣的是《水墨辛夷花》之题识："秃笔写花，别饶风韵。草草不恭，到此完竣。覆瓮覆缶，已为万幸。洁求学兄，信与不信。潘然戏作，尚须盖（印）"。最后一个"印"字，故意未写，而以一方"潘然私印"替代。潘然者，潘君诺之名号也。

偶翻资料，发觉潘君诺与银行还有一段不解之缘哩。1939年，潘君诺通过上海美专同学尤无曲（山水画家及盆景艺术大师），结识了爱国实业家、收藏家严惠宇，他颇为赏识潘君诺的才华。严惠宇惜才养士，除了举荐潘君诺、尤无曲拜陈半丁为师，又安排他们挂职于金城银行，借宿银行公寓，拿一份薪水，以维持生活，安心学画，无后顾之忧。这样的好事，想必让潘君诺笑勿动了。至于潘君诺是否打过算盘、点过钞票，就不得而知了。

冬季到台北来看"虞"

——由侯碧漪扇画说到台湾学者虞君质

近读陈巨来的《安持人物琐记》,对女画家多有描摹。只是,那些所谓"还原历史"的"原生态文字",爆料够"猛",叙述也够"辣",对女画家而言,却有"吃豆腐"之嫌,或存几分"吃不到葡萄"的狐狸心理,用一句上海闲话来讲,有点勿作兴!

岁末年初去台北公干,漫走在凯达格兰大道,忽然瞥见二二八纪念碑。在台湾许多地方,都建有二二八纪念碑,形式迥异,位于台北的这座碑,则以几何抽象图案为造型,给人无穷的遐想空间。二二八事件,一段血雨腥风的历史,台湾同胞心头永远的痛。这种恐怖难熬的气氛,一直延续到上世纪60年代。遥看纪念碑,记忆的银幕上,顿时叠现出女画家侯碧漪的一幅花卉扇面,其上款"君质先生",便是在那场白色风云中几经浮沉的台湾著名学者虞君质。

在台北诚品书店,查找到一些资料,对于虞君质的传奇人生,似乎有了完整的拼图:

抗战时期,掌管国民党中央宣传部门的张道藩主持文化运动,左右有三位得力助手,其中一位即为虞君质。1949年,虞君质跟随张道藩抵达台北,不料因替人作保,莫名其妙牵涉进一桩"匪谍案"。据披露的台湾当局卷宗记载,1950年岛内曾轰动一时的"李朋特务案",其案情摘要第10条是关于虞君质的情况。原文写道:"虞文(虞君质本名)原为上海文化运动委员会副主委,37年(即1948年)底自沪携眷来台,仍主持该委员会业务,并常利用该会名义为人申请入台。抗战期中曾任西北社教队及成都第三戏剧队队长,汪声和之妻裴俊,历随虞某充任该队队员。故汪某夫妇之入台证亦由其代办。汪来台后,复与其偕住台北市浦城街汪宅(即谍台所在地)约1月。且将彼所获之中美商

侯碧漪《花卉》扇面

谈协防问题情形告知汪某，被用作转报俄方之情报资料。"在该案情的"涉案人犯处理情形"附表中，还有同案19人的一些补充情况，排名第13位的表列原文为："虞文，男，46岁，籍贯浙江，曾任上海文化运动委员会副主委，非以刺探搜集而得之军事上机密之消息，知其为机密而泄露，处有期徒刑7年。"张道藩得悉情况后，心急如焚，专程上阳明山求见蒋介石，以身家性命力保虞君质，但得到的回复是："这些事情你不懂，你不要管。"不过，并非所有人都会把牢底坐穿。虞君质中途还是被保释，并未捱到刑期结束。

"噩梦醒来是早晨。"出狱后，虞君质应钱穆之邀赴香港新亚书院任教，后回台湾师范大学任教。生于中秋节的虞君质，却在1975年的中秋节，撒手人寰，令人扼腕。

生活就像一首网络神曲《忐忑》，未必要有准确的歌词，却惊心动魄。

遭遇劫难的虞君质，重生后潜心著述立说，热衷传道授业解惑。他主编的《文艺月报》，在台湾一度影响甚大；他撰写的《美术概论》，成为岛内美术系专业必考课目；他出版的艺术类读物数不胜数，至今仍可在书局里找到；他发起成立的台阳美术协会，聚集了众多才华横溢的年轻画家。在很多文字描摹里，虞君质是一位品行刚正、温文而雅的热心人。台湾画家刘国松是虞君质的学生，他在《学画忆往》一文中，对虞老师的评价是"一向支持青年人的"，"伸张正义，为我们打气"；画家徐悲鸿前妻蒋碧微认为君质先生"热心而能干"，不仅托虞君质买了在台湾大学附近温州街的住所，而且她从上海乘船到达台湾时，也是由虞君质到基隆港码头迎接的。

偶然发现，虞君质女儿虞兰，亦为画家，擅长山光水色。早些年曾在台北、广东等地办过个人画展。虞兰先后师从台湾国画名师黄君璧、高逸鸿、孙多慈，旅美数十年间，从中西两种文化和艺术的熏陶中，形成了自己独特的画风，用笔墨倾诉对华夏大地的深情和眷恋……冬季到台北来看"虞"，真是收获不小啊！

君子质若兰，清月漾碧漪。再说扇画作者侯碧漪，号双湖女史，本是名门闺秀，渊源家学，自幼喜好丹青，师从吴观岱、孙寒厓，后得到张大千、王师子的指教，诗文书画益精，被称为"三百年来闺阁中少有的手笔"。尽管如今知道她的人实在不多，但建国初期上海筹建中国画院，她与庞左玉、李秋君、张红薇、陆小曼、陈小翠、周炼霞、吴青霞和陈佩秋九人，成为进入画院的第一批女画家。没过多久，侯碧漪旅居香港。10余年前，上海中国画院曾以"朝花夕拾"为题，回顾了这些女画师的经典作品。

作为张大千的弟子，侯碧漪和大千师生情谊笃厚，她的丈夫、民国初期上海四大名医之一的费子彬，亦是大千的私人医生。近见拍卖市场，常有合款为张大千与侯碧漪的作品，每每拍出高价。据说上世纪60年代初，张大千下榻日本横滨偕乐园养病，不期巧遇多年不见的弟子侯碧漪，惊喜万分，欣然挥毫《隔山观瀑》赠与学生，并作题记："壬寅（1962年）二月客居横滨偕乐园，颇有花木之胜，弄墨为乐，以此寄碧漪仁弟，与弟别十五年矣，视此老笔犹健强如昔否。大千居士爰。"思念之情，溢于纸上。

侯碧漪活到104岁，因为丈夫走得早，老太太最后一个人生活了20多年，但她内心坚强，天性乐观，留给后人的是一幅幅艳而不俗、赏心悦目的画作。作家董桥在随笔《如画，如史》里这样描述侯碧漪："在老先生的医馆内，经常坐满讲国语的名家名媛和侯老师的学生，席间看了许多老师的画。老太太无论装扮，无论言谈，无论待人，都称得上今之古人，真难得。七十几的人还是那么斯文秀气。"董桥最后一回见到侯老师，她都九十几岁了，"依然清秀，依然灵敏"。

关于海上闺秀画家，我曾写过一篇《女人如玉扇如虹》，洋洋洒洒，颇多感慨。近读陈巨来的《安持人物琐记》，对女画家多有描摹。只是，那些所谓"还原历史"的"原生态文字"，爆料够"猛"，叙述也够"辣"，对女画家而言，却有"吃豆腐"之嫌，或存几分"吃不到葡萄"的狐狸心理，用一句上海闲话来讲，有点勿作兴！

真的，有目共赏

——漫话秦淦扇画与艺苑真赏社

不经意间，读到一册《太湖佳绝——无锡书画名家集》，其中就载有秦淦临宋懋晋图中的十二景。虽是秦淦的临摹之作，但经过其艺术构思和工笔勾绘，布局疏朗，线条流畅，集诗书画景为一体，笔墨清新而别具画风，令人击节赞叹。

上海福州路，文化一条街，我抽闲常去转悠。年前，艺苑真赏社老店新开，走过路过，我当然不会错过。去的那天，在上海书法家协会副主席徐庆华的引荐下，结识了艺苑真赏社的新掌门人虞伟先生，还乘兴挑了一幅谢之光的扇面，满纸清趣，满心欢喜，择时另文再述了。

称艺苑真赏社为百年老店，"实骨铁硬"，一点不虚。创立于1904年的艺苑真赏社，曾在秦文锦、秦淦父子两代的苦心经营下，成为民国时期上海碑帖鉴藏出版界的翘楚。

秦氏家族，源远流长。秦文锦的祖父，乃清代著名画家、篆刻家秦祖永，于画学见解极高，出笔不落凡俗，著有《桐阴论画》《画学心印》等。秦文锦自幼聪颖异常，诗词书画无不精湛，历史文翰博学绝闻，少年时即潜心考证历代祖先收藏之各朝碑碣拓本，对古代文物及名人字画，精心校勘，去伪存真，颇有建树。他曾随驻日使节赴日本考察交流，广交同好，研习先进科学技术，尤重书籍装帧与锌板蚀刻珂罗版印刷。清光绪末期，秦文锦选址上海三马路277号，以其祖父秦祖永之高超鉴别力为象征，取名创办了艺苑真赏社，借以弘扬"师古创新，服务大众"之精神，"经营不改琴书乐，贸易犹存翰墨香"，陆续出版了秦家历代收藏的碑帖字画。观其印本，纸墨精

秦淦《天香满院》扇面

良，纤毫毕现，业界好评如潮。1938年，秦文锦病逝，其子秦淦、秦涛继承父业，坚持经营出版发行，直至1955年公私合营时并入上海图书发行公司。

也是缘分，我曾在四年前"文汇雅集"拍卖会上，拍到一柄"清曾秦淦时年八十"绘制的成扇《天香满院》，画意幽深恬静，扇来清风徐徐。秦淦（1894—1984）为秦文锦长子，字清曾，儿时耳濡目染，随父学研书史绘画，尤擅工笔山水花鸟，并长期协助父亲操持艺苑真赏社，业绩斐然。特别在创编《碑帖集联》期间，秦淦与父亲按照篆、隶、魏、楷等不同碑帖之文字内涵，取其单字，构句造意，重新组合，独创一格，还精心创作配画，形成洋洋四大册《校碑图》系列，其图行笔工整达意，颇具古风，如同袭来一股视觉冲击波，面世后震动画坛。当时，文人墨客纷纷为其题字题跋，其中不乏康有为、梁启超、吴稚晖、吴昌硕、张謇、郑孝胥等贤达之士，一记头提高了艺苑真赏社的社会知名度。如今，这套《校碑图》，收藏于上海博物馆。

无锡寄畅园，叠石理水，诗意盎然，500年间有赖于秦氏家族的呵护，得以保存。

寄畅园的古典自然美，定格在历代画家的笔下，熟为人知的有明万历年间宋懋晋所绘《寄畅园五十景》，清康熙年间王翚所绘《寄畅园十六景》，之后又有多种临本流传于世。不经意间，读到一册无锡市文物公司编纂出版的《太湖佳绝——无锡书画名家集》，其中就载有秦淦临宋懋晋图中的十二景。虽是秦淦的临摹之作，但经过其艺术构思和工笔勾绘，布局疏朗，线条流畅，集诗书画景为一体，笔墨清新而别具画风，令人击节赞叹。

长年浸淫于艺苑"赏真"，秦淦与社会名流过往甚密。在他的《寄畅园十二景》册页里，就可以见到不少大家的题识，诸如国学大师顾毓琇、旅美画家杨令茀、篆书名宿沈裕君、"金鱼先生"汪亚尘等，都属"大咖"级的名头。在1963年随手记下的一份吴湖帆70寿辰祝寿礼单上，也能查到秦淦的名字。也许那个年代物质生活不宽裕，清单上几乎读不到礼金，寿礼多以食品、营养品"撑市面"：弟子俞子才送的是雪茄二匣及印章一枚，女弟子李秋君送的是三炮台香烟一听，名医庞京周奉上海蜇十斤，女婿徐伟士孝敬苏州特产虾子酱，收藏大家钱镜塘、画家陆抑非不约而同都送来了奶油蛋糕……而秦清曾秦淦馈赠的礼品，则是当年炙手可热的上海产"乐口福"麦乳精。哈哈，可以开食品商店哉！

扇里，是艺苑真赏社老前辈的墨迹；扇外，却是艺苑真赏社新掌柜的身影。其实，新掌柜虞伟也是书画家，他的诸多头衔即是明证：中国书法家协会会员，上海书法家协会理事，上海浦东中国画院画师。真真切切，如假包换。只是，一方面为生计要将手中的书画卖出好价钱，一方面却要心无旁骛地埋头于丹青创作，这两个"频道"怎么转换，想必虞伟先生胸中自有一番韬略。

那天挑好扇面，天色已晚，原本和徐庆华一起想约虞伟到隔壁的老正兴菜馆"米西米西"，谁晓得虞伟推辞再三，说是要回家陪老婆。常言道，"怕爹是孝敬，怕老婆是爱情"，惧内自古皆圣贤。身上有了这种传统美德，面对当下鱼龙混杂的"艺苑"，确信虞伟是可以目不斜视地去"真赏"的。

"姜"是老的辣

——姜妙香的怀袖雅墨与舞台绝响

所谓戏画同源，戏曲和书画，皆是一种以形赋意求神的创造性劳动。听说姜妙香除了教戏，也教学生欣赏字画，触类旁通，丰富教学内涵。他与梅兰芳、程砚秋几位老师，每到夏天就手不离扇，隔几天就换一把，绝不重样，并相互绘赠，品鉴把玩，遣兴陶情，乐在其中！

甲午冬日，上海档案局副局长邢建榕邀我上"东方讲坛"开讲，题目也替我拟好了："从金融藏品看社会生活变迁。"这"东方讲坛"，我晓得的，上台授课的不是名家就是学者，我哪能够格？想推，却推不掉。再加上解放日报刊登了讲座广告，只好厚着脸皮上阵了。

原想大冷天的，并非周末，我又不讲理财技巧赚钱门道，净是些陈芝麻烂谷子的事情，会有听众伐？可到了现场，出乎我的意料，200人的报告厅约莫坐了七八成，有的还是从宝山闵行赶过来的，不少听众听讲时埋头做笔记，讲座一结束又围着我问这问那，要求签名，情绪高涨得很，令我深受感动。

更叫我感慨万千的是，建榕兄堂堂一局长，也自始至终端坐在会场里，临了还"顺便"赠我一帧扇面，真比被听众追着合影留念还要焐心哦。

手捧扇画，"戏"出望外。画者姜妙香（1890—1972），为著名京剧表演艺术家。自古英雄出少年。姜妙香5岁就会唱戏，7岁拜师学艺，9岁正式登台亮嗓，16岁与王凤卿、刘鸿升加盟玉成班。因他嗓子好，中气足，口齿清，刚柔相济，兼收并蓄，能连唱两个小时都不带喘气，因而赢得"姜八刻"之美誉。1916年，他与梅兰芳联袂演出

姜妙香《花卉》扇面

《玉堂春》，两人珠联璧合，倾倒观众，轰动梨园，一度传为佳话，自此揭开了两位艺术家长达46年之久的合作之路。

唱戏，最终能唱出流派，那可是吃足功夫的，殊为不易。姜妙香由青衣改演小生，博采众长，且富于创造，对小生传统唱腔精雕细刻，加工改进，力求"板者活之，直者婉之，俗者雅之，枯者腴之"，不哗众取宠，不卖弄技巧，强调唱腔的儒雅庄重和真挚传情，形成了脍炙人口的"姜派"。他的戏路，文武皆擅而偏于文，唱做俱佳而精于唱，悲喜（剧）交加而宜于喜（剧），代表剧目《监酒令》、《玉门关》、《生死恨》等，承前启后，流传不衰。

梨园画兴起于清末民初，"四大名旦"能演善绘，各有风貌，受藏家追捧。姜妙香亦喜丹青，慕名拜清朝遗老邹少和为师学习国画，技艺渐进，以擅画牡丹著称。天津《民国日报》副刊主编刘叶秋曾著文记述：一九三六年夏，我偶然检点家中的画箱，找出几把小团扇，画的有菊花、兰草、梅花、水仙等等，笔墨不俗。上面都是先祖的款，下题"晚姜纹学画"钤着"妙香"或"慧波"二字的阳文小印，原来俱出姜老之手。其中有一把画着牡丹，韵雅色妍，气韵生动，我尤其喜欢。可见，姜妙香不仅对花卉技法烂熟于胸，而且乐"扇"好施，时常画了赠友。建榕兄送我的扇面，呈现的是

"一枝秾艳对秋光"的鸡冠花，画于乙酉（1945）秋日，其时姜妙香已过知天命之年，笔墨更显老到，情趣十足。

所谓戏画同源，戏曲和书画，皆是一种以形赋意求神的创造性劳动。听说姜妙香在中华戏曲专科学校授课期间，除了教戏，也教学生欣赏字画，触类旁通，丰富教学内涵。他与梅兰芳、程砚秋几位老师，每到夏天就手不离扇，隔几天就换一把，绝不重样，并相互绘赠，品鉴把玩，遣兴陶情，乐在其中！

艺术圈内，姜妙香有"姜圣人"之誉。盖因他知书达理，温柔敦厚，为人正直，待人谦和，心肠好人缘亦好。学生上姜府学艺，他总是先站起来，双手当胸捏着扇子，微微躬着身子："您来啦！"临走时，一定送出大门。他从不争戏，无论让他演什么，总说"哎好好好"。有一回到上海演戏路遇打劫，姜妙香身上被搜刮一空，剪径之徒欲扬长而去，姜先生却在身后喊："回来，回来！我这还有一块表哪，您要不要？"别人不解，问其何故？姜妙香答道："他也不容易啊。"听这些故事，让人笑出眼泪，又悲凉透心。

打量扇面，上款"绍基先生"，疑似中国古代文学戏曲史研究学者邓绍基。解放前，还在读书的邓绍基就发表了大量剧评，较早从事元代文学研究，著有《元代文学史》、《古典戏曲评论集》、《中国古代戏曲学辞典》、《元剧考论》等，颇受学界好评。对于这位"绍基先生"，我不太了解，找到一段文字，或能还原他生前的音容笑貌：

邓绍基上海口音，个子较高，中间的头发掉光了，但剩下的头发居然不是花白，而是稍带点黑色。他皮肤很好，面色红润，没有老人的皱纹和老人斑。说话有时候听不清楚。眼睛好像是闭着的，低头，样子像在看稿子（其实没有稿子）。讲到得意处，抬头、高声。有上海情结，时不时鼓吹复旦大学和上海学者怎么怎么了不起……

说起来，二百多年的京剧历史，留传诸多辉煌，也伴生些许遗憾，尤以未能保留下绝大多数流派艺术家的影像资料最为令人扼腕。"姜圣人"姜妙香便是一例。静坐扇斋，凝视一代京剧大师的怀袖雅墨，那些被遗忘的舞台传奇和艺术绝响，在深情揣摩中仿佛又重新鲜活起来了。

"花边新闻"回头看
——李根源、唐慎坊"官司"之外笔墨缘

当初李根源主事之"云南陆军讲武堂"的得意门生——如今正在华北和敌人厮拼的八路军总司令朱德写来的一封信，犹如一针兴奋剂，让这位"山中宰相"心潮澎湃，意欲再度出山。

一柄扇子，一对名家，一段缘分，一地鸡毛。

眼前的这把成扇，扇书加扇画，两位作者名头不俗：扇书者李根源，字印泉，民国元老，爱国人士，"云南陆军讲武堂"的创办人，自1922年起先后任北洋政府农商总长和代总理，因反对曹锟贿选，愤而辞职，隐息苏州；扇画者唐慎坊，清末民初苏州名中医、名律师，曾任苏州国医学社社长、苏州国医医院院长。一位是名流，一位是名士，两人有何交集？

这得从李根源寓居姑苏之后惹上的一件麻烦事说起。看报！看报！1930年初春，《苏州明报》赫然出现一条颇具"八卦"意味的标题：《名流为女子所累——李印泉与故妾程佩彝涉讼》，系民国"狗仔"王记者所撰。标题里的李印泉，即为李根源，措手不及被"上了头条"。

这则社会新闻，讲的是李根源的三妾程佩彝，曾跟随李根源在苏州生活，因与同一个屋檐下的长妾马氏不睦，一哭二闹三上吊，李根源不得已送程氏赴上海寄居。刚开始几年，李根源还时有赡养费汇往沪地，但双方音讯少通，后来又传来小道消息，听说程氏在上海另结新欢，李根源不乐意了，拿我当"备胎"啊，遂断了汇款。起先程氏也并未在意，岂料被相好抛弃，生活愈发困顿，便来苏州讨要生活费。李根源拒不接见，程氏寻死觅活，到处哭诉，最后还对簿公堂打起了官司。这事让小报记

李根源书法扇面

者一渲染，李根源虽已退隐权力舞台，但在苏州的势力仍不可小觑，而程氏作为"弱势群体"，舆情和民心的天平明显倾向她这一边。为此，李根源颜面受损，倍感"压力山大"！

此时，律师唐慎坊出场了。作为李根源的委托辩护律师，唐慎坊先是当起了老娘舅"柏阿姨"，找到原告程氏庭外调解，动之以情，晓之以理，希望双方好聚好散。谁知程氏不依不饶，铁了心要诉讼，咬定讨要10万大洋赡养费，还骂李根源是"军阀余孽"，"玩弄女性"。这倒好，逼得李根源反诉其"诋毁名誉"，"敲诈勒索"。唉，不管是"名流"还是"盲流"，一旦翻了脸，自然没有好话可讲，哪里还念及曾经的潇洒风流？

开庭，休庭，官司拖了好几个月，终审结果不出意外，程佩彝无罪，亦不支持其向李根源讨要10大洋赡养费的诉讼请求。不过，毕竟鸳梦一场，李根源总得"坏点分"，在唐慎坊等人的居中调停下，掏出1万大洋，权当道义上的补偿，就此两不相欠，程氏远走高飞，也算是一个不错的结局。

唐慎坊《葡萄》扇面

李根源与唐慎坊，却因这场诉讼结了缘。1934年，苏州国医学社正名为国医学校，成立了校董会，校长唐慎坊，董事长正是李根源。这所民办国医学校，倡导中医科学化，课程设置完善，学术氛围浓厚，声誉鹊起，成绩斐然。1937年抗战爆发，唐慎坊出任汪伪政府的禁烟局长，后事如何，不得而知。

话分两头，李根源的故事仍在延续。年少时就投身戎马的李根源，当年凭着一腔义愤，拂袖而去，迁居姑苏。这期间，他热衷于吴中文物的调查，闲时出行，实地考证，访古编志，挑灯夜录，撰就《吴郡西山访古记》等书著，后人称道："胸中掌故比吴郡诸宿尤为翔实"；他还热心公益，兴利除弊，创办"阙茔村舍"、"阙茔小学"，交往文士雅客，接纳贫苦孩童，又建医院和公共浴池，与当地百姓互动频繁，亲如眷属。在藏书镇一带，李根源有"山中宰相"之美誉。

然而，当初李根源主事之"云南陆军讲武堂"的得意门生——在华北和敌人厮拼的八路军总司令朱德写来的一封信，犹如一针兴奋剂，让这位"山中宰相"心潮澎湃，意欲再度出山。朱德给恩师的信中写道："西安拜别，瞬经两载，犹记病榻之前谆谆训示，受益良多。德转战南北，坚持敌后，虽不敢自言有功，幸尚未辱钧命耳。后来倭寇占领越南，威胁滇中，西南局势紧急万分。……我国抗战处此环境，惟有全国团结一致，发动广大民众共同奋斗。德深信抗战建国的大业必能完成。吾师远处滇南，日寇威胁昆明当有制敌良策。德为防滇计，当请吾师发动帮助越南、缅甸、印度之广大民众起来抗战，吾师以为然否……" 此时已返故乡云南的李根源扼腕抵掌，三次电呈重庆军政部，向蒋介石"请缨参战"，老蒋拗不过他，只好任命其为"云贵监察使"，率一路人马前往云缅前线督战。

1942年6月，身负"云贵监察使"的特殊使命，李根源披挂上阵，剑指战火前沿，奋不顾身为抗日募款、救死扶伤而奔波，险遭日寇飞机轰炸。这一情节，还被郭沫若写成战地通讯《轰炸中去来》，发表在上海《大公报》上，称赞李根源为"当代关云长"。

中华人民共和国建立后，李根源受朱德之邀请，赴京出任全国政协委员等职，闲暇编书写史，莳花弄草，颐养天年。朱德见恩师喜好养花种草，便送给他一盆月季花。这盆月季的花枝系用柳条捆扎，种了一阵，花朵渐渐枯萎，而柳条却猛生猛长，居然长成了一株杨柳。这番奇迹，恰恰印证了"有意栽花花不发，无心插柳柳成荫"之说，令人又喜又惊。1965年7月6日，李根源病逝。说来也怪，李根源作古的当天晚上，忽起大风，学生赠送的那枝杨柳，竟被狂风吹折了腰……

"家"·春·秋
——细数商业翘楚方积蕃的名衔故事

渐老渐熟，乃造平淡。尘世间的一切繁荣浮华，都不过是一场梦而已。假如，有一天能平淡地老去，相伴一溪流水，相约满目青山，自有无限快意；一生恪守着过有底线的生活，做有分寸的事，也是一种大解脱。

替字画验明正身，倘若带有"金融血统"的，往往让我两眼放光，如获至宝。暑日觅得的宁波籍实业家方积蕃书法扇面，就属这一类。读方积蕃墨迹，颜骨柳筋，笔笔到位，见字如见人，我揣度，方老先生应该也是骨骼清奇、气宇不凡的吧。

我母亲是宁波人，儿时听她讲过一句话："跑过三关六码头，吃过奉化芋艿头"，意思是见多识广，饱谙世故。"宁波帮"，乃中国近代最大的商帮，宁波商人遍布全球，为民族工商业发展贡献卓著，如第一家近代意义的中资银行，第一家中资轮船航运公司，第一家中资机器厂等等，都由宁波商人所创办。别的不论，就说上海的钱庄业，9个主要钱业资本家家族集团，"宁波帮"即占6个，"实骨铁硬"，势力不谓不强劲也（此处应该有掌声）！

要说近代商会那些事儿，方积蕃是绕不过去的人物。方氏系镇海大族，族人大都经商，均由商业而钱业，兼营其他行业，诸如沙船、银楼、绸缎、棉布、药材、南货、糖业、渔业、地产业之类，称得上是生意巨擘，业界翘楚。方积蕃的祖父方性斋，沪人称之"七老板"，从经商起家，再开拓进出口贸易，并在上海滩置有大批房产，当时沪上流传"半城房屋都姓方"之说。方积蕃（1885—1968）字椒伯，6岁入读私塾，8岁丧父，18岁唱着"大海泱泱，忘记爹娘"的民谣，随亲眷来到上海经营祖产，从此揭开了

方积蕃书法扇面

他的商业传奇人生。

　　顶在方积蕃头上的名衔不胜枚举，无妨选取几"枚"，逐一道来——

　　一曰"银行家"。方氏积蕃，"积"为集聚，"蕃"为繁多，倒也合乎银钱业聚沙成塔、积少成多之本意。方积蕃曾涉足沪上钱庄业，投资经营庶康、福隆等钱庄，长袖善舞，才华显露。之后，他受北京东陆银行之聘，出任该行上海分行经理。从姜建清先生主编的《近代中国银行业机构人名大辞典》中查得："东陆银行，1919年1月成立，总行设在北京施家胡同。常务董事吴鼎昌，刘文揆。1923年总行迁至天津，在北京、上海设立分行。1925年2月三地机构相继停业。"1920年，方积蕃参与改组上海股票商业公会，成立上海华商证券交易所，并被推为董事，又任银行公会会董。1922年，他受聘任上海中国通商银行南市分行经理。据史料记载，即使在主持上海总商会工作期间，方积蕃每天上午准时到位于今河南北路、北苏州路的上海总商会办公，批阅公牍完毕，赶赴位居十六铺小东门的中国通商银行，处理行务，四年如一日，不论严寒酷暑，从未间断。

陶明霞《山居图》扇面

二曰"教育家"。宁波人称学校为"学堂"。1905年，方氏族人集资在家乡创办培玉学堂，取意"培育品德，洁白如玉"，方积蕃为首任校长，后又担任宁波溪海公学校长和宁波教育参事会参事。培玉学堂办得风生水起，拥有顶呱呱的"硬件"：图书典籍，仪器设备，远远高出县内外高等小学教学水准，抗战期间还曾附设"镇海县中江北分校"，为家乡培养了大批人才。方积蕃还热情延聘高水平的教员，包括奉化县教育会会长以及蒋介石塾师等，均工诗善文，精通传统学术，且锐意提倡新学。

三曰"法学家"。方积蕃曾入读民国法律学校，后毕业于梁启超主办的上海神州法政专门学校，获得律师证书。由于早年沪地发生钱庄倒闭风潮，他经营的钱庄遭受牵连，涉及讼事，损失甚巨，吃了大亏，方积蕃知耻而后勇，潜心攻读法律，运用法律武器，"打得赢怪物，收得到礼物"，竭力维护商界权益。在上海总商会副会长任期内，方积蕃多次率领商界人士，针尖对麦芒，反对各系军阀之苛征暴敛，向北洋政府抗争民权，主张国民自决民治。辞去中国通商银行经理一职后，他开始执行开业律师业务，担任多处厂商的法律顾问，专办非讼案件，凡经其调解，当事人都免于诉讼。

"老娘舅"、"和事佬"的形象闻于沪上。

四曰"慈善家"。辛亥革命期间，方积蕃就随叔父方参加为民军募集饷款的"革命军饷征募队"，又加入"中华民军协济会"，为民军协筹军需。1937年"八一三"淞沪开战，上海租界难民蜂拥而至，方积蕃时任宁波旅沪同乡会会董兼会务主任，自愿负责"筹划救济各地来沪避难同乡"，设立难民收容所10处，并分批免费遣送同乡难胞20多万人返回宁波。不久，"上海难民救济协会"成立，他任该会副秘书长兼劝募主任，经手募集捐款1000余万元，接济难胞11万余人。1949年宁波遭国民政府军队飞机轰炸，损失惨重，他任同乡会劝募组长，与众多旅沪同乡募款旧人民币20多亿元，汇往家乡救济。

五曰"爱国商人"。京城激荡"五四运动"，上海总商会未经会董讨论，即以总商会名义发表主张中日直接交涉归还青岛的通电，导致舆论哗然。方积蕃领衔发起成立"各公团联合会"，抵制违反民意的主张，迫使总商会会长引咎辞职；他领导商会开展"五卅运动"前期的罢市工作，有力支援了工人罢工、学生罢课的反帝斗争；上海沦陷后，与他交谊甚笃的同乡傅筱庵出任伪上海市市长，力邀方积蕃担任伪政府秘书长，但他保持民族气节，拒绝出任伪职。作为商人，方积蕃刚直方正而不逢迎附和，胸怀磊落，"人品爆发"。哪像如今的有些企业家生意人，赚了点钱，一阔脸就变，搞花天酒地，骄奢淫逸，包养明星，圈养小三，甚或官商勾结，权钱交易，混个政协委员当当，马屁拍拍，脑筋歪歪……

新中国建立后，方积蕃依然是工商界的代表人物，参政议政，热心公益。只是到了风雨飘摇的1967年，忽有小将半夜闯入他的卧室，因此受了惊吓，伤了元气，翌年溘然长逝。

方积蕃的几枚头衔，算是盘点周详了，本篇似可收尾……但是，且慢，反转扇面还有女画家的一幅画呢。几方巨石，一间茅屋，一棵老树，此笔墨由闺阁画家陶明霞挥就。陶明霞（1905—1993）乃黄宾虹的女弟子，中国女子书画会发起人之一，编过画刊，办过画展，长期从事美术教育，晚年寓居海上。

渐老渐熟，乃造平淡。尘世间的一切繁荣浮华，都不过是一场梦而已。假如，有一天能平淡地老去，相伴一溪流水，相约满目青山，自有无限快意；一生恪守着过有底线的生活，做有分寸的事，也是一种大解脱。就像扇面里的画境，却是心灵最好的归宿。

钱袋子，笔杆子，都有两下子

——经济学家贺其燊与中央信托局

收藏是一种缘。刻意追求的东西，往往擦肩而过；而不曾期待的灿烂，却在淡泊从容中不期而至。这幅与金融业"沾亲带故"的扇面，当然是我觅藏的对象。

桃花潭水深千尺，不及送我扇一尺。辛卯盛夏，一位潜心研究金融币章的资深藏家，神游于海外网站淘宝，"打酱油"淘得一帧扇书，探到扇书上款的"仲烈先生"，为旧时名头赫赫的金融家，遂慨然从网上划出"美格里"（美元），订下墨宝，欲转赠于我。资深藏家的这番美意，令我受宠若惊。"一个篱笆三根桩"，我的藏扇贵人帮，应上我的一本书名，资深藏家真乃"扇解人意"也。

这位"仲烈先生"，正是曾经担任中央信托局副局长的著名经济学家贺其燊。翻看老底子的资料记载：贺其燊（1903—1982），字仲烈，江西永新人，一生从事教育、财政金融工作。1934年，他参加了国民政府金融体系重要机构之一的中央信托局的筹备与创立；1949年转赴台湾。人到中年的贺其燊"官而优则教"，渐渐淡出金融圈，步入高等学府，先后出任中央政治学校、台湾东吴大学教授，教书育人，桃李满天下。东吴大学经济学系为纪念贺其燊，还设立了"贺其燊教授奖学金"。台湾知名作家柏杨先生遇有经济学方面的问题，常常向他请教。

收藏是一种缘。刻意追求的东西，往往擦肩而过；而不曾期待的灿烂，却在淡泊从容中不期而至。这幅与金融业"沾亲带故"的扇面，当然是我觅藏的对象。

提起中央信托局，前些年我参加编著的《银行老照片》里，收录了一张当年中央信托局破土建造时的视觉文献。但见画面中工地的周围，已有不少楼宇洋房，鳞

贺其燊书法扇面

次栉比，注视着邻居的诞生；远处还有高楼，隐约可见，裁走天空的一角。工地的架势，不同凡俗，招牌上的施工方"冯泰兴营造厂"，亦是当年的建筑巨头，料想这里又将挺立起"庞然大物"——日历翻至1934年8月，国民政府为独立办理信托保险业务，提倡全民储蓄，推行政府集中采购制度，建立对外贸易基础，要求中央银行设立中央信托局，总局设在上海。这打地基的空地，便是中央信托局的栖身之地。可以想见，当大楼拔地而起，照片中衣衫褴褛的建筑工人，换作西装笔挺的银行白领，那该是怎样一种热闹啊！

据说中央信托局当时资本总额为国币1000万元，由政府出面，令中央银行全部拨充，可见中央信托局设立初期与中央银行"勾肩搭背"，关系密切，市面上流行有"行局一家"的说法。1935年10月1日，中央信托局正式成立，理事长由孔祥熙兼任。中央信托局成立伊始，仅经营一些基础性业务。1942年6月，《中央信托局章程》得以修订，其第一条规定："中央银行遵照国民政府训令，特设中央信托局经营信托业务。"1947年5月，国民政府公布《中央信托局条例》，全文24条，其第一条明确："国民政府为执行国策，办理特种信托保险储蓄业务，设中央信托局，受财政部之监督，依本条例规定办理之。"1949年国民政府迁往台北，中央信托局随之而行。现下，你若去台北武昌街一段转悠，还能瞥见其大楼。

　　贺其燊一手抓"钱袋子"，一手摇"笔杆子"，公务之余喜好书画，乐此不疲。众所周知，贺其燊与绘画大家傅抱石为同乡。"老乡见老乡，两眼泪汪汪。"上世纪30年代留学日本期间，两人结为至交，边叙乡情，边结雅缘。傅抱石曾在1944年送给贺其燊的《雅乐图》中题称："仲烈兄昨日突临金刚坡下山斋，合舍欣然迓迎。予出所藏旧作，一一悬展篱壁间。仲烈评赏甚得扼要之点，颇深畏惧"；1945年傅抱石又画赠《水亭话别》，题识中感谢贺其燊"十年来备承雅爱，不胜其依依也"。可见二人交谊之深。贺其燊本人的书法技艺也好生了得，曾获得台湾书法文艺奖。或许你不晓得，"东吴大学"四字，便出自他的手笔，而散见于校区内许多建筑物的壁记，都是由他挥毫书写……菁菁校园，步步留痕。

　　至于扇面书者陈继圣，我查了资料，有说是明末皮岛军一将领，又说是长安赤卫队一队员，同名同姓，可惜都属"关公战秦琼"，很不靠谱。唯一可以落脚的说法是，陈继圣为民国一位书法家，名头虽不大，但其字隽永，功力不俗，颇耐品玩。

台湾东吴大学

朋友朋友，"碰碰"就有

——承名世、徐伯清、徐孝穆名家"三碰头"

　　我在工美拍卖会上偶遇一柄成扇，凉风当头，独占鳌头，承名世画，徐伯清字，徐孝穆刻，都为艺坛大名头。这样的"三碰头"，令我小鹿撞心头，就算挤破头，也要把它抢到手里头。

　　从气象学的角度来说，"三碰头"是狂风、暴雨、天文大潮三个因子，登陆时不期而遇，于是乎电闪雷鸣，地动山摇，风雨潮交织袭来，慑人心魄之余，傻傻分不清楚；而折扇收藏，若遇扇画、扇字、扇刻集于一扇，均出自名家手笔，也谓"三碰头"，在藏家的心目中，自是风起潮涌，澎湃激昂。

　　我在工美拍卖会上偶遇一柄成扇，凉风当头，独占鳌头，承名世画，徐伯清字，徐孝穆刻，都为艺坛大名头。这样的"三碰头"，令我小鹿撞心头，就算挤破头，也要把它抢到手里头。三位名家，年龄相仿，学养深厚，日进竿头，且容黄某人慢慢打开话头——

　　承姓少见，却有着3000多年的历史。承名世（1918—2011）少时好学诗文，师从房虎卿研习山水画，后随师傅来到上海，加入中国画会。上世纪40年代，承名世已与书法家钱振锽之子钱小山联手，举办扇面书画展，一时引起轰动，观者竞相订购，其中承名世的一幅山水扇面，复订的红签条竟贴有三四张之多。巧得很，我拍下的扇面，画的也是山水，雅逸清丽，章法缜密，格调同陆俨少近似，笔墨超脱且能独创新意，尽管尺幅不大，却得咫尺千里之势。承名世出身贫农，家境不宽裕，展览结束后，他将润笔悉数交给老父，买了一头耕牛。后来农业合作化时，他父亲欢天喜地牵着耕牛入社。因而承名世对牛怀有特别深厚的感情，耕牛图亦是他挥毫的题材。

承名世《山居图》扇面

　　泼墨之余，承名世以学问、鉴定名重于世。年轻时，他就受聘苏州美专沪校，教授山水国画，并担任上海市立美术馆教育干事，参与编辑《中央日报》副刊《文物周刊》，发表了多篇山水画研究文章。《山水画布置法》一文，以其深入浅出的内容和流畅易读的文风，被叶圣陶、朱自清选入开明版中学生国文读本。浏览1948年版《中国美术年鉴》，可以查阅到承名世的山水作品及论文。新中国建立后，他进入上海博物馆，一肩双挑任保管部和陈列部负责人。承名世的小楷古意盎然，最是出名，而展馆里的藏品说明，多由他一手包揽。据老观众回忆，那时去上海博物馆看展览，兼带欣赏承名世手书的说明卡片，也是一种享受哦。

　　身为国内头角峥嵘的文物鉴赏家，承名世炼就一双火眼金睛，竭力阻止了多起文物外流事件。"文革"史无前例，上海一家进出口公司打算以10元一件的"统货"价格，将抄家和廉价收购而得的数十万件书画作品"扫地出门"，卖给海外字画商，美其名曰"赚取外汇"。消息不胫而走，承名世闻讯后心急如焚，冒着挨批斗的风险，在向时任上海市文物清理小组负责人、原上海博物馆书画鉴定权威谢稚柳汇报后，火

徐伯清书法扇面

速赶往仓库会诊。他逐箱查看，发现明清以来的字画比比皆是，甚至包括清乾隆皇帝亲绘的《寿星图》、明代花鸟写意派先驱林良等大画家作品，气得浑身发抖，怒不可遏：愚蠢！无知！只顾眼前蝇头小利，竟如此廉价出卖宝物！经过半年之久的潜心鉴定，承名世等专家挑出6万多幅书画珍品，定为"不能外流之文物"，国之瑰宝总算难过一劫。

与承名世一样，徐伯清（1926—2010）也有着上海文史研究馆馆员、中国书法家协会会员等头衔。他出生于浙江温州的中医世家，幼承庭训，少喜翰墨，得到张大千、吴湖帆、谢稚柳等名师指点，临池不辍，对书法的执著一生未变。记得小辰光，我在学堂里练写字，临摹的第一本字帖，即为徐伯清所著《儿童学书法》，此书首印7万册，以后不断重版，影响了几代人。由他书写5000字草书的《常用字字帖》，发行量更是超过千万册，今人出书望其项背，徒唤奈何——赤脚也赶不上啊！

读《笔墨人生：书法家徐伯清传》一书，开篇记道："走进徐伯清的画室，迎面可见张大千撰写的对联：樵客出来山带雨，渔舟过去水生风。转过身，墙上又见吴湖帆的青绿山水画卷……满室书画,墨香清淡,好一派宁静悠然的意境,主人便在其中挥毫运墨、自得其乐。"盖因画室主人长期受名师名作的熏陶与教诲,"学字画当学'根',一定要追根溯源,找到最初的老师"。为此,徐伯清倾其所有,统统用来买字画,遇有重量级作品入藏,总要踩上脚踏车去谢稚柳寓所讨教。徐伯清故世后,他的儿子、画家徐世平在整理先父的珍藏时感叹,这些字画倘若全部陈列出来,办一家中等规模的美术馆绰绰有余。

徐伯清的书法成就以小楷为主,气息清雅,笔势精妙,点画带有隶意,寓刚劲于婀娜之中,博采众长,自成一家,文人气极其浓郁。中国书法家协会主席沈鹏,推徐伯清的小楷为"当代华夏第一"。火车不是推的,牛皮不是吹的。很长一段时间,他每天伏案10小时,用蝇头小楷录入200余万字《宋人轶事汇编》,被谢稚柳赞为"有六朝人笔意"。可惜,我扇斋里的这帧扇书,不是小楷,而是行书,虽然感觉稍逊,但圆转秀润,还是蛮有味道。

浙江省书法家协会主席鲍贤伦清晰地记得,上世纪70年代,他还是上海重型机器厂的一名青工,在韩天衡先生的引荐下,叩开了徐伯清的家门,成为了他的入室弟子。徐伯清眼力过人,尊重传统精品,讨厌"江湖气"的习作。不过,徐伯清"魔鬼教学"的方式,每天要写六七个小时的小楷,相当恢气,直写到手都无法提起,让很多学生大呼吃不消,有人中途打了退堂鼓,而鲍贤伦却坚持了下来,最终功成名就。"宝剑锋从磨砺出,梅花香自苦寒来。"这话用得有点俗了,但道理却是真的。

怀袖雅物,光有好字好画还不够,扇骨如何也很讲究。若由雕刻名家在扇骨上镂刻山水花卉之类图案,当属锦上添花。明代竹刻名家上海嘉定就有"三朱":朱松邻、朱小松、朱三松。现代则推"二徐":徐孝穆和徐素白。

我在《人来"刻"往》一文中写过沈觉初,《一"刻"值千金》中写过支慈庵,皆为刀刻大师,而徐孝穆(1916—1999)的刻工同样声誉卓著。他自幼颖慧殊常,能书善画,广取古代各流派刻技之奥秘,追摹明代朱氏三家之刻技,亦擅刻竹、砚、碗、紫砂茶壶,尤以刻竹为最,刀笔如神,自成家法。

去过徐孝穆在上海进贤路旧居的文友说,屋内悬挂"进贤楼"之斋名,系由其姨丈柳亚子先生题书。郑逸梅的《艺林散叶续编》又记:"徐孝穆早年治印,以印存册请其姨母舅柳亚子为题,亚子挥笔立就:刻画精工值万钱,雕虫技小我犹贤。何当掷

徐孝穆《红梅图》扇面

徐孝穆扇刻

去毛锥子，歼尽崐夷奏凯旋。"据云柳亚子吟诗著文，龙飞凤舞，字迹潦草，惟有徐孝穆能够辨认，在为姨丈誊抄史稿的过程只中，徐孝穆获取了源源不竭的教益和养分。

徐孝穆一路走来，与许多名人结下了深深浅浅的缘分：他醉心于竹刻艺术之始，甚得时任新华艺专教务长汪亚尘的鼓励；他与唐云十分投缘，经常在臂搁、扇骨、笔筒上合作，"大石画，孝穆刻"之印迹相得益彰；抗日战争期间，他曾辗转受托为陈毅等人刻过名章；他的著作《徐孝穆刻竹》出版，赖少其为之序："不论深镌浅刻，留青浮雕，有平刀直入的，有薄刀斜披的，无所不能，无所不精……徐孝穆竹刻有平底、光底、毛底、沙底之分，这是原作所无的，他却能加以创造，使其起伏有致，倍感生色"，老舍为之题辞："有虚有实，亦柔亦刚"；剑桥大学资深教授、中国科学院首批外籍院士李约瑟博士80岁寿庆，他受请为其刻一臂搁，李约瑟收到礼赠，欣喜万分，不仅将此拓片赠予英国伦敦图书馆收藏，来华时特意在上海锦江饭店设宴答谢，并对徐孝穆赞不绝口："上帝给了你一双西方艺术家所没有的手！"

没想到，徐孝穆与承名世还是上海博物馆的同事。博物馆藏品保管和研究是他的正业，竹刻是副业，业余爱好而已。那时他每天提早一二个小时到单位，抽暇操刀，持之以恒，正业副业两不误，早年精致，晚求写意，风骨峥嵘，少有比肩。白蕉曾经品头论足："刻而不刻者为能品，不刻而刻者为妙品，铁笔错落而无刀痕者为神品。"想必神品说的就是徐孝穆了。

除了刻竹，徐孝穆的刻壶功夫也好生了得，跟沈觉初有得一拼。查考《宜兴紫砂大事记》，其中记载：1990年2月，宜兴紫砂工艺三厂为祝贺上海画坛大师朱屺瞻百岁华诞，特制作十种款式茗壶以志纪念，按屺老提供的《长青·松》、《报春·梅》、《舞东风·水仙》、《黄金实·枇杷》、《寿·灵芝》等十幅小品，由砚刻、壶刻艺术家徐孝穆、沈觉初、徐勇良等执刀镌刻。名画、名刻、名壶集于一体，堪称佳话。

书画流传，有千百年的历史，竹刻与书画关系密切，虽然竹刻较之丹青，年代稍晚，大约起始于明代，但远源流长，"琴瑟和谐"，两者交相辉映。扇作里的"三碰头"，以扇会友，时有邂逅。所谓朋友朋友，"碰碰"就有，笔酣墨饱之间，"碰"出了火花，"碰"出了情谊，"碰"出了精彩。

健碧·秋兰·高花

——觅得陈佩秋书法"情面扇面两不欠"

曾经在多个画展或笔会现场，见到过陈佩秋先生，90多岁高龄，眼不花，耳不背，腰不弯，手不抖，依然精神矍铄。她身材娇小，走路却健步如飞，偶尔带上拐杖，竟是一把弯柄雨伞，平时喜好戴一副黑眼镜，酷得很。

一次遇见曹可凡，他说，读了你的两本扇书，写到了谢稚柳的扇面，却没有陈佩秋的，有点缺憾，下次我带你去看佩秋老师，让她替你画几笔兰花，总还是可以的。我想，收藏是缘，登门索画，就算了吧。

后来曹可凡给我主编的《行家》杂志发了一篇稿子，题目为《纫秋兰以为佩》，就说到了陈佩秋和兰花的渊源。陈佩秋，字健碧，室名秋兰室、高花阁，均源自她所钟爱的兰花。"佩秋"二字，出自屈原《离骚》："扈江离与辟芷兮，纫秋兰以为佩"；"健碧"则指兰花叶子碧绿而健挺，传递出清幽的色香，又洋溢着不凋的活力；至于"高花"，李商隐诗句中即有"莺啼如有泪，为湿最高花"之描述，意谓最高枝头的兰花总是更晚才开。纵观陈佩秋的丹青经历，兰花恰是个极好的比喻：超尘脱俗，从容不迫，耿介不阿，锲而不舍，对书画的研习到晚岁依然没有懈怠。

曾经在多个画展或笔会现场，见到过陈佩秋先生，90多岁高龄，眼不花，耳不背，腰不弯，手不抖，依然精神矍铄。她身材娇小，走路却健步如飞，偶尔带上拐杖，竟是一把弯柄雨伞，平时喜好戴一副黑眼镜，酷得很。谈画论艺时，老太太记性甚好，思维相当活跃，聊起历朝历代的绘画艺术，兴致勃勃，如数家珍。也难怪，时至今日，她笔下的兰花依然婀娜飞舞，挥写的草书照样纵逸抒情，"粉丝"实在多多啊。

陈佩秋书法扇面

　　三四年前，香山美术馆搞过一次陈佩秋书法展览，本打算挑一幅扇面，待我赶去一看，几乎所有作品，早已贴上了红点点，被藏家争抢一空了。跟美术馆的蒋小姐打探，才晓得买家里头不少还是他们香山画院的同仁，近水楼台先得月呢。就她本人来说，每月才3000多元工资，却舍得花9000元买了佩秋老师的一幅字，真心喜欢呀。好在苍天不负有心人，没过多久，百乐草堂的徐老板替我留了一柄陈佩秋的扇书，这回我当然不愿错过，立马银货两讫。对于心仪的东西，还是自掏腰包拿下来为好，所谓情面扇面两不欠。

　　年轻时，陈佩秋并不擅长书法。看她早期的绘画作品，基本上都是穷款，仅小篆姓名而已。用她自己的话讲，"以前画还过得去，字蹩脚，所以就发狠去写字"。上世纪50年代初，陈佩秋请教书坛名家潘伯鹰，送了她一本张伯驹收藏的北宋蔡襄字帖，细细揣摩，觉得蔡襄的用笔，一点一横都有讲究，于是用玻璃纸拷贝下来，每天坚持临写，直至铁砚为穿，熟能生巧，闭着眼睛也能挥洒自如。谢稚柳看到了说，你画也不画了，天天就写字，你想当书家？陈佩秋不睬他，照旧习字不辍。"文革"结束后，谢稚柳出版画册的封面签条，都是由陈佩秋题写的，她借机"嘲嘲"谢稚柳："你现在晓得要找我来写签条了吧！"

书画同源。形态上，绘画的笔法并非书法的笔法，但在理法上，绘画的笔性却通于书法的笔性。陈佩秋自从醉心于怀素草书之后，勤奋高于天资，创造多于继承，她的笔墨格局更大，气度不凡，颇具大丈夫之魄力。且观这面抄录杜牧"江南春"绝句的草书，奔放而不张狂，凝练而不刚硬，出于书家矩度之外，入于画史意匠之中，既见得取法渊源，又不失个人风貌，别有一种从容与飘逸的隽永之致。恰如绝句所云：多少楼台烟雨中！

除了为艺，陈佩秋的特立独行，还体现在她的为人。陈佩秋读书时，数学比较好，她父亲也指望她学点经济，到银行做做会计，当个"上班族"。但陈佩秋却不愿受束缚，弄来弄去两张报表，冷冰冰，呆搭搭，一点意思也没有。正巧那时张大千来昆明开画展，不看不要紧，一看着了迷，陈佩秋违抗父命，索性就去学画画了。丹青生涯数十载，她反感别人将她列入"闺秀"画家之行列，更不喜欢用"温雅娟秀"、"清婉纤媚"等词句来评价她的作品。大约10多年前，电视台来拍摄谢稚柳的专题片，编导想顺带拍几个陈佩秋的镜头，她当下婉言谢绝了，淡淡说了一句："谢先生归谢先生，我归我。"

电视台的镜头，虽然没能同时"扫"到谢稚柳和陈佩秋，但这对书画伉俪的作品，却时常比肩挂在画廊里，格外惹人注目。二老既擅工笔写意，入古出新，别具匠心，又通晓画史画论，精于鉴古，常在书画联璧之余，歌赋唱和，文采风流非时辈能及也！七八年前，我在朵云轩看到谢稚柳与陈佩秋的两幅八尺画作，"磨"了半天，价格谈到100万元。坦白讲，当时我咬咬牙应该能够凑出这个数目，可是犹豫了一番，当晚就被外地一位老板买走了。按照现在的行情，单是谢稚柳的一幅作品，恐怕就要上千万元了。这也没啥好后悔的。机会就像一扇快速旋转的门，你没有鼓足勇气挤进去，门外的风景就不再属于你。

听吴超讲述"太爷爷"的故事

——"百代印圣"吴昌硕之落"印"缤纷

吴超回首往事，一口一个糯糯的"太爷爷"，和颜悦色，笑容可掬，对先祖恭敬有加。我暗自猜度，假如时光倒流，有幸邂逅吴昌硕先生，也该是如此亲切温厚的吧。

姜国芳，申万基金董事长，热心热肠，能掐会算。这个"算"，不仅指其擅长代客投资理财，而且还法术高强，能替人"算"出腹中怀胎是男是女，虽不敢打包票百发百中，但迄今为止尚未有失算。真是奇也怪哉。

2010年末，我太太身怀六甲，"孕"味十足。一次茶叙，国芳兄自告奋勇，意欲为我算上一卦：这"工商银行"的肚子里（太太亦在工行谋职），究竟是"建设银行"还是"招商银行"（坊间有称，男孩为建行，女孩为招行）？我报上几个"大数据"，国芳兄煞有介事地闭目心算，少顷，脱口而出：男孩！

对于国芳兄的这番"人间指男"，当时只当是茶余笑谈，并未在意，可他却正经八百，立帖为证。于是打赌：若是男孩，鄙人"输"他亲绘上海滩风情扇面一幅。看过《扇有善报》的读者或许知道，压轴的扇画系我"向连环画大师贺友直致敬"的工笔白描，图中20多个人物，得花费我一整天的时间，画得交关辛苦，至今我只画过二三幅馈友。就这样，击掌——成交！

翌年夏天，婴儿呱呱坠地，果然男娃一枚！慨叹"'姜'是老的辣"之余，愿赌服输，精心绘就工笔白描扇面乖乖奉上。为了宝贝萌娃，就算合不眼画上三天三夜，也是心甘情愿啊。

姜国芳笑纳拙作，也许觉得"来而不往非礼也"，隔了一月，回赠我"吴昌硕先生自用印痕"成扇一柄，气格高古雄浑，背面则是昌硕先生重孙、上海吴昌硕艺术研究

吴昌硕自用印痕扇面

协会副会长吴超的金文石鼓书体。吴氏先祖后裔，跨代相聚纸上，饶有意趣，令我满心欢喜。一代宗师吴昌硕的书法扇面，我曾咬紧牙关、勒紧裤带购藏了一帧，《扇解人意》开卷首篇即有记述。而身为西泠印社首任社长，昌硕先生受人称颂的诗、书、画、印"四绝"之一的印谱，同样光芒逼人，加之吴府"一门四代"的独特背景，此扇一脉相承的艺术内蕴不可小觑也。

癸巳立秋，国芳兄偕我去吴超的艺术会所小坐，品香茗，闻香道，观古藏，近距离欣赏俊卿老人的精品真迹，聆听吴超先生喃喃忆起曾祖父的有趣故事，馨香氤氲，度过了一个惬意的下午。

吴超回首往事，一口一个糯糯的"太爷爷"，和颜悦色，笑容可掬，对先祖恭敬有加。我暗自猜度，假如时光倒流，有幸邂逅吴昌硕先生，也该是如此亲切温厚的吧。吴超从小就开始接触吴昌硕艺术，时常听祖父吴东迈、父亲吴长邺细述家事，耳濡目染，心中渐渐还原了一位"身材不高、面颊丰盈、细目、疏髯"的"太爷爷"形象。

"活着的人总会有好多可能的改变。还有，活着的人总有些秘密，他那些秘密

吴超书法扇面

之中最精彩的，往往在他死了好久之后才会泄露出来。"这话是林语堂说的。因而，要了解一个故人，反倒比接近一个活人更真实有趣。

在吴超的话语中，吴昌硕出身贫苦，生活简朴，始终没有忘记自己是从泥地里走出的农民，丝毫没有沾染所谓大师的架子，总能与社会底层的老百姓交往笃深。他画梅兰竹菊出俗入雅，也画萝卜青菜野趣横生。吴昌硕曾寓居上海山西北路玄庆里，常去附近的理发店剃头，一来二去，与剃头师傅交谈甚欢，剃头师傅求他画画，他欣然应允，回家画好后还特地给人送去。于是，局促的理发店里，居然挂出了一堂（四件）吴昌硕作品，把旁人都看得一愣一愣的。更有卖豆浆的小贩、照相馆的掌柜、安吉老家的乡里乡邻等，都与昌硕先生结下了画缘。

缶翁姓"吴"，恬淡寡欲，似乎对一切事物都"吴所谓"，但他也有自己的做人原则与底线。当年有人打算把东汉"三老碑"卖给日本商人，吴昌硕听说后立马发动西泠印社社员卖画，募集款项，最终把"浙东第一碑"赎了回来，留在华夏大地。吴氏家风代代相传，子孙三代均与人为善，上世纪50年代，吴家后人将家藏的部分吴昌硕遗作，捐献给了西泠印社和上海博物馆。

令人扼腕的是，随后轰然而至的文化浩劫，让吴家几代人积攒下来的书画珍品，瞬间毁于一旦。这一切，都被年幼懵懂的吴超看在了眼里。那天臂戴红袖章的小将闯进吴家南昌路的居所里，整整查抄了两天两夜，把查到的字画全部撕毁了。吴超只记得，被撕毁的字画拉去废品回收站，当时废纸一分钱一斤，算下来卖了大概六块九毛钱，那该是多少斤"废纸"啊！所幸，一部分吴昌硕的印章躲过一劫，保存了下来。如今，吴超的书斋里珍藏了30余方"太爷爷"的自用印，作品年代跨度自缶翁壮年至暮年，因其书画盛名更显如雷贯耳，受历代"吴粉"所追捧——

譬如"半日邨"，为一方颇富诗意的印章，盖因昌硕先生老家的旧宅位于两座山之间，能望见的太阳只有一半，故曰"半日邨"；"雄甲辰"，系缶翁生前最喜欢的自用印之一，他生于甲辰年，属龙，此印取材泥黄石，体量很大，金石之中透出一股雄浑壮美之气；"明月前身"一印，则显示了一代巨匠的浪漫情怀，此印为昌硕老人66岁时梦见原配章夫人后所刻，章氏为吴昌硕未过门妻，在太平天国运动时期遇难，虽然未曾圆房，但令老缶刻骨铭心，终生难以释怀……这些篆刻精品，究竟有几枚出现在"吴昌硕先生自用印痕"扇面之上，敢请诸位看官细加辨赏，来个无奖竞猜。

篆刻大体有三法：篆法、刀法、章法，到了吴昌硕的刀下，多了一法，曰"心法"。从吴昌硕传世的多种印谱里可以窥见，他的篆法取石鼓文，布局突出书法意趣，刀法冲切结合，灵活多变，含蓄之中见朴厚，苍劲之中寓秀逸，且以破残平衡章法加强气韵，破而不碎、粗而不陋，作品能纵能收，虚实相生，进而达到集诸家所长、造诣独出千古之心法，将600年印学推向巅峰，为世人叹服。缶翁曾作《刻印》诗曰："信刀所至意无必，恢恢游刃殊从容"，"不知何者为正变，自我作古空群雄"，其治印艺术感悟据此可见一斑。

话题回到文首姜国芳替我"算"出的一枚男娃，光阴荏苒，转眼已经快5岁啦。儿子大名黄羽鸿，其中的"羽"字，乃"扇"字的构成，暗合了他老爸的集藏嗜好。关于黄羽鸿的奇妙缘分，颇多传奇色彩，我已在《漫不经心》开篇里有过叙述，本文不再絮叨，就此打住，否则就有"癞痢头儿子自家好"之嫌疑了。

五福厂？王福庵！

——持默老人王褆之闲雅逸事

作为一枚传统文人，王福庵性情平和，涉猎广泛，闲雅兴起，时常抚琴自乐。据称他凡刻印写字，唇间必含一烟斗，烟之熄灭与否在所不计，以此可助文思，否则便觉怅然若失，灵感全无。

元朱文作为工稳印的典型代表，前辈大师一"刻"千金，星光闪耀。其中，王福庵、陈巨来如双峰并峙，一自号持默老人，一别署安持老人，两者相"持"不下，影响甚大。当然，也正因为他们印艺之"登峰造极"，导致后辈印人画地自限，难以突破而形成自家面目。

一山难容二虎，除非一公一母。陈巨来曾对他的学生讲过："（上世纪）30年代开始，印坛上三个大亨：第一就是我陈巨来，第二才是邓粪翁，第三则是王福庵。我是专门为张大千、吴湖帆刻图章的，帮张大千刻了三四百方，帮吴湖帆也刻了三四百方……"在陈巨来的嘴里，王福庵无疑沦为了"小三子"。

未知是有意回避还是无心怠慢，安持老人陈巨来所著《安持人物琐忆》，被贬损的画家墨客装满一箩筐，却对印上功夫"脚碰脚"的王褆王福庵甚少提及。惟有开篇《西山逸士》话说溥儒溥心畬一文时，有一则"插曲"牵扯到王福庵，潜台词交关"嘲叽叽"："在此二月中，溥嘱余刻者，达三十余方之多。以前所用印均为王福庵之作，至是时悉为被渠磨去了。"依照安持先生的说法，溥心畬结识陈巨来之后，将原先所用王福庵刻得印章全部磨去，嘱陈巨来重刻。这，这，这让王福庵情何以堪啊。姑妄言之姑听之矣！

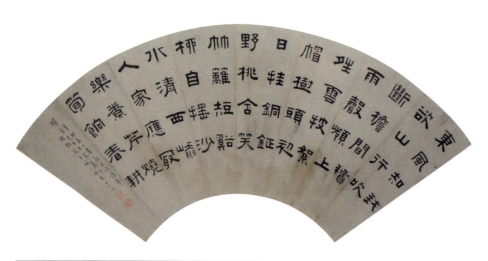

王福庵书法扇面

不过，两位印家在场面上还算和风细雨。据《王福庵年表》记载，1931年辛未民国二十年，适逢王福庵52岁生日，各路金石高手纷纷刻章志庆，方介堪为刻"王禔福庵父长寿"，叶露渊为刻"王禔"，陈巨来为刻"王禔之印"……

书面款识，王福庵亦写成"王福厂"，"厂"音同"庵"，不辨者时常闹出笑话。一次，邮差送挂号信到王福庵寓所，需要收件人盖印，或许信封字迹潦草，便在门口高喊："五福厂，五福厂！……"一连喊了数十声，无人回应。正巧邻居走过，心想：哪个五福厂啊？莫非是马路对面的五金福利工厂？于是接过邮差手中的信件细瞧，不由得哑然失笑：嗨，这不就是王福庵嘛！

我不谙篆刻，对西泠印社创始人之一王福庵的治印艺术，未敢妄加评说。记得朵云轩曾经推出印坛名家专场拍卖，呈现数枚王福庵早年篆刻印章，惜乎"货不对板"，无奈弃之。倒是某日路经广东路文物商店，见有他的一帧扇书镜片，标价比较公道，顺手搬回了扇斋。王氏书法造诣极深，凡金文、碑碣、玉箸、秦权、汉碑额无不涉及，尤精于篆隶，书体稳健朴茂，笔画遒劲隽秀，凝练委婉如洛神临波，嫦娥御风，典雅与馨逸兼而有之，别有一番韵味。

学习篆书，当从小篆入手。至于以何种字帖为范本，前人聚沙成塔，无论先秦刻石，抑或清季诸家之帖，均对习篆者教益至深。王福庵的《说文部首》一经行世，洛阳纸贵，为行家首肯。其用笔纯净准确，刚柔相济，提按、起止乃至转折，都达到了圆润浑厚的立体效果，结体均衡又饶有韵致，篆法规矩亦不失灵动，体现出他在小篆把握上的炉火纯青，技高一筹。

作为一枚传统文人，王福庵性情平和，涉猎广泛，闲雅兴起，时常抚琴自乐。据称他凡刻印写字，唇间必含一烟斗，烟之熄灭与否在所不计，以此可助文思，否则便觉怅然若失，灵感全无。人到中年，因一次手拨电风扇开关触电伤脑，王氏曾卧病两年，愈后每伏案稍久，即感头晕目眩。此后，他刻印必仰卧于藤榻之上，印面向下，右手执刀，左手握石，小指上悬以小镜，两手擎空操作，边刻边以小镜照示，得心应手，习以为常，作边款亦复如此。虽胸间石屑遍陈，置之不顾也。晚年因视力关系，王福庵的小印大多由弟子吴朴堂代刀。

王福庵乃恺悌君子，蔼然可亲，乐于扶掖后辈，不独悉心传艺，更喜青出于蓝，举贤任能。众所周知，上世纪20年代，王福庵供职于国民政府印铸局，"中华民国国民政府印"及五院印铸，皆为王福庵所篆。1949年，中央人民政府曾邀请王福庵北上，主篆政府印信。当时王福庵已年过花甲，眼花手颤，惟恐有负重托，便推荐他的得意弟子顿立夫前往京城。

顿立夫何许人也？原为王福庵的黄包车夫，平日耳濡目染，心有灵犀一点通，如获真传。后来，王福庵收顿立夫为弟子，倾心指点，终成方家，印风神似师傅。未料，师徒竟是同命鸟，也遭溥心畬的"冷遇"。一日，顿立夫由荣宝斋经理相携晋见溥心畬，并赠印二方求正。溥心畬略一展视，即随手交付恰好登门造访的陈巨来，笑笑曰："正缺石头，你拿去刻吧。"陈巨来觉得当面让人下不了台，有点不妥，遂打起圆场："这章刻得还不错，不妨留着用吧。"谁晓得溥心畬依旧不解风情："你不磨，吾磨！"说罢，真的到砚砖边上磨章去了。作陪的荣宝斋经理大窘，顿立夫脸色铁青，拂袖离去，而溥心畬却满不在乎，安之若素。

此为题外花絮。毕竟，溥心畬再怎样"独头独脑"、"不谙世事"，亦不能掩盖王福庵的灼灼光耀。还是言必称王福庵为"福老"的沙孟海先生讲得中肯："福老毕生精力都用在印学上，亦擅长细朱文，创作甚富，茂密稳练，所作多字词句印和鉴藏印，更见本领。"

"两脚书橱"与"画坛美男子"

——胡道静、胡亚光写扇"胡""胡"生风

坊间传言，一次黄龙洞举行名流聚会，请了梅兰芳。很多宾客没见过梅兰芳本人，正翘首以待，不料胡亚光先到，不少人都以为梅先生来了，摩肩接踵，一阵轰动啊。一时间，"高富帅"胡亚光被媒体唤作"江南梅兰芳"。

研究中国科学技术史，必然会提到沈括和他的《梦溪笔谈》，因为他是"中国整部科学史中最卓越的人物"，其所著的《梦溪笔谈》则是"中国科学史的里程碑"。而研究沈括和《梦溪笔谈》，必然要提到胡道静。

胡道静之于《梦溪笔谈》，好比罗密欧爱上朱丽叶，梁山伯欢喜祝英台，算是"绝配"。胡氏名"道静"，看来甚是有缘。胡道静的挚友、英国科学史家李约瑟博士在其巨著《中国之科学与文明》中，提出一个著名的论点，即"道家思想是中国科学和技术的基础"，恰恰触动了胡道静学术研究的注意力，使他逐步转轨到"道教"上来。所以，细细端详扇斋里这帧胡道静的书法扇面，亦恭恭敬敬地抄录了沈括的一首词。

早在童年时代，胡道静对书本和铅字就有了莫名的好感。上世纪20年代，他常跟随兼职做报纸编辑的父亲去印刷厂排字车间玩耍，不禁大开眼界：原来平时读的书籍，都是由这小小的铅字组成版子印出来的。起先，他问排字工人讨一二粒铅字玩，后来要得多了，人家说要用钱买。于是胡道静就拿节省下来的零用钱买了一些回家，一个铜板两粒铅字，他把这些铅字排列组合起来，然后印在纸上，觉得非常有趣。

胡道静书法扇面

　　无疑,这小小铅字,犹如一粒种子,在胡道静的心里深根发芽。由于教育的"误导",胡道静直到念中学时,居然不晓得活字组版印书技术,系咱们老祖宗的发明创造(其时英语课本竟称活字印刷由一位德国印刷工人发明);尽管读过"四书五经",却不知道还有《梦溪笔谈》这本书。进了大学,当他看过美国学者卡特所著《中国印刷术的发明及其西传》,才惊讶地了解到这一项有关人类文化发展的重大创造,原来是祖先作出的伟大贡献。卡特的这本书,还赞誉了沈括的《梦溪笔谈》,胡道静赶紧找来一读,从此一发而不可收拾,彻底为这部"中国科学史上的坐标"着了迷。

　　反复翻阅《梦溪笔谈》,胡道静发现不同朝代出版的古籍,有许多意思含混不清甚或错字脱字之处,他一不做二不休,干脆搞起了校勘、训诂工作,逢书即览,握管便录,如此积年累月,目耕手耘,稿笺累叠可与书案比齐,连他自己也分不清究竟是在当一项事业做,还是在享受一种乐趣。然而,身处战乱年代,生活颠沛流离,《梦溪笔谈》的校证并不一帆风顺,但胡道静始终没有放弃梦想,差不多耽搁了二三十年时间,到1956年的春天才算圆梦。

　　《梦溪笔谈校证》问世后,引发圈内外轰动。1959年,北京大学历史系评述建国第一个十年中古籍整理工作的成绩,特别提到了两本书:顾颉刚(胡道静的老师)主持标点的《资治通鉴》,胡道静校注的《梦溪笔谈校证》。胡适在海外读到《校证》,

胡亚光《多买燕脂画牡丹》扇面

夸曰："此人造诣甚深，算了不起。"法国出版的《科学史评论》（1957年第10期）评论：这两卷本的校证，对一部"世界上最古老、最重要的科学史著作"来说，"无疑是汇集了最丰富的文献"。李约瑟博士也在一次演讲中动情点赞："胡道静是当代著名的科学史学者，他对沈括和《梦溪笔谈》的研究赢得了很大的声誉。"

查查胡道静的家谱，其父胡怀琛和伯父胡朴安，均精国学、工诗文，著述甚富，学界盛名。胡道静有此家学渊源，加之为文治学自有一套"笨"办法，即自幼秉承"手抄一遍，胜读十遍"的庭训，勤奋自砺，凡读书必作抄录，养成了手抄群书的好习惯。他在回忆求学经历时说："欲读班固《汉书》，若借阅不能久，乃手写一本自备的乐趣，我在二十岁前就亲自体会到了。"哪像当下俺给银行新员工授课，当放映电脑课件并提示务必掌握之要点时，台下后生齐刷刷地取出手机，对着屏幕上的内容先"摄"为快，根本不写不记，令俺当堂感慨一声："好记性不如烂笔头，烂笔头不如摄像头呐！"

屈指盘点，胡道静有过三个绰号："两脚书橱"、"两栖动物"、"上海通"。他自称是"两脚书橱"，一生以书为伴，以书为乐，博学贯中西，精思著妙文，埋首于故纸堆中，研究硕果累累；学界称他为"两栖动物"，既精通目录学，又精通科技史，尤其是农业史，在业内当属难得一见的通才；他对沪上历史了如指掌，出版了三本《上海市年鉴》，四本《上海市通志馆期刊》，两本《上海研究资料》，乃一名地地道道的"上海通"。一度主持上海市通志馆工作的柳亚子先生，每每赞扬他"雏凤清于老凤声"，"道静的成就最多"。

胡道静生于1913年，卒于2003年。其间，他却"死"过两回。

一回是抗战时期。1937年日军进攻上海，通志馆被迫关门。胡道静去了浙江金华《东南日报》任编辑，同柳亚子尚有书信来往。一日柳亚子在《大公晚报》上看到"一段惊心动魄"的消息："《东南日报》由金华西迁江山、衢州之时，中途全车被炸，损失惨重，该报编辑胡道静氏有不幸消息。"柳先生读罢新闻，"非常惊骇、恐怖、痛心"，当即挥就一篇《怀念胡道静》的文章。好在事后证实，这是一条误传误刊的"假新闻"，让柳先生虚惊一场！

另一回是十年动乱。胡道静全家遭遇迫害，那时他的长子胡小静因在大串连途中听闻有关张春桥的种种劣迹，回到校园里贴了大字报，结果倒了大霉。当年有人叫嚣"中学生背后有大学生，大学生背后有长胡子的"，而这个"长胡子的后台老板"，矛头直指胡道静。因此，父子俩被监禁起来，并对外界封锁消息。1972年，李约瑟博士访华，要求与老朋友胡道静见面，可是有人却诓骗李约瑟称"胡道静死了"。转眼到了1978年，李约瑟偶然打探到刚刚出狱的胡道静还活着，当他再次访华之际，两位老人久别重逢，激动不已。

胡道静没有"死"！只要一息尚存，他就要读书，就要抄书。

至于扇书背面的扇画作者，也姓胡，梦蝶楼主胡亚光，碰巧凑在一快，执扇轻摇，倒是"胡""胡"生风。名门之后胡亚光（1901—1986），为红顶商人胡雪岩曾孙，大书画家戴熙曾外孙。早年他得益于张聿光在上海青年会开办的"画图函授部"，西画国画双管齐下，无所不能。1922年，胡亚光与施蛰存、戴望舒、张天翼、钱杏村（阿英）等在杭州成立兰社，从事新文学活动；1923年，于西子河畔创办亚光绘画研究所、杭州暑期绘画学校，培养美术青年，造就菁英无数。尤其让人叫绝的是，他擅长替人写像，神态酣足，惟妙惟肖，而且请他画像的人士，个个名头如雷贯耳：章太炎、周恩来、蒋介石、徐特立、宋庆龄、弘一法师、鲁迅、吴敬恒、张大千、梅兰芳……

说起胡亚光，还是"画坛美男子"一枚。胡亚光身高一米八，年轻时气质优雅，风度翩翩，画家鸳鸯蝴蝶派作家陈蝶仙如是描述："与亚光共谈笑，如对玉山琪树，令人自生美感。"坊间传言，一次黄龙洞举行名流聚会，请了梅兰芳。很多宾客没见过梅兰芳本人，正翘首以待，不料胡亚光先到，不少人都以为梅先生来了，摩肩接踵，一阵轰动啊。一时间，"高富帅"胡亚光被媒体唤作"江南梅兰芳"。

美男子画笔之下，当是"美"不胜收。只是，命运喜欢开玩笑，新中国成立后，胡亚光阴错阳差进入上海第一医学院谋职，专画人体解剖图，虽然不太乐意，但他依然坚持到了退休。之后他被政府聘为上海文史馆馆员，总算可以随心所欲地舞文弄墨了。晚年，他醉心绘制熊猫，姿容可掬，自成一格。中国擅画熊猫的大家中，北称吴作人，南谓胡亚光。

无意中，搜寻到一封胡亚光写给画家胡也佛的信札，不妨抄而录之：

也佛老兄：您好！

自从博物馆一别，已有月余矣，时在想及中。艺坛中有卓越成就技术高超如足下者有几人哉！昔大千在沪时对吾兄人物线条之高雅，亦甚推重也。

弟自悼亡迄今已七载矣，独居一室，颇感沉寂，同道之谢世者日多，人生朝露，曷胜伤感！拟稍暇趋前畅谈一切，不知何时在府？便乞见示，以便拜访。弟寓海防路403弄11号2楼，如愿屈驾，殊为欢迎！除每周一、三、五上午外出学习外，余均在舍，专此，即颂

画安！

弟亚光上

75.6.1

如来时乘16、19、24路电车，均可到达。

纸短情长，溢于言表。这般细腻入微，这般温言亲和，仿若胡亚光笔下悉心绘写的人体解剖图。

月冷·越亮
——多伦路闲拾赵冷月、伏文彦旧作

也难怪，一个是月"冷"，一个是蛰"伏"，故而他们的拍卖行情"冷得刮刮抖"。窃以为，丹青名宿遭遇冷落，盖因老画家或远离市场，或旅居海外，藏家关注度较低，尽管想当年都属"一时俊彦"，如今事过境迁，渐渐被急功近利的收藏圈淡忘了。

小陆子，多伦路文化街上做字画生意，卖些"性价比"甚高的名家作品，拥有不少回头客，我也是其中一位。一天，他打来电话，哥伦布发现新大陆似地告诉我：近两天觅到一幅扇面，落款"赵亮"，考证过了，是当年上海书法家协会副主席赵冷月的手迹，背后是伏文彦的画，品好，包真，我买进价钿比较便宜，侬要是看得中，加500块拿去！

我当即查了资料：赵冷月(1915—2002)，名亮，堂号缺圆斋……呵呵，又是冷，又是亮，又是圆，都跟月亮有关哦。我相信小陆子的眼力和为人，仅凭看了一眼彩信图片，就在电话里定单了。

扇面抄录毛主席《登庐山》七律一首："一山飞峙大江边，跃上葱茏四百旋。冷眼向洋看世界，热风吹雨洒江天。云横九派浮黄鹤，浪下三吴起白烟。陶令不知何处去，桃花源里可耕田？"无论题材，还是书风，为赵冷月"变法"之前的早期作品。扇书点画凝练，顿挫起伏，自有一种潇洒的气格与浑厚的气度。然而，暮年"变法"之后的赵冷月书法，就不是这个风格了。他不求华美，但求拙朴，弃唐人楷书的规范美、匀整美于不顾，大胆吸收"儿童体"笔致的天真烂漫，力求注入一种潜藏的张力，视觉形式上颇具"返朴还真"的淳古与苍浑感，墨法趣味更趋自然恬淡，野逸舒和，故被

赵冷月书法扇面

誉为"孩儿体泰斗"。相比启功书法的"庙堂气",赵冷月却写出了"山林气"、"书卷气",于不经意间常有惊人笔墨,去甜腻,去滑利,变化多,韵味足,恰如毛主席诗词里的浪漫意境——"桃花源里可耕田"了。

只不过,"衰年变法"之大不易,也让赵冷月一度饱受了来自圈内圈外的喝倒彩。曾经有人评论他的"丑书"缺乏碑学根底,离"大巧若拙"的审美境界尚远,是一锅欲变而不知变的"夹生饭"。但不管怎么说,赵冷月作为从沈尹默时代走过来的海派书家,不以形貌外似承袭前人传统,不同流俗,不计得失,甘冒风险,孜孜探求集聚自家语汇的创新之道,这种"豪华落尽见真淳"的求索意识,无疑令人肃然起敬。他需要为此付出的代价,便是掌声寥落,知音无多。

人生难得一知音。看好赵冷月"变法"的名家,大有人在。关良去上海科学会堂开会,进门一抬头,看见厅堂上悬挂着一件大幅书法,却不是赵冷月的手笔,关良火气上来了,大发议论:"赵冷月在上海哪能只有这么点名气?"言下之意,如此经典的会场建筑,就应该挂赵冷月的书法。无独有偶,赵冷月初次登门拜访刘海粟,随手带了一幅作品去讨教,摊开一看,刘海粟激动了:"喔唷,侬格种气息,今后常来!"欣喜,赞赏,认同,引为知己,所有的意思,都包含在这一句话里了。钱君匋对赵冷月的

伏文彦《山色空濛》扇面

书法，亦是情有独钟，曾写过一段评论赞不绝口："豪华落尽，苍劲古拙之趣渐显，行草浓淡枯湿错杂，疏密正侧，一任随心所欲放笔写来，隶草皆宁静蕴藉，无霸悍之笔，也无尘俗之气。"

豪华落尽，铅华洗却，生活终将回归本真。与赵冷月有着相同艺术态度的，还有"一扇之隔"的画家伏文彦。20多年前，伏文彦去美国旧金山定居了，在这之前，他在上海画坛已经活跃了半个世纪。熟悉画史的人都晓得，伏文彦1938年考入上海新华艺术专科学校勤习中西绘画，先后拜校长汪亚尘、山水画大家张大千为师。为此，他将画斋定名为"风云楼"，取张大千的"大风堂"和汪亚尘的"云隐楼"之意，以感念师恩，传其衣钵。

大风堂门人，藏龙卧虎，济济一堂。公允地说，最能得大千居士神韵的，当推何海霞与伏文彦。何海霞刚健明秀，建树燕台，北方之强手也；伏文彦浑厚雅逸，载誉申江，南方之俊彦也。壮暮翁谢稚柳在《伏文彦画集》序言中评价："大风堂弟子中文彦能以大千之笔法作自己的画，诚乃活学大千者。"伏文彦的山水，走的是泼墨泼彩的路数，画风豪放奇肆，苍莽劲拔，墨彩交融，空濛淋漓，另具一番韵味。

"景乃画之媒，情乃画之胚。"展开扇画，方尺之地，师法造化之奇奥，云烟之变幻，树木之森郁，以笔墨统万物，醇厚朴茂，别立风格，浩瀚无涯矣，与其师不二法门！据云抗日战争后，张大千来沪居老西门寓所，伏文彦常侍左右，悉听大师耳提面命，并帮助先生整理因八年抗战而尘封多时的画库，得以观赏"大风堂"富藏的古画真迹，择其工笔精品勾描了近百幅，仿佛老鼠一下子跌进了米缸里，由此开阔了鉴赏古画的眼界，增长了弄墨山水的技艺。

写得好，画得好，未必卖得好。赵冷月、伏文彦等老书画家的作品，时下在市场上表现平淡，价值被严重低估，甚至难与后起之秀相抗衡。也难怪，一个是月"冷"，一个是蛰"伏"，故而他们的拍卖行情"冷得刮刮抖"。窃以为，丹青名宿遭遇冷落，盖因老画家或远离市场，或旅居海外，藏家关注度较低，尽管想当年都属"一时俊彦"，如今事过境迁，渐渐被急功近利的收藏圈淡忘了。

或许，老画家早已看淡了得失，对此并不在意。缘来不拒，境去不留，才有闲心品尝真幸福。正所谓：宠辱不惊，闲看庭前花开花落；去留无意，漫观天外云卷云舒。

《赵冷月墨迹选》封面

《伏文彦画集》封面

把日子过成诗词

——春潮诗社副社长张联芳、施南池能者为"诗"

作为民族文脉的延续,诗词也是中华文字中最优雅的形式。尽管"碎片化阅读"的当下,把日子过成诗词,或许有些奢侈,但传承一切优秀文化基因,确是炎黄子孙永远不可舍弃的精神修为。

打开电视,也不全是"脑残型"、"愚乐型"综艺节目,一些文化类栏目异军突起,办得有声有色。其中一档"中华好诗词",以弘扬中国传统诗词文化为主旨,也运用了综艺化的电视包装手段,偶有"雷人雷语",却是"囧囧更有神,雷雷更健康",好玩亦好看,令人喜笑颜开之余,接受人文精神的熏陶与感召。

我的学生时代,创办诗社,吟诗作赋,高雅且时髦,既能揭竿而起成为学生领袖,又能吸引女同学的艳羡目光,心里美滋滋的。这年月大家都忙着低头找钱,谁还会有闲情记得仰望星空?

1986年,上海文史馆聚集一批爱好诗词的馆员,操办诗会,吟诵诗词,成立了春潮诗社,极一时之盛。春潮诗社曾是沪上民间最具影响力的四大诗社之一,也是上海文史馆的闪亮名片。后来由于种种原因,春潮诗社悄然"退潮",偃旗息鼓了。翻看当年的诗社社员名单,个个皆有来头:钱君匋、应野平、翁闿运、苏局仙、王康乐、胡亚光、张联芳、施南池、顾振乐、厉国香、陆元鼎、周退密……仔细一查,两位副社长张联芳和施南池,扇斋里正好藏有他们的扇作,何妨朝花夕拾,"诗"性大发,扇里扇外,三人行,必有我"诗"也!

读诗人张联芳(1903—2002)的履历,一生磕磕绊绊,命运多舛。新中国建立前

张联芳书法扇面

他在上海铁路局谋差事，暇余与友人创办了灯谜杂志《黑皮书》；新中国建立后一度失业，所幸写得一手好字，勉强混个温饱。随后张联芳进入上海文史馆，由工作人员转为馆员，本想平稳度日，谁料一桩冤案将他打入大牢，直至1985年平反。与聂绀弩并称为"北聂南熊"的悲愤诗人熊鉴，有感于张联芳的坎坷经历题诗曰："大海沉冤卅五年，文韬武略化云烟。同镣几年如公寿，八十归来作史迁。患难相濡半世长，于飞六十不寻常。当年猎手归何处，又见瑶池聚凤凰。"

这苦难深重的三十余载，究竟是怎么走过来的？翻遍史料，未有半点记载，也许"往事不必再提，人生已多风雨"，老人早就把它从记忆里抹去了。劫后余生，张联芳老树发新枝，潜心钻研诗词和书艺，缮写由王蘧常校订的《得天爵斋丛书》五部三百万字，撰著《缀玉篇》、《散珠集》、《潜山诗词》、《三喜唱和集》、《书海一勺》、《联芳小草》等诗集十余种，晚年还将藏书捐赠青浦档案馆。这段悲欢转折的插曲，应上一串耳熟能详的词牌名，当是：几度"愁风月"，一朝"沁园春"，煮诗"蝶

施南池《红梅》扇面

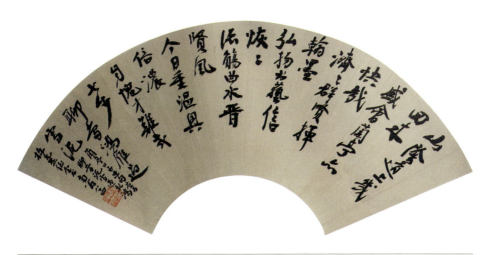

施南池书法扇面

恋花"，饮墨"满江红"。

同是诗社副社长，施南池（1908—2003）的日子比张联芳要好过一些，这或许与他的终身诗友、历史学家周谷城的耳提面命有很大的关系。1958年反右运动，施南池任教的上海浦光中学鼓动教员"大鸣大放"，每人都要过堂，给组织提意见。施南池心里没底，就去私交甚笃的周谷城家里请教。周谷城提醒道："对组织提意见，要和风细雨，站在善意的立场上谈看法。"过堂会上施南池依葫芦画瓢，得到了当权派的赞许，结果顺利过关；而那些"像真的一样"慷慨陈词的教员，却吃尽了苦头，统统被划为"右派分子"。

正所谓"迁思妙得"，施南池被誉为"书诗画三绝"，相得益彰，还源于他高深的文学修养和丰厚的生活积累。我在《诗作画时画亦诗》一文中，曾对他的书画风格品头论足了一番，"自然醇厚，韵味典雅，无雕琢之气"，如是特点，在我新藏的施南池字画扇片里一览无余，只是对其诗词歌赋之功底着墨不多。

此篇既然话"诗"，索性就一"诗"到底了。说起来，施南池30岁开始赋诗，算是"半路出家"。自从结识周谷城先生后，他常去泰安路周府造访，两人一见如故，吟诗唱和，以求思想与心灵的沟通交流，实乃君子之交！《施南池诗集》中，他与周谷城唱和的诗词俯拾即是，其中《谷老惠诗奉和博粲》一诗后，附有周谷城以原韵唱和一首："老学闲吟未必迟，敢将俚句寄相知。江山无限民皆泰，花鸟有情画即诗。好水好山君踏遍，新人新事笔能支。笔端应使添新绿，莫说垂垂两鬓丝。"头一句，周谷城即把施南池视为"相知"，体现了两位老人之间的深情厚谊。周谷老曾夸奖："农工党中施南池作诗最好"；施南池亦感怀于周谷城的知遇之恩："知己感平生，清淡抵掌声。"值得记述的是，施南池1936年版的《中国名画观摩记》，飘零半个多世纪后，被列为周谷城晚年主编的《民国丛书》的一种，重新面世了。

话题转回春潮诗社，张联芳与施南池，两位副社长究竟何时相识？何处结缘？陈年故纸堆里，张联芳1977年2月10日致施南池的一纸信函，道出了原委：

南池画师著席：本月六日经芸生兄之介得识，荆州叙谈甚快，展阅萍聚图后承允再赐法绘，深感高谊，同时欣赏尊辑寿母影印画册，祝贺之作者多属艺坛名宿，虽系缩影而神韵动人，此皆足下孝思之笃，友情之深，始获有此真是传家宝亦是无价宝也！弟曾见杏芬老人古稀录及吴湖帆征集之绿遍池塘草图咏集，亦不能专美于前矣。同时得睹周总理图册，此行诚眼福不浅，而珍藏与大作尚有大量妙品，缓日再开眼界也……

原来如此！信札中提到的"尊辑寿母影印画册"，系上世纪40年代施南池为母亲祝寿，刘海粟、徐悲鸿、张大千、傅抱石、吴湖帆等98位书画名流纷纷泼墨，献上丹青寿礼，由此汇集出版《施母寿徵书画集》，并由叶恭绰题写书名。其时施南池身居上海美术馆筹备主任，中国画会常务理事兼秘书长，在上海滩八面玲珑，交关"兜得转"。

言志，抒情，写景，状物，诗词之功能特性也。美国诗人惠特曼有句名言："每一个民族的最高凭证，就是它自己的诗歌。"作为民族文脉的延续，诗词也是中华文字中最优雅的形式。尽管"碎片化阅读"的当下，把日子过成诗词，或许有些奢侈，但传承一切优秀文化基因，确是炎黄子孙永远不可舍弃的精神修为。行文至此，获悉上海文史馆重整旗鼓，春潮诗社花开二度，再起风潮，又将开启一段充满诗意的文化旅程。在下忍不住给出一个大大的"赞"！

张联芳致施南池信札

不藏富，不藏娇，惟藏书
——"书痴"董康、潘景郑开卷藏卷皆有益

"无事此静坐，有福方读书。"私家藏书，大凡两种类型：一曰造福于民，为社会、为后世而藏书；二曰为自家研究、做学问而藏书。纵观"书痴"董康、潘景郑的藏卷之道，两者兼而有之。

有书的日子就好过。大约20年前，沪上评选过"十大藏书家"，我的朋友曹正文、陶顺良等亦在其列。这10位藏书家是怎么评选出来的——毛遂自荐？组织推荐？已经记不真切了，但藏家们的满屋书香及传奇故事，透过荧屏弥漫开来，沁人心脾，动人心弦。这年头时兴"数码读本"、"掌上阅读"，浩瀚藏书躲进"手机"成一统，倘若再来搞一次藏书家评选，不晓得怎么个选法？

我对藏书家始终怀了感佩和敬意。他们节衣缩食，守得清苦，平生不藏富，不藏娇，情所独钟惟藏书，日就月将，积册盈箱，几案罗列，床头摊放，相对展玩，情往似赠，心来如答，乐在声色禄位之上。家藏扇面作者当中，恰有几位藏书大家，余高山仰之，"笔"恭"笔"敬，将其痴书爱书之经历娓娓道来。

"诵芬室"主人董康的扇书，劲秀飘逸，雍容婉畅，风骨精神，神采四溢，被称为"民国写褚（褚遂良体）第一人"，只是他的笔墨之韵，被其藏书之名所湮没，可惜了。董康（1867—1947），字授经，祖籍江苏武进（今常州），1889年考中举人，后又高中进士，并入清朝刑部工作，就此踏入宦海，和法律打了一辈子的交道。1902年修订法律馆成立后，他成为修律大臣沈家本的得力助手，起草了清朝的第一部宪法《钦定宪法大纲》，主持编纂了《刑法第一修正案》《刑法第二修正案》，后者被称为"民国最科学、最完备、最进步的一部刑法典"。从清末到抗战爆发前夕，董康从事立法、司法和法学研究长

董康书法扇面

达40余年，直接参与了刑法、民法、诉讼法、监狱法等基本法律的起草、修订、理论阐释与学术研究，且在民国司法领域有着"走马灯"式的履职经历，亲身经历了近代司法变革过程。董康的现身说"法"，大致可以勾勒出中国早期法制建设的衍变轨迹。

不过，董康董授经在他的常州老家，却不太招人待见，许多后辈甚至不知道此地诞生的这位名人。探其缘由，或是因为董康曾经居住的青果巷进士坊大兴土木，早被拆得没了踪影，后人无从知晓；或是因为董康人生之旅的后半程，有过不光彩的"污点"，抗战爆发后曾担任伪职，沦为汉奸，让家乡人抬不起头来。唉，我是哪壶不开提哪壶，不提也罢。

诚如一枚硬币的两面，孰是孰非，智仁相见。董康的爱书藏书之道，还是值得一书。董康自谓"积癖"，积微成著、积案盈箱之"积"，家富藏书且兼治版本目录之学，他的"诵芬室"、"课花庵"藏书，以多精本见称。他在前清做京官时，经常去琉璃厂海王村转悠，搜罗旧书，时有让书痴梦寐以求的奇遇，曾以"地板价"收到法式善手抄的《宋元人小集》80册，参照现在的说法，简直就是"捡了个天大的漏"！董康酷爱戏曲，广为收集当时通行之戏曲剧本及残本，举其大要，勾古稽沉，合纂为46卷《曲海总目提要》，叙述了684出杂剧与传奇的来龙去脉，其中颇多早已失传的作品，弥足珍贵。

中国自唐代始就有多种典籍流入日本，有的版本在中国已经绝迹，董康数次东渡扶桑，遍访日本藏书家，对所见珍本予以详尽记录和描述，系统整理了散落在异

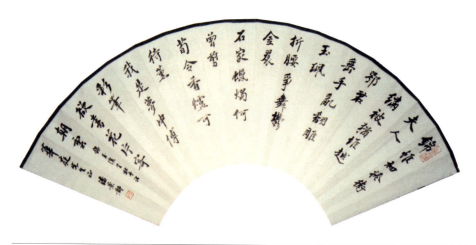

潘景郑书法扇面

域的珍贵古籍，对于中国的古书研究，学术价值不可估量。董康著述颇丰，最夺人眼球的当属他根据四次东游访书的经历撰写的《书舶庸谭》，他在自序中感叹："凡遇旧椠孤本，记其版式，存其题识。七厄之余，以语同癖，谅深忻慨。"胡适亦评论他为"搜罗民间文学最有功的人"。

开卷藏卷之余，董康还醉心于刻书印书。他信奉抢救典籍，"刻"不容缓，所刻书籍多为海内孤本，而且追求品质，不惜工本。印书材料上，他选取陈年古墨和上等宣纸，刻工则长期雇养，所选字体相当考究，为使字体不入俗流，不惜撕拆自藏古书，取其字体，用作字范，如此精益求精，确保"诵芬室"出品读物版本精良，好评如潮，广获"纸白如玉、墨黑如漆"之美誉。只是，书品有口皆碑，书价也扶摇直上，令囊中羞涩的读书人又是爱来又是恨！

说罢"诵芬室"，再观"宝山楼"。楼主潘景郑（1907—2003），藏书家和版本鉴定家，名气不是一般的响。潘景郑于学问俯仰之间，跃马横戈，意气轩昂，一生著作等身。这多少同他早年追随的三位大师休戚相关：他曾拜"国学泰斗"章太炎为师学训诂，拜"曲学宿儒"吴梅为师学词，拜"江南曲圣"俞粟庐为师学曲，由此竿头日上，精进不休。

潘氏藏书可追溯到乾隆年代，潘景郑与他的兄长潘博山除继承了祖父潘祖同"竹山堂"全部藏书四万卷外，还很留意"三松堂"失散的版本书，曾搜罗了一小部分，晚清藏书家如曹元忠的"笔经室"、莫棠的"铜进文房"、孙毓修的"小绿天"等典藏，尽为潘氏昆仲所得。1919年，"竹山堂"改名"宝山楼"，私家藏书递传六代，共藏典籍30万卷，这在藏书史上实属罕见。令人扼腕的是，喜好诗书、善于经营、创办过垦业银行、通惠银行的潘博山，终因积劳成疾，英年早逝，悉心传承的"宝山楼"惟有留待小弟潘景郑一人操持了。

偶读潘景郑《著砚楼书跋》，记有兄弟俩当年觅书藏书诸多逸事：1919年秋天，吴县书市曾出现一部宋蜀大字本《后山居士文集》20卷，由于纸色晦暗，众人都以为是明代翻刻本而不屑一顾。潘氏兄弟慧眼独具，咬咬牙关以200元收下。此集字大如钱，字体古朴浑厚，用黄麻纸印刷，钤有"晋府书画之印"、"敬德堂图书印"等印记。后经专家验证，这部文集为海内孤行之本，也是后山集传世最早之编，凤毛麟角，价值连城，成为"宝山楼"镇库之宝。

抗日战争爆发，"宝山楼"连遭炮火和盗窃，藏书损失约三分之一。痛失珍贵典籍和同胞手足的潘景郑，所幸结识了他的妹夫——后来成为上海图书馆馆长的古籍版本学家顾廷龙。当时，顾廷龙与文化名人张元济、叶景葵等人创了私立合众图书馆，借以保存日寇铁蹄下濒临毁灭的图书文献。潘景郑因小舅子的缘故加盟合众图书馆，他与顾廷龙合作编著的《明代版刻图录初编》，资料性与学术性相得益彰，是迄今为止唯一一部以图文并茂方式系统介绍明代版刻的书籍。

潘景郑儒雅敦厚，淡泊名利，家藏浩繁卷帙，始终与人同乐，从不私享。其中不少藏书捐献给了上海市历史文献图书馆（上海图书馆前身），而"字大如钱"的《后山居士文集》则归北京图书馆收藏。无数知名学者及其重要著述，都从潘景郑的藏书中汲取丰沛养分。某君编纂《明清藏书家印鉴》，潘先生不厌其烦，为之讲解每方印鉴之掌故，并指导其开列参考书、收集印鉴及考辨，花费的心力远在作者之上。书著付梓前，作者恳请潘老署名在前，他却表示，"我不过随便对你聊了些掌故而已，即使一般的朋友，我也会尽力相助的"，坚持让作者单独署名。冰心一片，殷殷可见！潘景郑晚年曾题云："自觉耄龄催日暮，还看桃李舒纷纭。小楼挥尘最相亲，分荣卓荦及吾门。"

"无事此静坐，有福方读书。"私家藏书，大凡两种类型：一曰造福于民，为社会、为后世而藏书；二曰为自家研究、做学问而藏书。纵观"书痴"董康、潘景郑的藏卷之道，两者兼而有之。当下社会灯红酒绿，纸醉金迷，有几个能像前辈那样抵得住物欲诱惑、耐得住生活寂寞，一心读书藏书著书呢？

西画邂逅国画

——李咏森"白寿"之年挥毫花卉扇面

> 李咏森写生的各种花卉，大多亲自种植过，他居住的永福路254号寓所小花园，简直就是一个微型的百草园，林林总总，姹紫嫣红。从发芽、开花到落叶，清晨黄昏不同的光照变化，以及枝叶花冠的结构情态，他都观察得一清二楚。

李咏森（1898—1998）实足活了100岁。这位画坛寿翁，从事美术教育长达38年，先后在苏州美专、上海美专、同济大学等多所院校执教色彩学和水粉画，诲人不倦，育人无数，他的《水彩画技法》再版至17万册，还发起创立上海水彩画研究会和上海粉画学会，并担任会长，其作品写实写意兼融，功力深厚，独树一帜，赴日本展览时被《读卖新闻》誉为"中国水彩画界的最高峰"。李咏森挥动生命的画笔，铺陈了一个世纪的斑斓与精彩。

"扇有善报斋"里珍藏的这帧花卉扇面，系李咏森绘于"白寿"之年。所谓"白寿"，九十九等于一百减一，"百"减去"一"即为"白"。他画花卉，运笔爽快而深邃，设色透明而清丽，讲究骨法用笔，不涂不改，点染成法，层次丰富。这般高龄，仍有此精湛手笔，委实叫人叹服。李咏森写生的各种花卉，大多亲自种植过，他居住的永福路254号寓所小花园，简直就是一个微型的百草园，林林总总，姹紫嫣红。从发芽、开花到落叶，清晨黄昏不同的光照变化，以及枝叶花冠的结构情态，他都观察得一清二楚。知其然，且能知其所以然，故而李咏森笔下的花花草草，才会显得游刃有余，挥洒自如，化平淡为神奇，进而产生清新隽永、细腻莹润的独特魅力。

大约六七年前，我在一位资深水彩画藏家那里，近距离观赏到李咏森的数幅作

李咏森《花卉》扇面

品。他用水与彩调和的笔墨，写城市韵律，写乡间情趣，写园林典雅，写花木生机，在平凡和真实中发现美感，形神兼备，情景交融。李咏森曾经有感而发："画作的首要功能是给人美的感染，无论是具体还是抽象，古典还是现代，细腻还是粗犷，都应提炼美，表现美，成为反映自然美和人文美的载体。"一口气，说了五个"美"，仿若他的水彩画面，"美"不胜收了。

水彩画是舶来品。但在李咏森看来，西画和国画，在表现技法上有相通之处，两者都以水为媒介，用笔、用色和对水分的控制要求颇为一致。只不过水彩画以颜料与水直接溶合的比重不同，在不渗水的画纸上表现画面的明暗对比与透明润泽；而中国画则通过宣纸本身对水分的吸收渗化过程，达到墨色溶合、深浅虚实之效果。因此，李咏森在创作中，常将水彩与国画技法交融使用，熔中西画技于一炉，让西画浸染国画的气韵与意境，倒也别开生面，不拘一格。其实，再往前推至晚清民国时期，海上画派之翘楚任伯年就已在传统笔墨中汲取水彩技法，他常用色彩对比来突出主题，或充分运用水份来烘托空间感，增强画面效果。看来，西画同国画的"罗曼蒂克"，由来已久。

真正把李咏森带入水彩画殿堂的人，当属中国水彩画先驱颜文梁。李咏森与颜文梁年岁相仿，谊在师友之间。1922年，李咏森与同学江寒汀在画种上"分道扬镳"

之后（江寒汀后来成为花鸟画名家），在家乡创办常熟美术学会，邀请时任苏州美专校长的颜文梁传经授道。没想到颜文梁欣然允诺，并携带水彩作品前来参展，一时引起轰动。李咏森对颜文梁的人品画品大为倾倒，当下决定进入苏州美专深造，毕业后留校担任颜校长的助手，追随左右，终生以师礼事之。前些时候，我在一场名为"李咏森旧藏师友画集"的专题拍卖预展中，遇见颜文梁所绘《李咏森肖像》，不愧是水彩大家手墨，寥寥数笔，人物形象潇洒生动且栩栩如生，可见两人情谊之深。

笔墨当随时代，这个说法并不新鲜。然则，李咏森为使画笔捕捉到的情境更加鲜活有味，富有美感，长年坚持深入生活，喜欢到工厂、码头、山村等处写生，积累创作素材。老友林风眠在上海时，两人经常相约外出写生，即使闭门在家，他也要对着静物画上两个小时。李咏森最后一次赴外地写生是1985年，去了普陀山和雁荡山，为了寻觅佳绝胜致，他不惜拄着拐杖，不畏日晒雨淋，翻山越岭，写景写实。活到老，学到老，画到老，老而弥坚，精神矍铄，李咏森的淡泊与执著，实在令人感佩不已。

正是由于李咏森经年累月临池不辍，其身后留存的画稿车载斗量。他的水彩画，在拍卖市场抬头不见低头见，上拍数量或许是同辈画家中最多的。只是，水彩画在如今的拍卖会上，往往充当着"路人甲"的角色，屡屡以"地板价"成交，有时甚至还不如一些当代艺术家的复制版画作品价格高，但它所蕴涵的艺术和收藏价值，却是无可限量的。这一点，我很佩服那位资深水彩画藏家，他是在用近乎"冷门"的价格，积聚并发掘一段弥足珍贵的传奇画史啊。

越剧戏文里唱道：书房门前一枝梅，树上鸟儿对打对。顺带一说的是，李咏森的夫人邵靓云也擅画国画与西画。我在撰著《家俭成储——储蓄宣传画的故事》时，意外搜到一幅作于上世纪50年代的宣传画《我们也要储蓄》，上海人民美术出版社印制，作者正是邵靓云。

这对艺术伉俪，当年通过江寒汀牵线结缘，掐指一算，李咏森要比邵靓云大16岁呢。夫妇俩生前办过两次联合画展，一次是新婚不久，在上海南京路大新公司画廊举办水彩与工笔花卉山水联展，声誉鹊起，名噪一时；另一次是1988年在上海美术馆推出双人画展，并将部分画稿及信札照片捐献给美术馆和档案馆。邵靓云生性活跃，知书达理，操一口流利的英语。她的工笔画纤细秀丽，格调轻盈，花鸟与人物勾勒细腻而富有层次，用色却比李咏森更为大胆，显示出女性对色彩的异常敏感。

邵靓云曾在多所学校兼课，在美专任教的学生里，就有后来大名鼎鼎的陈逸飞，她会看一点面相，总说"这个孩子将来定会有大出息"。

听李咏森家人说，邵靓云那幅《我们也要储蓄》宣传画，画中小朋友做储蓄箱的桌子，分明就是永福路254号二楼李咏森摆放画桌的位置，而背景窗户的把手铰链刻画得尤其精妙，几乎拷贝不走样，推开东窗望出去的那个鲜花盛开的小院，依旧那么亲切，那么温煦……

邵靓云宣传画《我们也要储蓄》

生死相隔不相忘

——从《黄金时代》说到端木蕻良扇画

　　文人字画，妙在文人情怀的自然抒发，及至才情与笔墨浑然一体的融合。端木蕻良丰富的文化素养和人生阅历，滋养了他的书画精神境界，"笔驾云涛，翰墨传情"，画风潇洒，趣意充盈，片纸若金，令人珍爱有加。

　　许鞍华执导的文艺大片《黄金时代》，戏不错，票房却惨淡。在商业爆米花电影充斥银幕的当下，有一群人，从台前到幕后，以认真到近乎偏执的态度，去竭力还原一段民国文坛往事，是我等铁杆观众的幸运。

　　汤唯演萧红，冯绍峰演萧军，朱亚文演端木蕻良。对于这三位当事人牵扯的"民国大八卦"、"虐心三角恋"，许鞍华导演表现得相当克制而有水准。虽然萧红与萧军的恋情被很多人所熟知，但与萧红结为夫妻并在生命最后时刻陪伴在她身边的男人只有一个——端木蕻良。这段感情世界里，没有谁对谁错，没有好人坏人。萧军追寻喜欢打游击、过刀尖上舔血的戎马生涯，而萧红只想找一个静谧的环境去写自己喜欢的文章，两人对生活有各自的追求，谈不上是非曲直。所以，性格温和而内秀，细腻而低沉，浪漫而又不失理智，对生活颇有几分中产阶级般追求的端木蕻良，最终能赢得萧红的芳心，完全合乎情理。

　　坊间一直认为，端木蕻良是"小三"、"备胎"，是造成萧红萧军分手的主要因素。然而，在萧红怀着萧军孩子的时候，端木蕻良为了爱情义无反顾，将萧红娶进家门，在那个时代是需要非凡勇气的，放在今天，也绝对是"新好男人"。影片里头，端木和萧红举行婚礼，当萧红说到因为名分会感激他一辈子时，端木侧过身悄悄抹

端木蕻良《红了樱桃绿了芭蕉》扇面

泪，演员在情感上拿捏得十分到位。

　　假如今人想了解端木蕻良这位作家，朱亚文在《黄金时代》里梳着背头的扮相，倒是一个不错的切入点。看过这部电影，再去看他写的《科尔沁旗草原》，以及后期那些怀念萧红的文章，感触想必会不太一样。历史上，这位早在1932年就已经加入左联的作家，堪称民国东北作家群里比较"另类"的一位。他在早期创作生涯里比较重要的一部小说《科尔沁旗草原》，描述一个读大学的"富二代"回到家乡农村，在东北草原里与旧有家族势力的抗争。对于当时只有21岁的端木蕻良而言，这部小说有着浓烈的左派味道。所以，后来他在抗战时期去写抗战题材的小说，乃至1949年从香港回到祖国大陆等等行为，也就显得不那么突兀了。

　　也许是端木和萧红的这段剪不断理还乱的感情纠葛，以及萧红去世前关于端木的种种负面传闻，使得端木在民国文坛不太"招人待见"，在文学界的地位被长期忽视了。然则，有一个事实值得记载：端木蕻良生前一直打算将他与萧红的情感生活写成书，以澄清众说纷纭的诸多传言，但他未及动笔就撒手人寰了。后来，端木在萧红去世18年后才续弦的夫人钟耀群，慨然接过了笔墨，撰著了《端木与萧红》一书，怀着复杂的情感矛盾，以客观的视角和宽广的胸怀，向世人展示了一对风雨伴侣的真实心路历程。

　　上世纪80年代末，端木先生偕夫人钟耀群一起到萧红墓前祭扫，并献词一首：生死相隔不相忘，落月满屋梁，梅边柳畔，呼兰河也是萧湘，洗去千年旧点，墨镂斑竹新篁。惜烛不与魅争光，箧剑自生芒，风霜历尽情无限，山和水同一弦章。天涯海角非远，银河夜夜相望。字里行间，不难看出，萧红在端木心底始终占据很重要的位置，内向且孤傲的端木只有用这样的方式，来寄托他的无尽思念和追悔。

与"温良恭俭让"的性情大相径庭的，却是端木蕻良的创作风格，豪雄，硬朗，大气，被学者称作一股"来自大野的雄风"。端木一生痴迷红学，写过《端木蕻良细说〈红楼梦〉》等颇具影响的红学研究名作，临终前完成了长篇小说《曹雪芹》（上卷）。他对《红楼梦》的情感之深，可从他的创作心得中读出："也许我对《红楼梦》的掌故并没有别人那么深，但我的深不在这里，而在'一往情深'之深。可有人听见过和书发生爱情的吗？我就是这样！"端木曾作诗吟咏曹雪芹，其中一句"书为半卷身先殉，流尽眼泪不成诗"，不幸一语成谶，亦是对他的半部《曹雪芹》的无奈写照！

看《黄金时代》，关注端木蕻良，大概源于手头存有他的一幅扇画。

文人字画，妙在文人情怀的自然抒发，及至才情与笔墨浑然一体的融合。端木蕻良丰富的文化素养和人生阅历，滋养了他的书画精神境界，"笔驾云涛，翰墨传情"，画笔运作介乎写意与工笔之间，热衷于芭蕉、葡萄、荷花、兰花、菊花等文人画传统题材，注重传达生活情趣，墨迹线条顺畅秀雅，挥洒自如而不凝滞，画风潇洒，趣意充盈，片纸若金，令人珍爱有加。

往事并非如烟，翰墨生命永恒。据《端木蕻良年谱》披露，端木从小具有艺术天赋，喜看家乡皮影戏，并DIY制作纸板"影人"，临摹韩康《买药图》《探梅图》等，还涉猎西洋绘画，练就了美术基本功。上世纪40年代，他为萧红小说《小城三月》画过插图，并绘制世界名人系列肖像，无不形神兼备，栩栩如生。

饶有意思的是，端木蕻良本名曹汉文，年轻时发表小说处女作，感怀于家乡东北红高粱，遂取笔名"端木红粱"，限于当时特定环境，杂志编辑嫌"红"字惹眼犯忌，另取一个生僻字，改为"端木蕻良"。而在电影《黄金时代》里饰演端木的朱亚文，之后却因主演莫言原著改编的电视剧《红高粱》而声誉鹊起，红遍荧屏，冥冥之中自有一丝奇妙的缘分。

每个人的记忆深处，都有自己的"黄金时代"。萧红曾在一封信里写出这样的人生感悟："人尽靠着远的和大的来生活是不行的……窗上洒满着白月的当儿，我愿意关了灯，坐下来沉默一些时候，就在这沉默中，忽然像有警钟似的来到我的心上：这不就是我的黄金时代吗？"

闻闻"臭"吃吃香
——邓散木入室弟子单晓天、叶隐谷

当年的书家，居住条件大多捉襟见肘，交关作孽。叶隐谷的迷你书斋取名"绿荫书屋"，小小书架顶上竟然还摆放了盆栽，湿润中透出丝丝绿意，给小屋增添几分生机——是啊，只要心中有景，何处不是花香满径？

邓散木之"臭"名原扬，我在《扇有善报》里已有趣述。这位书家一生清高孤傲，落拓不羁，为人处世"剑走偏锋"，时有惊世骇俗之举。比如他取"粪翁"为字号，定"厕简楼"为斋名，并刻有"逐臭之夫"、"遗臭万年"等印以述怀明志。其实，粪翁之"粪"，乃粪除之意，非指秽物也。郑逸梅在掌故中记载，当年商家喜邀书家题写店招，但有两位名书家，商店素不请教，一位即是邓粪翁，"这粪字太不顺眼"；另一位钱太希，这名字读起来……唉，你懂的。

粪翁先生热心传道授业，弟子无数，我手头恰好藏有他的两位得意门生单晓天、叶隐谷的扇面，赶紧找出来写一写，算是"粪"笔疾书了。

小辰光猜谜谜子，谜面"人生地不熟"，打一书法名家。谜底望文生义，采取灯谜别解手法，因古时把"天地人"称为"三才"，既然对人、对地都不熟悉，那就"单单只晓得天"了。由此，我记住了书家单晓天的大名。

"单"字用作姓名，读"扇"，这同我的藏扇写扇，似乎有了一些美好的瓜葛。只是听讲，单晓天（1921—1987）原名单孝天，要知道，"文革"年代，孝可是封建旧道德，属于要破的"四旧"，千人所指，故而更名。引发我兴趣的是，单晓天有过一段短暂的在银行当文书的经历，之后长期服务广告界，工余寄情艺术，虽体弱多病，但数

单晓天书法印谱扇面

十年勤奋研求，临池不懈，又得散翁真传，以精湛技艺获业界赞赏。他的书体无所不及，隶篆行草楷样样精通，气度端庄典雅；画不多作，然而所绘兰石极具疏散秀逸之致；尤为夺人眼球的当数篆刻，一望便知是邓散木传下的虞山派印风，浑厚含蓄，别具韵趣。

也是巧手偶得，我藏的这柄成扇，系大老远从北京华夏拍卖会上拍回，或许是京人对沪籍书家比较生疏，再加上品相略旧，应声寥落，仅以1000元落槌，令我惊掉下巴之余，打了个漂亮的"地域差"。甚为难得的是，扇面囊括了单晓天艺术之"四绝"，诗书画印"大满贯"，但见行书秀润，隶书古拙，诗词潇洒，兰草清雅，而七方自用印，递次读为"平安""多福""散怀""长宁""大丰""思逸""大康"，弧形排开，美不胜收。单晓天生前出版有多本字帖与印谱，其中一册竟称《养猪印谱》，你说有趣不？

翻阅陈巨来的《安持人物琐忆》，不禁找到了答案。安持老人在其间一篇文章道及邓门高足单晓天："知道单氏大名，缘起于秦瘦鸥先生。我因为书的缘故得以结识了秦先生，文翰互往，受教既多，我便请求秦先生写一幅字以留作纪念。秦先生很快就寄来了字，内容是他作的七律，而由其好友单晓天先生所书。……笔墨当随时代，单先生还和他人合作刻过《养猪印谱》和《古巴谚语印谱》。数年前我居海南时，有

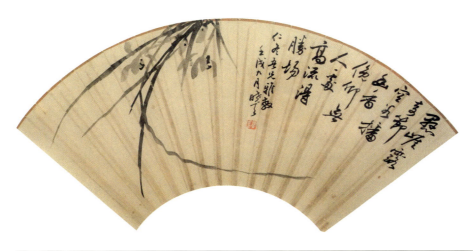

单晓天《兰花》扇面

朋友送来一方单先生刻得'猪胰'白文印，据说曾载入《养猪印谱》。这方印取法封泥，旷朗明了，观之令人眼笑。然此印最终因嫌其词不雅驯而没有留存于书笈。"临了，安持老人依旧保持了其调侃戏谑的本色："至于单先生，因为'瘦肉精'一词风行一时，所以偶至菜场，经过肉铺时，就会想起那方没买下来的'猪胰'一印，因为单先生在边款中说：可以制胰岛素，是治糖尿病的特效药。假如单先生高寿至今，要其刻一方'瘦肉精'印，则不知道他会作怎样的边款？"

猪胰者，猪下水也。陈巨来津津乐道于此，足见单晓天"化腐朽为神奇"，金石功底非一日之曝啊。邓散木的另一位入室弟子叶隐谷 (1912—1994)，篆刻技艺也好生了得。叶隐谷做过铁路邮车押运员，劳作之余酷爱书法篆刻，在全国邮电系统享有"任笔叶刀"（任笔即为书法家任政）之誉。年轻时，他还是一名骁勇善战的乒乓球运动员，又在舞台上当过"眼睛一眨老母鸡变鸭"的魔术演员，所谓文体不分家，这些非同寻常的独特经历，与他之后取得的艺术成就密不可分。

叶隐谷的篆刻，深得散翁之奥秘。其治印不论大小，刀法追求老辣古朴、天然雄奇之效，奏刀"短平快"，收拾"精细神"，章法浑厚遒劲，疏密有之，巧拙互生，其边款更是着意经营，近乎天然之势，散木印风纵横激荡。为了传承和弘扬散木艺术精粹，1987年叶隐谷发起成立邓散木艺术研究社并任社长，编辑内部刊物《散林》，尽心尽力，不图回报。他还自制手拓印谱，教书育人，古道热肠。沪上诗人、书画家谢永庄为之撰序："叶老隐谷，博学多艺。书画兴余，铁笔无比。金石焕彩，尽脱恒蹊。汉印朴茂，苍古秦玺。尊法镌篆，磅礴正气。仰止大作，喜为写记。"

当年的书家，居住条件大多捉襟见肘，交关作孽。单晓天曾蛰居于延安中路上海展览馆一侧的旧楼中，环境挤迫而子女众多，难以安心治艺，而叶隐谷则住在闸北安庆路山西北路口的石库门里弄，居处仅有六平方米，终年难见阳光，只能容下一床一桌，有客造访，惟有坐在床上，屈膝而谈，但他们都生性达观，安贫乐道。叶隐谷的迷你书斋取名"绿荫书屋"，小小书架顶上竟然还摆放了盆栽，湿润中透出丝丝绿意，给小屋增添几分生机——是啊，只要心中有景，何处不是花香满径？

如此艰难恶劣的处境，还能晏然处之，创作不辍，其蓬勃的生活信念，恰似扇斋里收藏的叶隐谷一帧书法所写的："自强不息。"

叶隐谷书法扇面

苦难是化了妆的祝福

——江门弟子江石邻、张中原的苦乐年华

中国写意花鸟画，艺苑中的一朵奇葩，寥寥数笔，写貌取神，摄人心魄。只是，当今一些画家却急功近利，信手涂鸦，视"粗野狂"为大写意，写意花鸟日渐式微。

江寒汀"江虚谷"，画花鸟"一只鼎"。我的上一本扇书，围绕他的两位千金和若干弟子，写过两篇文章：《姐妹花，摇曳在风尘中》《江门代有才人出》。扇斋添新作，其中两幅的画家又同"江虚谷"有缘，一位是江寒汀的堂弟江石邻，一位是江寒汀的高足张中原。

都说"苦难是一所最好的大学"，回看两位画家的人生履历，都遭受过种种磨难，江石邻孩提时代流离颠沛，张中原人到中年落魄潦倒，然而，他们却让困顿生活成为艺术感悟的不竭源泉，在灵魂深处绽放出水墨的花朵。

江石邻出生于1920年大年初一子时，按照常熟老家的一种迷信说法，这个时辰呱呱坠地的小孩，命相不好，克父克母克家人。当真？命运喜欢恶作剧，江石邻五六岁时，父母双亲相继病故，成了孤儿。好心的伯父收养了没爹没娘的江石邻，视同己出，堂哥江寒汀也待他如亲弟，让他重新感受到家庭的温暖。谁知好景不长，又过了五六年，伯父亦不幸染病而亡，"讨饭命小鬼"的魔咒充斥于耳，这给他幼小的心灵投下了挥之不去的阴影。

好在堂哥江寒汀不信神不信鬼，依然与江石邻朝夕相处，报以满腔关爱。江寒汀擅长丹青，当时已小有名气，江石邻常在一旁观摩堂哥作画，耳濡目染，纸醉"画"迷，眼前豁然开朗，于是跟着"启蒙老师"研墨试笔，压抑的心绪渐渐获得舒展，画

江石邻《听蝉》扇面

艺也是竿头日上，精进不休……

　　小荷才露尖尖角。江石邻原名江石麟，改"麟"为"邻"，这"一字之师"，竟是大画家吴湖帆。一次江寒汀带江石邻拜访吴湖帆，吴先生声名显赫，却无名人架子，还即席挥毫墨竹一幅赠予江石邻，题款："梅作友而松作朋，清风师兮石为邻。"吴湖帆解释，麟者，麒麟也，俗称"四不像"，乃虚有之动物，而绘画却是具体实在的，不妨将麟改作邻，依石为邻，可观，可触，可摸，这正是笃实力行的为画之道啊。

　　虽说年轻时在沪上作画，但江石邻最早加入的却是山东省美术家协会。1956年，江石邻进上海玻璃搪瓷工厂谋职，在美术组从事设计工作，组长恰为岭南派画家黄幻吾，有名师引路，加之勤奋和悟性，江石邻初显身手。4年后，随工厂内迁，他来到山东济南，一呆就是二十多年。身处齐鲁大地，感受了深厚沉郁的人文地理特征，他的作品更追求笔墨情趣，老辣，酣畅，豪迈，逐步造就了南北融合的大写意画风。晚年回到上海后，他借鉴吴门画派特点，以金石书法趣味浸透到绘画之中，全身心地投入阔笔写意的探索，一发而不可收。2013年元旦刚过，上海市文史研究馆为其举办"江石邻从艺80年书画作品展"，一年后，江老先生无疾而终，驾鹤西游。我想，他应

江石邻书法扇面

该是带着欣慰和满足而去的。

中国写意花鸟画，艺苑中的一朵奇葩，寥寥数笔，写貌取神，摄人心魄。只是，当今一些画家却急功近利，信手涂鸦，视"粗野狂"为大写意，写意花鸟日渐式微。反观江石邻的作品，韵味源自他对传统和新意的内心感知，而非刻意变形求怪，心中有"意"，笔底才"写"，画风洒脱，意趣横生，妙在似与不似之间，多一笔太繁，少一笔过简，通幅雄秀痛快且境界阔大，这才是正宗的大写意啊。

至于另一位江门弟子张中原，坊间更多以"麒麟童周信芳的女婿"唤之，而忽略了他师从江寒汀的丹青履痕。

跟江石邻的凄苦童年不同，张中原（1913—1997）出身镇海旧族，毕业于上海圣芳济学院（今为北虹中学，我的中学时光也在此度过）。因其祖上经营红木家具，作为张氏家族长子，20岁出头的张中原主持家业时，便被同行推为上海市中式家具木器业同业公会理事长（主席），声誉甚隆。

"春风得意马蹄疾"的张公子除了风流倜傥，新潮时尚，对传统文化亦表露出浓厚兴趣。祖辈传下诸多历代名画，张中原爱不释手，临摹古画，尤对兰竹情有独

张中原《胸有成竹》扇面

钟，颇得宋元笔意。后来，他拜在花鸟大家江寒汀门下，请益画技，坚持不懈，墨艺高歌猛进。有传闻称，张中原的早期花鸟风格，与江寒汀几乎如出一辙，建国前他曾常为江氏代笔。且看藏扇所绘风竹，不拘绳墨，趣在法外，亦令书画评论家邵洛羊翘起大拇指："郑板桥的兰竹也画不过你。"

张中原还热衷于搭建艺术交流平台，先后创办了"上海书法研究社"、"大观艺圃"和"大观雅集"，弘扬国粹文化，繁荣书画创作。当时许多名流雅士，如京剧大师周信芳、民国政要李宗仁等，纷纷前来参加聚会。然而，"雅集"并非后人想象中的附庸风雅、莺歌燕舞，而是热心公益慈善，扶危济困，救国救难，张中原担起了海上名流反哺社会的应尽道义。有意思的是，"雅集"场所内设有食堂，厅中大画桌两个，备齐笔墨纸砚。凡是被邀请去的海上画家，先任意点菜大吃一顿，再随意挥洒，留下墨宝，双方分毫不取。募集字画统统参加义卖，所得款项用于助学赈灾。

当然，关于张中原成为"麒麟童"快婿的故事，不能不提。张公子自幼喜好京剧，业余玩票，结识了京剧表演艺术家周信芳，遂成忘年之交。他运用政界人脉与实业资本，支持周信芳发展麒派艺术。上世纪30年代初，张中原更是与周信芳的次女周采苹两情相悦，喜结连理，演绎了一段佳话。从此，张中原得岳父真传，不时粉墨登台，皮黄之声，几如家弦户诵。1939年1月28日《申报》记者撰写《票友义务戏花絮》报道，其中一段略见一斑："周信芳女婿张中原自然是最能得麒派神髓的，自然也是最卖力气的。有一位看客看

张中原书法扇面

到张中原把袖子很麻利地一抓，眼睛一瞪，不禁站起来赞叹道：'活像麒麟童'！"

时光易逝，世事无常。1958年，当年的潇洒"公子哥"遭遇人生不测，张中原被打成"右派"，强制劳动改造，锒铛入狱。劳改期满，他被迫将户籍从上海迁至江西南昌。又逢"文革"开始，张中原一家风雨飘摇，妻离子散，上海寓所被查抄，多年来珍藏的字画古玩被付之一炬。厄运远远没有结束。刚开始，手无缚鸡之力的张中原凭借替人画些书签、写些标语，勉强混口饭吃，后来索性被下放至江西农村，干农活，修水库，捡猪粪，期间还得"恭候"革命群众的批斗。面对接踵而至的不幸，他总是从容视之，过后他曾回忆道："每每批斗时，都努力让自己神游物外，思考着书画的笔法心得，一次次对抗肉体的磨砺和苦痛，才坚持了下来。"

1978年底，年逾花甲的张中原返回阔别二十载的上海，居无定所，只能在亲戚家蜗居。百般无奈之下，张中原只好写信给宋庆龄和时任上海市统战部部长张承宗求助，经过一番周折，终获平反"摘帽"，谋得一席安身之地。当他接过汪道涵签署的第0258号上海市文史馆员聘书时，又可以"书画余闲更放歌"了。1984年张中原远赴美国，依然耕耘不辍，9年后在当地寿终正寝。

愤怒出诗人，孤独出哲人，苦难出画人。这话或许说得有点绝对了，但历经苦难，可使有勇气和悟性的人更加博大精深。作为同道中人，江石邻与张中原栉风沐雨，殊途同归。不论世事多么困窘，人生何其艰涩，他们的艺术梦想从来都未曾改变。

近猫者"妙"

——"江南猫王"陈莲涛弄墨兰花

不管白猫黑猫，开口一律"喵喵喵"。不过在我听来，这声音似同"喵——秒——妙"，好比道出了拍卖淘扇的过程：首先要"喵"准目标，做足功课；其次要争分夺"秒"，志在必得；然后搬回藏品细细把玩，神怡心旷，"妙"哉妙哉！

近代的书画家中，不少以画动物著称，而且各有专攻，譬如：张善孖擅画虎，徐悲鸿擅画马，朱文侯擅画猴，李可染擅画牛，程十发擅画羊，吴青霞擅画鱼，黄胄擅画驴……而说到画猫，就非陈莲涛莫属了。

"江南猫王"陈莲涛，与提出著名"猫论"的邓小平，有着一段不解之缘。上世纪80年代初，刚复出不久的小平同志得知，耄耋之年的陈莲涛依然老骥伏枥，临池不辍，曾托人捎信向他致意。陈莲涛得知小平同志在百忙当中，仍惦记着自己这样一名普通的老画师，心里久久不能平静。画家无以为报，于是在小平同志80大寿之时，铺纸研墨，精心构图，挥就一幅《双猫图》。画中一只白猫毛色雪白，外柔内刚，另一只黑猫通体乌亮，活力充沛，两只猫一前一后，轻柔乖巧的体态和炯炯有神的眼睛，惹人怜爱。题款为那句耳熟能详的至理名言："不管白猫黑猫，能捉老鼠就是好猫。"上款处端正地写道："小平同志雅正，海石老人陈莲涛，时年八十四。"

邓小平非常喜欢这幅《双猫图》，把画悬挂在客厅显眼的地方，来客看到纷纷交口称赞。邓公的长女邓林也是画家，看后爱不释手，向父亲要这幅画，小平同志当然不愿割爱。好在有心人替她传递了消息，陈莲涛闻之欣然命笔，又画了一只可爱媚人的小花猫赠予邓林。

陈莲涛《兰花》扇面

　　近朱者赤，近猫者"妙"。陈莲涛（1901—1994）自号"猫痴"，生前为上海文史馆馆长。为了将猫的神态姿势刻画得栩栩如生，他四处搜寻，在家里养了十多只品种各异的猫：金丝猫、狮子猫、波斯猫、梅花踏雪猫、雪地拖枪猫、金顶挂印猫……林林总总，交关闹猛，府上几成猫的世界。他整天与猫为伴，近距离观察猫的活动形态，捕捉猫的跳跃、嬉戏的动作，连细节都不放过。比如猫的前脚有六掌五爪，后脚有四掌四爪；猫的眼睛有圆形，有三角形，也有凤眼形，不一而足。就这样，胸中有猫，笔下有神，终日充斥耳畔的"喵呜"之声，演绎成陈莲涛画纸上的"妙乎"之笔。

　　陈莲涛画猫，形神兼备，呼之欲出，尤其是猫的眼睛，似嗔、似媚、似怨、似诉，神态各异，活灵活现。那时许多人请他画猫，还喜欢请他添上两只蝴蝶。猫戏蝴蝶，自然就成了一幅"猫蝶图"，因为"猫蝶"与耄耋同音，便有祝君健康长寿之口采了。据说当年陈毅、荣毅仁、梅兰芳等名人，也藏有陈莲涛的猫画。

　　"猫王"的猫画扇面，我早就想"淘"一幅，只是机缘未到，暂时难觅"猫踪"。搞收藏，全然不必在一棵树上吊死，走出丛林，依然风景无限。偶然撞见陈莲涛的扇面，尽管画的是兰花，但落墨洒脱，笔意幽远，我当即"招"入扇斋，聊胜于无嘛。其实，陈莲涛的画路颇为宽泛，山水、人物、走兽、花鸟，无一不精。早些年，他还曾与张大壮、江寒汀、郑慕康等画坛名流，着手创办了"大观雅集"画室。看官有所不知，他的书法亦很见功力，到申城闹市街头"望望野眼"，诸如"雷允上国药店"等金字招牌都出于他的手笔，沉厚而遒劲，挥洒又清新。

网络上有一则冷笑话：一只白猫和一只黑猫，白猫掉到水里去了，黑猫把它救了上来，白猫对黑猫说了一句话，这句话是什么？答案是："喵！"

呵呵，不管白猫黑猫，开口一律"喵喵喵"。不过在我听来，这声音似同"瞄——秒——妙"，好比道出了拍卖淘扇的过程：首先要"瞄"准目标，做足功课；其次要争分夺"秒"，志在必得；然后搬回藏品细细把玩，神怡心旷，"妙"哉妙哉！

陈莲涛国画《五子登科》

"阿诗玛之父"的淡泊与无奈

——文物商店偶遇王仲清仕女扇画

"阅画无数，不如行家指路。"这文物商店，蛮有意思，所有字画明码标价，从不讲价，跟如今许多画廊"头戴三尺帽，等你砍一刀"的做派，大相径庭。好在王仲清的扇画价格，同他的性格一样的"平易谦和"。

时下的画坛，炒作盛行，只擅丹青、不善运作的文史馆员王仲清，沉寂得几乎被人遗忘了。但老人却淡淡一笑："这也好，否则我的这些画，怎么留得到今天让大家看？"

标题称王仲清为"阿诗玛之父"，盖因新中国成立后，他应新华书店华东总分店编辑部之邀，从苏州国立社会教育学院艺术系来到上海工作，由此揭开了他艺术人生重要的一页。1954年，王仲清担任上海人民美术出版社连环画创作组的组长，迎来了艺术创作事业的第一个高峰。上世纪60年代，他创作了长篇诗情彩墨画《阿诗玛》，一改传统小人书"单线白描"的画法，以国画的笔触画连环画，别开生面，情景交融，极富视觉感染力。为了将这则缠绵悱恻的爱情故事绘成连环画，王仲清长期深入云南思茅等地写生，自背干粮袋，脚踩泥泞路，睡在草棚屋，整整一年的栉风沐雨。于是乎，西南边陲的秀美景物和风土人情，在他的画笔下得以酣畅淋漓的展现。

《阿诗玛》为王仲清带来了国际声誉，在日本名古屋举行的万国图书博览会上获得了大奖。当前些年上海美术馆为他举办作品回顾展时，84岁的王仲清面对自己早年的画作，感慨不已："我再也画不动这样的画了。"

说到连环画，海派中国画大师程十发，当年是被王仲清慧眼识才"挖"出来的。

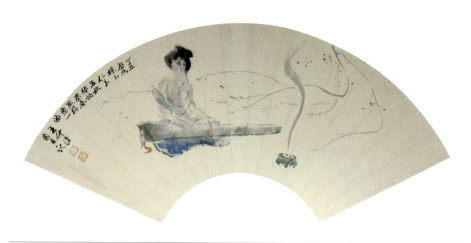

王仲清《仕女》扇面

初来上海，王仲清在新华书店华东总分店担任编辑工作，他从堆积如山的来稿中，发现了程十发非凡的艺术才华，竭力向领导推荐，邀请其加入到连环画创作队伍中来。后来，两人成为上海人民美术出版社的同事，而程十发在延庆路的房子，也是王仲清帮忙找的，一对志同道合的画家做起了邻居。从王仲清身上，看不到丝毫文人相轻的习气，一提起程十发，他非常诚恳地说："他比我有艺术细胞。他画画灵感多，变化多……但有一样我比他行，那就是我出去采风比他能吃苦。"

其实，在王仲清闯荡上海滩之前，就已经就与绘画结下了不解之缘，并表现出不凡的天赋。儿时，王仲清的父亲在成都顺城街操持着一家中药铺，那时不少画师都会到他家的药铺来画画，然后挂在墙上出售，使他从小就接受了美术的启蒙。之后，王仲清考取四川省立成都师范学校，选修美术师范科，这段求学经历让他接受了较为全面的美术基础教育，对他的艺术之路产生了重大的影响。抗战期间，"天府之国"四川是大后方，许多书画名家云集于此。更难得的是，他还有幸亲聆张大千和徐悲鸿两位大师的谆谆教诲。大千先生鼓励王仲清说："要不怕苦，要立志出名，到外面去闯一闯，集众家之长，方可成器。"这个"闯一闯"，促使年轻的王仲清毅然离开成都，前往南京投奔他的大哥，不久后考入苏州国立社会教育学院艺术系，教室就设在著名的苏州拙政园。

总有这样那样的引路人，点燃了我们梦想的小火苗。王仲清在大千先生的点拨下，踏上了寻求艺术修炼的漫漫旅途；而我的扇面收藏，也时遇前辈高手的悉心指教。

癸巳春日，我与资深藏家外出淘宝，途经广东路的上海文物商店，顺带进去"打打横"。众里搜寻，资深藏家指着墙角一幅王仲清绘赠好友五十大寿的"仕女图"扇面，赞不绝口，认为王仲清画路十分宽广，山水、人物、花鸟无一不精，值得收而藏之。"阅画无数，不如行家指路。"我二话不说，当下刷卡成交。这文物商店，蛮有意思，所有字画明码标价，从不讲价，跟如今许多画廊"头戴三尺帽，等你砍一刀"的做派，大相径庭。好在王仲清的扇画价格，同他的性格一样的"平易谦和"。在文物商店吴经理一连串"勿好意思"的打招呼声中，我索性入"店"随俗，择"扇"而从了。

王仲清弄墨，一直主张三不重复：不重复古人，不重复自己，不重复名家。他的每一幅作品里，人、景、情，借助水墨、淡彩与独具匠心的构思，婉约抒情，浑然一体，个性十足，写满了诗情画意。此幅扇面，同样妙趣天成。

听上海人民美术出版社的编辑朋友讲，王仲清的夫人吴性清也曾在社里担任创作员，吴老师1954年毕业于中央美术学院华东分院油画系，擅长年画、中国画。夫妻俩共同创作了《胡笳十八拍》、《木兰辞》、《长恨歌》、《关汉卿名剧选》等诗画集，运思构图雅丽绝伦，人物形象鲜明生动，欣赏价值其高。王仲清、吴性清，名字里都有一个"清"，故他们家的画室取名"双清楼"。

也是缘分，大约过了两个多月，我在一场拍卖会上偶得两枚手绘宣纸纪念封，系为1997年上海人民美术出版社首届书画笔会而作，恰好是王仲清、吴性清伉俪的手迹，名家闲墨，方寸小品，气息相投，琴瑟和鸣，是谓邮品之佳话也。

家家有本难念的经。因为家事的纷争和积重难返的矛盾，老伴故世后，王仲清离开他生活了几十年的"双清楼"，回到老家成都独自租了一间房，晚景十分凄凉。有人看到，临时租房的客厅里，王仲清书写了一副对联："无可奈何花落去，似曾相识燕归来。"宋代词人晏殊的名句，与老画家的落寞心境十分吻合，几多愁绪，几多无奈……

一横一竖勾
——海派广告画老法师丁浩书艺弘道

风雨飘摇的岁月接踵而至，丁浩依然保持乐观豁达的心态，惜时如金，钟情于磨墨挥毫，研习书法。我收藏的这帧扇书，当为雨过天晴后的舒心之作，书艺弘道，老而弥新。

在出版界引起纷争的《上海现代书画家名录》，乃书画藏家案头必备工具书，由于同类书籍涉嫌山寨侵权，双方笔仗打得一塌糊涂，连"混蛋"、"狗屎"、"死不要脸"之类的粗口，也在前言后记里骂了开来，穷凶极恶，斯文扫地，最后只好对簿公堂，《名录》胜出！

翻开《名录》第一页，按姓氏笔画排序，老画家丁浩当仁不让位居前列。手头恰有一柄丁浩的书法成扇，故而对其丹青人生尤为关注。

一横一竖勾，丁氏笔画少，可资历却相当老：1917年出生的丁浩，原名丁宾衍，5岁开始就显露天分，潜心临摹《芥子园画谱》，13岁还在读小学时，参加了家乡盛泽镇群育馆举办的美术展览。1931年春，他随父亲闯荡上海滩，拜师学画，并考进联合广告公司图画部做练习生。

要晓得，上世纪30年代初，上海广告业迎来鼎盛时期，同业竞争非常激烈。丁浩从萝卜干饭吃起，将广告公司各位前辈的画风画技都熟记于心，回家后博览艺术书籍，汲取养料，还花了三个多月时间，用毛笔将查理士·安尔·勃拉特培莱所著《人体结构和解剖》，统统临摹下来。这番毅力，非一般人能够坚持，也使他的画艺突飞猛进。那时，他设计的"地球牌绒线"、"双洋牌绒线"和"福利多布"等报章广告，消费对象多为妇女，因长期揣摩人体解剖，画中女性体态匀称，气质高雅，秀逸温婉，深

丁浩书法扇面

得客户青睐。为了养家糊口多挣钱，丁浩还暗地应聘兼职另一家广告公司，生怕联合广告经理知道他"脚踩两条船"，用了笔名丁浩，久而久之，"丁宾衍"这个真名反倒被人淡忘了。

丁浩涉猎的画种很"杂"，除了在广告月份牌领域颇有建树，新中国建立后又与张乐平、沈同衡等联手为《解放日报》、《大公报》绘制漫画，之后进入上海人民美术出版社创作连环画、年画、宣传画，对于速写、水彩、油画也触类旁通，很有两下子，据说他还曾为新四军抗日根据地画过钞票图案哩。

书架里有一册《美术生涯70载》，系丁浩自传体回忆录，记载了跋山涉水、饱经风霜的艺术履痕，亦是从侧面了解上海美术史的珍贵资料。其中一章，叙述了作者参与筹建了上海市美术专科学校的曲折过程，值得一读——

作为美术教育之重镇，沪上曾有三所美术高校，即刘海粟创办的上海美专、颜文樑为校长的苏州美专沪校，另一所为新华艺专。新中国成立后，三所美术高校合并为华东艺专，并将校址迁到无锡，后转至南京（即如今的南京艺术学院）。其时上海有音乐学院、戏剧学院，就是没有美术学院，令市政府甚感窘迫，为此决意重建一所美

术高校。1959年，丁浩受命参与筹建上海市美术专科学校并出任教务长，白手起家，四处招募师资力量。现在看来，当年受邀前来加盟的美术教员，人才济济，名头不俗，诸如上海中国画院派出了应野平、江寒汀、俞子才、郑慕康、叶露渊、胡问遂，上海人民美术出版社调给了张隆基、曹有成，上海美术设计公司支援了徐行、张雪父，还请出了被错划为"右派"赋闲在家的俞云阶，以后又陆续邀来了"大咖级别"的颜文樑、张充仁、周碧初、吴大羽、哈定、李咏森、邵靓云、乔木……略感遗憾的是，丁浩还数次赴林风眠的南昌路寓所，恳请他出任校长，但被林风眠婉言谢绝了。

就这样，上海美专破土而出，开门办学，直至"文革"来袭，其间培养出许多优秀学员，陈逸飞即是头角峥嵘的一员。风雨飘摇的岁月接踵而至，丁浩依然保持乐观豁达的心态，惜时如金，钟情于磨墨挥毫，研习书法。我收藏的这帧扇书，当为雨过天晴后的舒心之作，书艺弘道，老而弥新。

同是凭借媒体广告设计出道的，我的扇斋里还倏然"冒"出一位晚辈，60后的张洛平，自称创办了中国第一份彩色报纸——《生活周刊》，目下好像在一家广告公司担任艺术总监。张洛平擅画女性，似乎走的是程十发先生的路数。"只要功夫深，模仿可成真。"他的作品线条流畅，设色别致，人物意态婉约有致，楚楚动人，听说还获得了程公子多多的点赞。近日偶读郑菁深撰著《聆听永恒——22位西方音乐家的激情人生》，无意间发觉书中20余幅画龙点睛的插图，亦出自张洛平之手，与音乐笔记互为掩映，相得益彰。

我拍卖下张洛平的扇作，看其画功还算精到，价格平易近人，外加附有出版物（当然，这也没啥稀奇，这年头只要肯出铜钿，出版不是问题）。大约是张画家的作品登上拍卖台，属于大姑娘上花轿——头一回，画家本人不甘寂寞来到现场观战，见我举牌拍了下来，张画家异常激动，孩童似地手舞足蹈，欢欣雀跃，面孔涨得通通红，走过来欲与我"互动"，神秘兮兮地称，原本有房地产老板朋友前来捧场拍卖，只因搞错了地址未能赶到——言下之意，方才行情平缓，波澜不惊，便宜你啦！我心生不悦，再说接着还有事，同他简略寒暄几句，匆匆付账告辞。

拍卖本是一场风，何必"你侬我侬"？！

丁浩《美术生涯70载》封面

非同 "樊" 响

—— 姐弟画家樊诵芬、樊伯炎 "双响炮"

往事并不如烟，正在有情无思间。弄墨之余，樊伯炎还同姐姐樊诵芬醉心京昆戏曲，操持琵琶古琴，多才多艺，陶然自得，"曲名胜于画名"矣！

"小小崇明岛，四周浪滔滔，掼颗原子弹，逃也无处逃。"饭局上听来的一则顺口溜，用崇明方言讲，绘声绘色，交关发噱。其实，崇明岛不算小，"长江门户、东海瀛洲"，林木茂盛，物产富饶，地灵人杰，还出过不少知名画家噢。扳着手指头，可以数过来的就有：柏谦、沈兆涵、童大年、施南池、刘侃生、顾延培、刘小晴、黄阿忠……

翻出一帧扇面，一字一画，出自崇明籍姐弟画家樊诵芬、樊伯炎之手。且观作品，格局之清雅，笔墨之精湛，借用一句崇明话来描述，真是"奥Ki话伊来（不用说啦）"！

吴门画派传人樊诵芬、樊伯炎，诞生于"满门风雅"的艺术世家，好像还有一位姐姐叫樊颖初，也擅丹青，是画山水的好手。姐弟仨的父亲不是别人，乃上世纪30年代与吴湖帆、吴子深、吴待秋并称"吴门四杰"的樊浩霖（少云）。我在《扇有善报》其中一篇写到樊浩霖：早年学西画，后随陆恢学习山水画，曾任苏州美专教授，并创办冷江画会，后移居上海，以卖画为生；又善昆曲，工琵琶。子女均能画。

好个"子女均能画"！这不，我觅得樊府次女樊诵芬、长子樊伯炎合作的扇面，可谓非同"樊"响，甚为难得。

自古闺阁画家，大多出身名门望族。比如，陈小翠为民国实业家兼诗人陈蝶仙

樊诵芬书法扇面

的爱女，庞左玉系江南大收藏家庞莱臣的侄女，顾青瑶即清代名画家顾若波的孙女，潘静淑是苏州大收藏家潘祖荫的侄女，亦是大画家吴湖帆的夫人，至于郁慕贞、郁慕莲、郁慕云、郁慕洁、郁慕娟"画坛郁氏五姐妹"，更属上海滩著名药房"郁良心堂"主人郁元英的千金，等等。同她们一般，樊诵芬自幼家学渊源，耳濡目染，眼界宽阔，加之天资聪颖，国学根基扎实，山水功力深厚，工诗善画，不让须眉。

我读陶咏白所著《失落的历史——中国女性绘画史》，从故纸堆里挖掘些微线索，流风遗韵，寻根究底，令人颇多感慨。其中一文，作者通过一张"中国女子书画会"成员合影的老照片，追访到前些年还"硕果仅存"的照片中人樊诵芬，从八旬老人的口述回忆里，探询到昔日影像背后的故事：书画会创办人冯文凤，其夫为上海滩大亨，却带着丈夫新纳的小妾一起来参加画会，为的是能给画会募集更多的经济资助；张大千"红颜知己"李秋君，恨不相逢未娶时，一代大师居然三次跪倒在她的跟前；陆小曼为啥没来参加合照？因为她嗜好抽鸦片，早上睏晚觉起不了床……活生生的画坛边角料，在老人平静的叙述中逐一"解密"。

往事并不如烟，正在有情无思间。樊诵芬之弟樊伯炎，一如其父画风，绘江南山水，能得天真烂漫之趣，十足的"富二代"加"画二代"，上世纪40年代，与吴琴木、徐绍青、吴孟欧四位山水画家，并称"海上画坛四公子"。樊伯炎夫人庞左玉，别署瑶

樊伯炎《秋山暮霭》扇面

草庐主，如前文所述，樊伯炎自然成了名藏家庞莱臣倠婿，为其管理字画，故阅画无数，博识多闻，绘事更精。弄墨之余，樊伯炎还同姐姐樊诵芬醉心京昆戏曲，操持琵琶古琴，多才多艺，陶然自得，"曲名胜于画名"矣！

据民国"最后一位才女"、昆曲及诗词大家张充和在《曲人鸿爪》中回忆，1946年，联合国教科文组织派人来苏州，国民政府教育部出面接待，即由当时上海昆曲研习社发起人樊伯炎负责搭台，"传字辈"艺人群贤毕至，张充和与一些曲友被指定为"歪果仁"演唱《牡丹亭》里的《游园》、《惊梦》，为"百戏之祖"发扬广大而摇旗呐喊。这个昆曲研习社，系海上业余昆曲团体，最多时社员人数达180余位，直至1962年暂停活动。1979年曲社梅开二度，樊伯炎还受邀担任过社长呢。

姐弟画家，黄金搭档，笔精墨妙，空谷传响，字正腔圆，绕梁余响，是为文章副题里的"双响炮"也。

"人参卖出萝卜价"

——上海"人美"首届书画会留传的扇画

也许一众藏家眼睛都盯着花花绿绿的小人书，那些名家手绘的扇面反而乏人问津，大多仅以三百、五百成交，价钿比老城隍庙里的"行画"扇面还低，令我暗自窃喜，又为老画家遭受冷落而深感"罪过啊罪过"。

长乐路672弄，小巷幽长，走到尽头，便是陪伴许多人童年阅读生活的"造梦"之地——上海人民美术出版社。想当年，画坛各路精兵强将齐聚上海人美，程十发、赵宏本、顾炳鑫、贺友直等，号称连环画界"一百单八将"，给读者留下了经典而难忘的视觉记忆。谁晓得进入上世纪90年代，连环画受到诸多娱乐休闲方式的冲击，渐渐陷入低谷，一蹶不振。

穷则思变。大概出于以丰补歉、盘活经营的考虑，1997年上海人美邀集数十位连环画名家，操办了首届书画会，你泼墨，我施彩，比肩继踵，济济一堂。16年后，书画会留下的部分扇画作品，出现在了上海拍卖行的春季连环画拍卖专场，我自然不愿错过。

也许一众藏家眼睛都盯着花花绿绿的小人书，那些名家手绘的扇面反而乏人问津，大多仅以三百、五百成交，价钿比老城隍庙里的"行画"扇面还低，令我暗自窃喜，又为老画家遭受冷落而深感"罪过啊罪过"。

拍卖会上，徐德森的扇画琳琅满目，我一口气拍下好几幅，自藏自赏，以后即便拿出来赠友，也是"高端大气上档次"的。徐德森1928年出生，先后就读于浙江湖州南浔中学、南京艺术学院，两年前新春感怀于故土同窗之谊，曾赋诗一首："昔日腥风霉雨淋，晓光未启幼芽萌。谆师顽生千般缠，白杨红蕉同窗情。"1962年，徐德森

徐德森《红绿回芳》扇面

进入上海朵云轩担任编辑工作。百年老字号朵云轩，藏龙卧虎之处，不少同仁能写善绘，功底非一日之寒也。现时去朵云轩转悠，走廊过道，乃至WC洗手间，均挂有员工墨迹，水准亦不可小觑。徐德森一头扎进朵云轩，饱览字画名作，潜移默化，耳濡目染，画技高歌猛进。就说我拍得的扇面，或"万顷碧波"，或"红绿同芳"，色墨交融，清新宜人，甚有"文人画"崇尚品藻、脱略形似、讲求笔墨情趣的别样逸致。

只是，拍卖图录却做得不那么"文人"。其实徐德森的书法并非潦草难辨，可惜主事者看图猜字，望文生义，"万顷碧波"成了"茶顷珺波"，"红绿同芳"成了"红绿回芳"，偏之毫厘，谬以千里，好比吞进一只苍蝇哉。

上海人美"坐庄"书画会，往来无"白丁"，参会者都应具备挥洒连环画的实力。果然，徐德森同夫人吴冰玉皆是业内多产画家，夫妇俩携手编绘的《水浒后传》、《解珍谢宝》、《风筝误》、《待客如亲人》、《借女冲喜》、《阿福寻宝记》等，脍炙人口，均为连环画藏家竞拍的精品力作。画家伉俪还撰写了创作回忆录《引领同步丹青路》，为缤纷连坛记录下一段从艺佳话。徐德森后来去做了上海书画出版社副编审，为他人作嫁衣，平日寡言精思，但他概括的一句创作心得耐人寻味：绘画的人，多画不如多看，多看不如多想，多想不如多画。

比之"外来和尚"徐德森，吴光华则是上海人美书画会的半个"东道主"。1933

吴光华《漓江渔歌》扇面

年出生的吴光华，可用如是描述浓缩其艺术履历："十八绘瓷刻木，三十而年画，四十后则国画矣。"不过，吴光华最负盛名的当推版画作品。1953年，有过3年绘瓷经历的吴光华，如愿考入中央美术学院华东分院版画系，毕业后进入上海人民美术出版社，开始了长达30多载的版画、年画创作历程，推出了《朵朵棉花堆成山》、《红花江南》、《把余粮卖给国家》、《巧女创新图》、《渔女结网图》等画作，富有强烈的时代特征及浓厚的生活气息，获得"鲁迅版画奖"。最为出彩的是，他将王愿坚的小说《党费》，独具匠心地改编成木刻连环画，38帧画面，黑白掩映朴素典雅，线条交织遒劲有力，在连环画苑地异军突起，面世后好评如潮，被载入"中国新兴版画史册"。

　　这年头，吴光华的作品，在京沪两地的拍卖会上鱼贯而至，"波澜起伏"。我的一位藏家朋友，收藏了不少他的版画和素描稿，蔚为大观。听说吴光华在担任出版社编审期间，时常利用外出联络书稿的机会，跋山涉水，边走边画，用画笔记录祖国名山大川，积累了数百幅水墨写生。鄙人得手的扇画《漓江渔歌》，当属他走南闯北之际撷取的一段风景，构图纯熟厚重而不乏细腻，每一笔都蕴涵着矫健而踏实的足迹。诚如他曾用过的笔名"牧也"、"牧春"一般，勤耕不辍，矢志不渝，乃艺术造化之必然法则也。

　　古人云：一鼓作气，再而衰，三而竭。拍下徐德森、吴光华的扇作，正当我想趁

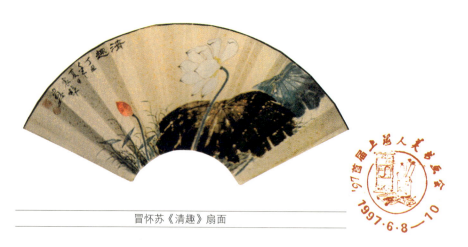

冒怀苏《清趣》扇面

热打铁，把目光转向冒怀苏的《清趣图》时，坐在一边的藏书家韦泱兄突然对我耳语："冒怀苏的作品，我心仪已久，这幅扇面的拍卖机会，侬看可否让给我？"商量的句式，却是毅然决然的态度。我脸皮薄，虽说有些不舍，但碍于情面，只好勉强应允，眼睁睁看着冒怀苏的扇作以极低的"萝卜价"旁落他手。

君子一言，驷马难追。我这样宽慰自己：收藏本是寻常事，独乐乐莫如众乐乐，好东西不可能全都让一个人拥有，所谓势不可使尽，福不可享尽，便宜不可占尽。既然与冒怀苏失之交臂，不妨"清趣"出袖，明月入怀，将扇面"借"来写进书著里，想必韦泱兄总是乐意的。

冒氏家族，为江苏如皋大族，书香门第，源远流长。其先祖为元世祖忽必烈，数百年来，家族名流辈出，叶茂根深。冒怀苏（1927—2002）堪称冒氏家族中的一位奇人，他天生聋哑，却绝顶聪明，传承了冒家之优良家风，诗词书画金石木刻装帧设计，无一不精。与画家同事吴光华如出一辙，冒怀苏亦是中国美术家协会和中国版画家协会会员，生前在上海人民美术出版社担任副编审，他的《给小孩们穿新衣裳》、《假日》、《助人为乐》等作品，多次入选全国版画展览。出于对其祖父、近代著名学者冒鹤亭的敬重和怀念，冒怀苏晚年历时四载，史海钩沉，整理完成40余万言《冒鹤亭先生年谱》，了却一桩心愿。中国聋哑人协会主席称赞之"如同阅读一部断代史，冒先生仅小学学历，却身残心健，有如此厚重的大手笔，令人惊叹！"

快乐的心情靠随和，收藏的幸福靠随缘。错失了夏花之绚烂，必将会走进秋叶之静美。很多时候，放弃即是拥有，美好的风景就在前头。

"格子布"成了硬通货

——丁乙的"十"字秀到了折扇上

丁乙的画画过程犹如挖井，常向纵深挖掘，一条道走到黑，不抛弃，不放弃；又好比下围棋，先画一个点，尔后在画布的一隅画上另一个点，从点到线，从线到面，从面到片，像下围棋一样结构成整幅画面。

我太太王力，名字的笔划算得少了，只有六划，没想到画家丁乙还要"做人家"，一塌刮子三划。和丁乙这个名字一样简单，他在这二十多个年头里，似乎只干了一件事：永不停歇地在画布上涂绘"十"字，一副虔诚的状态。他的作品，乍看上去，就像一张可以平铺在桌面上的艳丽"格子布"。只不过，每每这样一张"十"字秀，动辄要卖到上百万元人民币，让观者直吐舌头。这可能是有史以来最贵的"花布"了。

把丁乙的"十"字画在扇面上，会是怎样奇崛的效果？我从来没想过，但华氏画廊的掌门人华雨舟，却呈示了这样一柄好玩的扇子：依然是两条线相交叉，不断重复衍生，用颜色填充这个符号，以四方连续的组合方式，构成整个弧形扇面，视觉奇幻而别致。"有好白相的扇面，我总归头一个叫侬过来看。"

丁乙的行情明摆着的，"花布扇"价格不菲，我表示考虑考虑。正巧，华雨舟过两天要去京城办画展，这柄成扇原本就在展品之列，他说不搭界的，等北京回来你再给回音吧。事隔一周，华雨舟来了电话："侬晓得，我也不是会摆噱头的人，绝对不是给侬压力哦。丁乙的扇子在北京关注的人蛮多的，有位藏家盯牢我，愿出25万元买去。我既然先让侬看的，就要先听侬的意见。还是老价钱，做人比做生意要紧。"这老价钱，比北京藏家的出价近乎拦腰一刀。情义无价啊！有华雨舟的这份热心和仗

丁乙抽象艺术扇面

义,还有什么好说的,我毫不犹豫"敲"了下来。

丁乙画"十"字,始于1988年。"十"字即"十示",系印刷业术语,也是精确的象征。确实,当时的丁乙就是用尺子和胶带投入创作的。大约五六年后,丁乙的画开始有了变化。虽然画面上"十"字结构没有变,但是在他的内心深处,"精确"已被"自然"所代替。他放弃了丙烯、毛笔、尺子、胶带,转而采用瓦楞纸、粉笔、木炭,拉到篮里皆是菜,招无定式,徒手作画。对丁乙来说,"十"字已不再是单调的符号,而是某种笔触,某种城市景观的意象,反映了这个时代艺术理念的自觉和独立精神的追求。那些和谐一致的"十"字形元素,看似抽离和简约,却把严谨和动态之间的复杂影响,以视觉方式具象地呈现了出来,有序中透视着无序,美丽而思绪缜密,非常耐看,也引人思考,与当代人的审美取向不谋而合。

起初,丁乙的"花布",曾一度被人指指戳戳,甚或百般嘲笑,此等完全没有任何形象阐述的数码构图,看上去就像中年老阿姨赋闲在家里无所事事时的女工。然而,随着丁乙数十年如一日的研探,已然形成了一种夏夏独造的工作方法,以及创新包容的文化性格。这仿佛是他作为"愤青"时喊过的口号:"让艺术不像艺术,让艺术变得陌生。"

亲眼见过丁乙创绘的人都明白，他的艺术态度是专注而严谨的。他的画画过程犹如挖井，常向纵深挖掘，一条道走到黑，不抛弃，不放弃；又好比下围棋，先画一个点，尔后在画布的一隅画上另一个点，从点到线，从线到面，从面到片，像下围棋一样结构成整幅画面。而且，他的作画方式特别有意思，当一幅作品画至八九成的时候，下一张画的想法便油然而生，于是很想把这一幅未能表达的情绪，在下一幅得到延续……有人说丁乙的作品最容易复制，不过是换个颜色的符号，可以流水线大批量生产，但他的看法却不尽然："我宁愿慢，宁愿少，也要让我的绘画跟人有交流。有些画没有生命、没有情感，你看不到艺术家的心跳；而在有些画面前，你会被震撼。"所以，他的"十"字秀产量，其实相当有限，据说平均每年只画12幅。

如同"时尚怪婆婆"草间弥生的标志性圆点，与名牌包包、手机攀了亲，结了缘，丁乙的"十"字秀也被爱马仕丝巾慧眼识中，成为国内首个与奢侈品创意合作的画家。对于这块从天而降的"馅饼"，丁乙有些懵懵懂懂，他坦言去法国参观这个百年时尚品牌之前，"一直不知道爱马仕究竟有多厉害"。

我藏书画扇面，亦喜搜罗名人手稿。满坑满谷的故纸堆里，找到一篇丁乙写于1996年的文稿，至今读来，其观点依然颇有教益：

……健康的艺术市场可以理解为一种资源，一种对艺术品、对艺术家工作的赞助工程。对于收藏者，艺术品既是经济概念的投资，同时又是对历史的投资，艺术投资和相关的系统循环链的合理性为艺术的发展承担着有关价值是非的使命。鉴赏判断的目的是摈除盲从附庸市场的审美惯性。艺术家与收藏家在面向未来的意义上有效的合作，有利于引导真正体现时代精神的审美品格的艺术品萌芽、繁荣。

按照我对艺术鉴藏的理解，符号是语法，色彩是变法，市场是兵法，收藏是活法。时下，丁乙的"格子布"炙手可热，在流通领域里俨然是硬通货的代名词。重读丁乙旧作，顿有感悟：当创作或收藏不为市场分心的时候，财富也许就会来敲门。画家与藏家，其实是一条战壕里的战友啊。

另类顽皮，有什么不可以？

——"画坛抒情诗人"王向明的游戏精神

王向明画作里常见的图案，挟带着现代都市的浪漫情怀，以细细密密的笔触、鲜艳透亮的色调，灵光闪现地邀集于一纸弧形扇面，徜徉其间，让人感悟画家祥和优雅的唯美诗境，忘却城市时尚的纷繁扰攘。

王向明的油画，一直很走俏。我的几位同事，对其顶礼膜拜，你一幅，我二幅，纷纷购藏为快。一位朋友，新宅落成，家里也想挂王向明的作品，托我觅一幅。我去找华氏画廊老板华雨舟，华雨舟一脸无奈：不瞒老弟啊，王向明的画最近卖空脱了！说罢，还带我到仓库里头找了一遍，以示真的"脱销"了。

对于油画，我是"半瓶子醋"，不甚精通。但是王向明的油画，总是给人赏心悦目的感觉。虽然他的画风很现代，但仍是按照古典的原则来布局，构图均衡而有节制，从不脱离"和谐"的核心，这是人类审美内心在绘画中的映像定势。

如今，达利、巴尔蒂斯、毕加索、夏加尔、塞尚、杜尚、弗洛伊德等大师形象以及伴随他们一生的经典符号，统统被搬上了王向明的画布。对于那些已经凝固的历史，王向明以油彩做媒，用他一贯的明艳色彩、梦幻写实、拼贴艺术，向近现代美术大师致敬，让经典名作重现在图像与现实之间，制造一种奇妙的效果，将过去与现代的绘画元素相融合，传递出一种多向性的艺术思考。于是乎，遗忘的记忆再次被鲜活地呈现和解读了。这些见解，并非我的感悟，而是依据华雨舟的说辞概而括之，还像模像样吧？

华雨舟看我有点小失望，却给了我一个意外惊喜：我再叫王向明画几幅油画吧，到时通知侬，但要等上一阵；不过，我倒是收了两幅王向明的扇面，外面很少见到的，

王向明抽象画扇面

藏了很久了，画得哈灵。侬欢喜藏扇，那就"宝剑赠英雄"吧。

这、这……这可如何是好。我一边激动得喃喃低语，一边接过了王向明的扇画。两帧扇面，一帧白描，一帧敷色，各具神采：候鸟、兽首、女人、果蔬、灌木、器皿……王向明画作里常见的图案，挟带着现代都市的浪漫情怀，以细细密密的笔触、鲜艳透亮的色调，灵光闪现地邀集于一纸弧形扇面，徜徉其间，让人感悟画家祥和优雅的唯美诗境，忘却城市时尚的纷繁扰攘。看得出来，王向明是用自己的语境与传统捉迷藏，掩饰不住一位学院派艺术家的另类顽皮。

如果按照年龄来划分，1956年生人的王向明，顶多算中青年画家的一拨。但近年来他在画坛屡屡掀起的"旋风"，毕竟令人刮目相看。王向明头衔勿少，除了在上海师范大学美术系任教，还是中国美术家协会会员，上海油画雕塑院特约画师，上海连环画研究会会员。

最后这一项，让我萌生兴味，浮想联翩。约莫二三十年前，画家唯一"创收"的渠道就是画连环画，细数一圈，当下赫赫有名的大画家，几乎都画过连环画。当年东南亚一些出版商都在中国大陆设立连环画编辑部，因为画家稿酬低，劳动力便宜。王向明为稻粱谋，也曾替出版商画过"跑马书"，一张画能卖50元，巴结一点，一年可挣好几万——当时的"万元户"可是了不得的称谓啊。王向明早期的连环画稿，先后

王向明抽象画扇面

在拍卖会上出现过三趟，前两次王向明错过了，第三次上拍的几张，画的是女红军找队伍的故事，王向明本想收入囊中。然而，半途杀出程咬金，一位藏家对画稿志在必得，结果，3张连环画稿拍了7万元！

我的连环画动漫收藏专著《漫不经心》，述录了我购藏的王向明水粉连环画《巨人的花园》中的最后一幅，绘出的是一个凄美的童话结局。王向明的油画市价，我是拎得清的，记得我大约花了其二十分之一的价钱，购下这幅水粉作品，心里笑匆动。当然，整套画稿有20幅，我收藏的只是其中的最后一幅，其余19幅画稿，都在龙美术馆掌门人刘益谦先生的手中。

年轻时的王向明，曾对另一门视觉艺术——电影心驰神往。1978年，恢复高考的第二年，他报考了北京电影学院。谁知电影学院的录取通知书来了，却被老父亲悄悄地藏匿了，经历了十年动荡，父亲惟愿儿子留在自己身旁。如果当时去了北京电影学院，应该和张艺谋是一届，那么学有所成的王向明，又会拍出怎样纯粹而唯美的画面呢？

巴金写作的初衷，是"使每个人都得着春天"；王向明的扇面及画稿，传递"有孩子的地方就有春天"。宽容、慷慨、善良、淡泊，亦是收藏题中之义。微小的幸福就在身边，容易满足就是天堂。有时候，你没有摘到的只是春天里的一朵花，整个春天还是你的！

言传身教

——说说林曦明和他的外孙庞飞

林曦明的山水，全然没有古人幽居深山、悲悯人生的意蕴，通常运用简约、疏朗、明快的墨色渲染，展示春风浩荡、淋漓酣畅的大水大墨，精炼而充满乡野生趣，烂漫又不失朴茂苍劲，如同读着一首首耐人寻味的田园抒情诗，神怡心旷，物我皆忘。

庞飞画桌的对面墙头，挂着外公林曦明泼墨的一幅乌牛图。每当创作间隙，庞飞总得习惯性地抬头品味一番，情不自禁地赞叹：这线条，这墨块，这气韵，多棒啊！

林曦明属牛，老家在永嘉乌牛，"文革"时期住过"牛棚"，又擅长画牛，所以，他与牛有着不解之缘。记得看过一场画展，林曦明的《五牛图》令我印象至深。画面仅仅几笔粗线，耕牛或立或卧，或静或动，或远或近，统一在大写意的水墨语言之中，将牛的鲜活精神状态传达给观者。什么叫做"得意忘形"，中国画为传统审美与哲学理念作了最恰当的诠释。

遥想动乱年代里，顶着"走白专道路"罪名的林曦明，被下放到沪郊监督劳动。田间劳作，对于干过农活的林曦明来说，根本不在话下，可不准画画的禁令，却让他浑身憋得难受。偶然间，他在海滩边散步时看见许多水牛，这可是画画的好对象啊。"工宣队不让我画，我偏要画！"——林曦明的"牛脾气"上来了，月黑风高之时，偷偷准备好纸笔，第二天天还没亮，就提着纸笔溜出"牛棚"，到海边观察牛的习性，给牛写生。从那时起，他从内心深处爱上了画牛。此后，他干脆自号"乌牛"，还出版了《林曦明画牛》一书。

和许多画家临仿明清诸家、接受正统科班教育所不同，林曦明最早从事的是草

林曦明《山居图》扇面

根剪纸艺术。"镂金作胜传荆俗，剪彩为人起晋风。"花团锦簇的民间美术，开启了他的艺术慧根。上世纪50年代，他在上海《少年文艺》担任美术编辑期间，有缘结识了王个簃、林风眠、关良等画坛名家，在笔墨上获取了秀雅温润的滋养。这对他画学视野的开阔，以及简笔大写意风格的逐步形成，影响至关重要。

除了画牛，林曦明的简笔浓墨山水，几乎成为识读他艺术旨趣的一个鲜明符号。这不，鄙人新近"淘"得一柄"山居图"成扇，就显现了他笔下山水的婉约柔媚：一片绿林，一条清溪，一脉远山，几间村舍，寥寥数笔，江南的意境跃然纸上。林曦明的山水，全然没有古人幽居深山、悲悯人生的意蕴，通常运用简约、疏朗、明快的墨色渲染，展示春风浩荡、淋漓酣畅的大水大墨，精炼而充满乡野生趣，烂漫又不失朴茂苍劲，如同读着一首首耐人寻味的田园抒情诗，神怡心旷，物我皆忘。

受到外公林曦明的教诲，外孙庞飞颇为注重墨块与线条的韵律，在意笔水墨画上用功最多。他坦言，外公对自己的艺术点拨以鼓励为主："早的时候，外公说你不要跟我学，我们一起跟齐白石学。有时我发现自身绘画的一些问题，他总是说，你年纪不到，到了一定的时候，很多问题就水到渠成，迎刃而解。最重要的是，你的路子

要正，思想要解放。"

　　曾经在庞飞画室看他画扇，近距离观其路子怎么"正"，笔法怎么"解放"，无疑是一种享受：铺开扇面，屏息凝视，先是大笔饱蘸淡墨，在纸上放纵洒脱，再以浓墨搅动，显露色墨相破相晕之意蕴，其间笔力、笔性和笔速"三位一体"，大写意花卉一气呵成；稍后，细笔添加工虫，极态尽妍，栩栩如生，所绘翅翼尤为入妙造微，驻则透明，飞则灵动，非细察而不可得也。扇作的意笔部分早现风采，草虫一经点睛，则愈见精神。庞飞掷笔，一声豪迈：送给你吧！

　　庞飞的工虫花卉，沿袭白石老人的一路，却自有心得，独具只眼。他在《白石草虫浅得》中记道："工笔与写意，皮相异而神髓通，致高处无分别，浅知者视之二途，通识者合而参之，两不相碍。高手意笔着力，得力处可促工笔得广大，于工笔用心，可使意笔多精微。"

　　抽闲去静安寺古玩城，邂逅画家庞飞的外甥黄山。他在此间开了一家画廊，不卖别的，专营舅舅的作品，自我调侃不"坑爹"，只"坑舅"。这外甥，胖墩墩，笑眯眯，福搭搭，"三代不出舅家门"，跟庞飞似乎一个模具刻出来的。黄山有时去岳阳路

庞飞《蜜蜂花卉图》扇面

中国画院串门，还被好几位画家误认为庞飞哩。坐定喝茶，于山山水水、花花草草的纸片里，冷不丁发现一把成扇，居然绘有"捉鬼高手"钟馗，以飞动笔触来营造威武端庄之气，是庞飞难得一见的人物题材，不假思索，掏钱拿了下来。好饭不怕晚嘛。

我写《扇解人意》的时候，庞飞还只是一位"沪漂"的青年画家，士别三日，他又多出一个头衔：资深策展人。也确然，当下沪上一些搞得风生水起的画展，都能看到他的身影。观庞飞作品，可称"脚踏三只船"，这里应有两层涵义：一是他的画风兼具长安画派、浙派、海派风格，厚重而鲜活，于随性中见精微；二是书、画、印三管齐下，相得益彰。我还收藏了庞飞的一幅手卷，其"三绝"艺术跃然纸上，很耐玩味。前两年，庞飞获得了"上海文化新人"的名号，其实看他的从艺经历，"漂东漂西"，风雨沧桑，也不怎么"新"了。

2007年，"水墨江南——林曦明从艺七十周年回顾展"揭幕，外孙庞飞当仁不让做了策展人。画展上林曦明和庞飞还合作了小品，外孙负责拿手的草虫，外公泼墨补景，两代人珠联璧合，丝毫看不出年纪上的隔阂，画意清趣而和谐，已成一桩佳谈。这或许就是言传身教吧。

迟悟、顿悟与领悟
——陆俨少高足车鹏飞、陈幼华

扇面虽小，"陆家山水"的形态、意境和美感一样都不缺，繁密点线与疏朗留白相得益彰，传达出大幅作品无可替代的那份精细和韵致。

与山东人车鹏飞餐叙，老乡见老乡，地点就约在浦东的老山东酒家。同许多山东人性格相仿，车鹏飞受儒家文化的熏陶已久，忠厚耿直，外粗内秀，爱憎分明，对于一些看不惯的人和事，血脉有点胀，喜好口诛笔伐，一针见血，从不遮遮掩掩。这与他的山水画所追求的真、淡、静的气格，似乎大相径庭。

晤面之前，车鹏飞去厄瓜多尔办了一回个人画展，数十幅画作，鲜明的中国绘画传统意味和夸张变形的当代审美趣味，水乳交融，跃然纸上，引起了异域他邦的阵阵惊呼。当地主流媒体《时间报》作如是评论："在西方传统里，风景画是表现大自然之美的艺术形式，而尤其要忠实地再现画家所看到的外在世界。然而，在车鹏飞的作品里，这些特征一下子变成了那些代表中国人民智慧的线条。"——请留意，"代表中国人民智慧的线条"，说得多么有力道哦。

酒过三巡，菜过五味，对老山东车鹏飞的从艺履历，也就有了更进一层的了解。车鹏飞从小喜欢绘画，孩提时代，父母搀着他上街玩耍，路经一处玩摸彩游戏的地方，5分钱摸一次，摸到啥是啥。父母拗不过车鹏飞的好奇心，让小孩子试试运气，结果摸到一支毛笔。回家路上，年少懵懂的车鹏飞手里紧握着这支毛笔，不肯撒手，谁晓得这一"握"，竟然握了大半辈子。

那个疯狂的岁月，车鹏飞紧随知青洪流来到黑龙江建设兵团插队，"修地球"时

车鹏飞《秋阳图》扇面

车鹏飞书法扇面

弄伤了手,病退返回上海。百无聊赖之际,跟着吴湖帆得意弟子任书博练字习画,临摹元朝山水真迹,获益匪浅。1976年,车鹏飞师从海派艺术大师陆俨少,陆师每个礼拜亲临车家三次,每次半天,挥毫示范,手把手教授笔墨技法,师生情谊甚笃。车鹏飞记得,陆俨少教学态度相当严谨,讲话很直白,如果画得不到位,他会不留情面地直接指出,绝对"一刮两响"。

上世纪80年代初,陆俨少在浙江美术学院担任教授,并开始招收研究生。车鹏飞跃跃欲试,却未想遭到老师的反对。陆师认为,车鹏飞已经具备了很好的绘画基础,没有必要再去"啃"理论基础,倒是需要加强文学修养,为此建议他去读中文专业。那时车鹏飞还年轻,无法领会恩师的良苦用心,一度有些想勿通,但最终还是遵从师命,报考了上海师范大学中文系。学养一深厚,见识一广博,笔底的丹青面目自然气象万千,车鹏飞这才深切地体会到陆师常挂嘴边的"四三三"理论之妙处。这个"四三三",当然不是足球场上的排兵布阵,而是陆俨少向来倡导的为艺之道,即"四分读书、三分写字、三分作画"。

因而,车鹏飞把自己的画室取名为"迟悟堂",或许源生于此。其实,迟悟也好,早悟也罢,豁然顿悟,便是觉悟,心领神悟,方能厚德载"悟"。

陆俨少的山水画,最大特点是淡彩浓墨,笔笔生发,勾云勾水,烟波浩渺,云蒸雾霭,变化无穷,还戛戛独造"留白"、"墨块"两大技法,给人一种清新隽永、古拙奇峭的感觉。陆师弟子无数,但能自立者却凤毛麟角。车鹏飞则不然,他把"悟"字当作座右铭,潜心毕智,循序渐进,学于师而不囿于师,师其心重于师其迹,薪火相传之余,多得时代之新风,山水与心意一致,落笔鲜活超脱,疏秀流畅,有如神助而逸也,故厚积薄发,自成一家。

八年前我写《扇有善报》时,曾收录一柄车鹏飞书法、陈翔绘制的成扇,有些意犹未尽。偶然机会,遇见一帧车鹏飞书画合璧扇面,一字一画,格外出彩,虽说价格已今非昔比,但因了"老山东"的缘分,我不假思索买了下来。方尺之间,绘出秋阳意境,以细腻萧散之笔"轻描淡写",线条刚柔相济,施色浓淡相宜,宛若仙境,亦真亦幻,却不失雄秀跌宕之概。看车鹏飞书画,不张扬外泄,不猎奇求怪,不炫技取巧,所谓举重若轻,从容不迫,观之悦目,读之赏心,追随画者穿越于现实和理想之间的天地山水,尽管山重水复,路途迢迢,然而胸有丘壑,运斤成风,依旧可以沐风临流,秋

陈幼华《江边论道图》扇面

陈幼华书法扇面

水濯足，气定神闲，悠然自得。

一个"悟"字，开掘出看待丹青人生更为澄彻的灵性。车鹏飞自谦"迟悟"，而他的同门师兄弟陈幼华则通过山水意象，传递了他对海派艺术精粹的启悟、感悟与体悟，别有一番气质与才情。

初识陈幼华，在天山茶城的一家画廊，小小空间居然挂满了陈幼华的新作，多为宏篇巨制：烟霞空谷，丛林幽径，高山流水，苍郁林莽，清淡简远，皆成雅构，老远就有一股"陆家山水"之风扑面而来。但是细细观来，发觉画家的笔法和气息又在经典之外，充溢着自己与前辈艺术神髓的长期对话与求索，处处流露出新语境启悟下的笔墨变化，自有一种郁勃之气回荡其间。尤其是画水之法，无论是激流险滩，漩涡飞溅，还是滔滔江河，浩森弥漫，其笔势顿挫百转，婉柔圆润，让线条飞翔，让墨块激荡，画面浪漫多情而气韵生动。

听说画廊老板为了推介陈幼华，下足了功夫，又是出版画册，又是制作网页，还租了展台，将画作搬进了上海艺博会，很是风光。我说陈老师画得确实有趣味，只是你这儿都是大尺幅的，气派是气派，可我喜欢扇面小品，你转告陈老师莫以"扇"小而不为啊。老板听过心领神会，隔了两个月，陈幼华先生绘制的扇画"江边论道图"就送到了扇有善报斋，上面还写了我的上款。扇面虽小，"陆家山水"的形态、意境和美感一样都不缺，繁密点线与疏朗留白相得益彰，传达出大幅作品无可替代的那份精细和韵致。

陈幼华生于浙江温岭，上世纪70年代移居上海后拜陆俨少为师，笔墨锤炼得酷似陆氏特色，当年陆师曾在其画稿上题写"群峰雪霁"，以示嘉勉。他的风格化的山水文本，总以恬淡为境，心性为本，散发着行云流水般的意气。学者苏渊雷赞其笔法"师古创新，胸罗丘壑"，画家申石伽则评曰"一片天机笔底来"。大凡性灵之作，贵在散淡天真，最忌矫揉造作。在陈幼华的艺术词典里，性灵不仅是一种艺术态度，更是一种生命态度，他在摒弃了对永恒的虚妄追逐之后，坦然完成"此心安处足吾乡"的彻悟。怎一个"悟"字了得啊！

同是名师高徒，不可否认，与车鹏飞相比较，陈幼华只能位居二线名家之行列。正所谓技不压身，得大师真传，有学术支撑，扬自家之长，市场终究是会"醒悟"过来的。目下的寂寥，就当是画纸上的"留白"吧。

是线条，也是符号

——萧海春生性"木笃笃"手艺"乒乓响"

与萧海春或雄浑或清润的山水画相比，他的简笔花卉更见放逸与性情所在。他笔端的兰花，看似草草写来，墨华飞舞，极简之笔却蕴涵着率意本真的文人雅韵，于一花一世界中探寻内心真实的精神家园。

我一土豪朋友，钱多，富藏，爱显摆。一次他打来电话，神秘兮兮的，说最近弄了一套老宅，修旧如旧，把这些年来集藏的古董宝贝统统摆出来，还有不少大名头的字画，侬有空过来喝杯茶吧。我一听"大名头"，来了精神，隔了几天，顺道去他刚张罗好的老宅坐坐。三道茶下肚，土豪搬出数十幅画轴，一一展开，其中绝大多数都是萧海春的作品。土豪眉飞色舞，唾沫四溅，听得出来，他对萧海春萧老师崇拜得五体投地，而我却略略有些怅然。

倒不是我看轻人家萧海春，实在是被土豪朋友的"大名头"吊足了胃口，希望似火，失望如烟，结果弄得兴味索然。萝卜青菜，各有所爱，每位藏家的审美标准不尽相同，强求不得。其实，萧海春的笔墨功夫确是有目共赏，我也买过他的一帧兰花扇画。乘着土豪老板的兴致，不妨翻出来"晒晒"吧。

绘画有时也像数学，讲究化繁为简。与萧海春或雄浑或清润的山水画相比，他的简笔花卉更见放逸与性情所在。萧海春作画从笔墨修炼入手，造境似锦，洗发新趣，风度坦荡，气格满幅。他笔端的兰花，看似草草写来，墨华飞舞，极简之笔却蕴涵着率意本真的文人雅韵，于一花一世界中探寻内心真实的精神家园。他尤其擅长利用墨法变化，营造出画面的整体秩序和气韵，进而力量迸发，品质鲜活，笔走龙蛇之间

萧海春《兰花》扇面

掩藏不住内里的铁骨与遒劲。所以，萧海春的一根线条，一块墨迹，可以看作是一个符号，一门技术，乃至一种精神。

媒体上赞誉萧海春为"海上画坛领军人物"，我看有些过头，但称他是"中国工艺美术大师"，倒是实骨铁硬，如假包换，因为这个头衔是国务院轻工业部于1988年授予他的。

生性"木笃笃"的萧海春自幼喜好绘事，命运急转弯，把他抛上了工艺美术的站台。《萧海春小传》中自述："一九四四年三月，我出生于上海浦江之滨。祖籍江西。先父母皆不识字，唯赖勤俭，勉持家计，谋生海上。幼时，我不善言辞，而性喜涂抹。虽时遭师长呵斥，却无怨不悔。如此迄今一发不可收也。稍长，求学于上海工艺美校专攻玉雕。理玉虽为小技，然惠我良多，受用终生。"毕业后，立志靠手艺养家糊口的萧海春，被分配进了上海玉雕厂。

尽管视玉雕为"小技"，况且传统玉雕创作受材质、客户等因素制约甚多，无法让萧海春抒发性情，但他还是本着干一行钻一行的态度，好学慎思，悟道笃行，"就算是在玉雕厂扫地，也要把它扫好了"。那个年代，他参加创作了很多工农兵题材的玉雕作品，钢铁工人啦，农民兄弟啦，好儿女志在四方啦，特别是他担任项目负责人的大型玉雕"红军不怕远征难"，重达7.8吨，气势恢弘，令他声誉鹊起，刚过不惑之

张振兴《石苔清溪》扇面

李荣《山居图》扇面

年就荣获大师称号，很是稀奇，在圈内被被唤作"娃娃大师"。去过上海静安寺大雄宝殿的香客，或许不一定晓得，那尊面容饱满的9米高玉佛，也是由萧海春动刀的。

技近乎道。萧海春从事玉雕创作之余，并未放弃对山水画领域的探行，他心无旁骛，浸淫丹青，为"艺"消得人憔悴，至今孑然一身。这不，土豪朋友手里卷动的画轴，多为具有萧海春典型风格的山水画作，一扫旧文人画悲秋孤寂之病态，苍莽朗润，森然有度，却不失浪漫天趣，显露出画家身上的质朴与自信。

饮茶间，土豪朋友知我爱扇藏扇，馈送我张振兴、李荣绘制的成扇各一柄，均为山水题材，说是萧海春萧老师的弟子，侬拿着白相吧。这两位画者，我不熟悉，依稀记起，三年前的金秋季节，上海美术馆举办萧海春作品长三角巡回展，策展人正是张振兴和李荣。

自上世纪90年代起，张振兴就跟随萧海春周游写生，领略自然山林之气，之后又参加萧海春水墨工作室学习，一丝不苟，技艺渐进。张振兴除了习画，其拿手绝活是裱画，调浆、托背、上墙、加条、裱绫、上轴等数十道工序，不偷工，不减料，慢工出细活。而且，裱画用的浆糊更是不淘"浆糊"，系根据宋朝古法独门配制，以8种原料像熬中药一样，小火慢炖，精心研制，堪称一绝，在圈子里"裱名盛于画名"。至于李荣，精研"四王"，深谙中国传统笔墨之玄机，走的是工细清雅的一路，沉稳柔韧又纵放旷达，温敦淡荡而充满韵律，笔触极具讲究。北京一学者看过他的山水，啧啧称奇，开玩笑说李荣靠仿"四王"这一招鲜，就可吃出一片天了。

俗话说，伸手不打笑脸人。我的土豪朋友啊，得了你的两柄画扇，却还一口一声叫你"土豪"，稍稍有点不敬，莫要动气噢。土豪，曾经是一个让人内心有些忐忑不安的名词，然而阶级矛盾总敌不过时移世易，往日土豪矮三寸，今朝翻身做主人。民间有诗为证："两个黄鹂鸣翠柳，土豪我们做朋友"，"红杏枝头春意闹，愿为土豪捡肥皂"……

天王"画"地虎
——韩山描摹山君临"威"而不惧

韩山画的老虎一点不"凶",有的体态雍容,气度不凡,有的昂首阔步,不骄不馁,也有的大大咧咧,懒散悠闲,总之,绝无暴戾恣睢、凶神恶煞的拽相,叫人谈"虎"不色变,临"威"而不惧。

徐克的3D电影《智取威虎山》好评如潮,我也去看了。感觉上,徐克把样板戏的革命故事,改成了江湖侠义传奇,三观未毁,节操未碎,整个段落拍得干净利落,氛围拿捏得精准到位,充满了徐克式好莱坞的情怀。尤其是"打虎上山"一折,样板戏里童祥苓惟有借道具虚拟、用手势比划,而电影特效技术,却让猛虎变得威风凛凛,栩栩如生。

3D老虎做得再逼真,总归是高科技产物,而丹青高手笔底的老虎,靠的是日积月累的腕上功夫。印象中,以画虎闻名于世的画家两只手也数不过来,妇孺皆知的有近代自号"虎痴"的张善孖,至于被人尊称为"韩老虎"的韩山,因其常年蛰居苏州东山"铸虎楼",知者不多,作品也甚少见到。

鄙人在《扇有善报》里,曾对驰名画坛的"韩氏兄弟"如数家珍,文章末尾写道:除了韩敏、韩伍、韩硕,韩家门中还有几位兄弟也擅丹青,如画人物的韩澄、画老虎的韩山等,画风各异,别有天地。想要真正的功德圆满,看来我的"哈韩族",只有持之以恒当下去了……

踏破铁鞋无觅处,"哈"来全不费功夫。艺缘斋偶得几幅韩山画的扇面,唤我前去挑一张,我久闻"韩老虎"的大名,毫不犹豫选了一幅虎扇。1931年生人的韩山,

韩山《蓦然回首》扇面

出身丹青世家，兄妹十人中排行老三，从小受艺术熏陶，打下扎实基础，出版连环画无数，久居姑苏城，曾任苏州国画院副院长。上世纪90年代，自诩"五十过后，重操旧业"，韩山开始专攻动物走兽，且以画虎为突破口，画作摆脱传统国画清规戒律，糅合近代画理和技法，造型准确，晕染无痕，不唯写形，亦兼光色，因而他演绎的老虎不怒自威，跃然纸上，仿若"一声长啸，山鸣谷应"！

"画虎不成反类犬"，这话说得极有见地。韩山的创作态度十分严谨，丁是丁，卯是卯，热衷于拜动物园里"奇妙的朋友"为师，有时还壮着胆子"深入虎穴"，近距离揣摩观察山君百态，采集了大量的写生素材。他擅长调动用笔施墨设色之综合手段，频频勾勒皴擦，将老虎皮毛之色泽质感、筋肉之凹凸起伏、眼珠之澄明深湛勾画得细入毫芒，呼之欲出，令人观后顿生"遥看草色近却无"之慨。韩山画虎，从局部入手，一气呵成，由表及里，游刃有余，可见他对老虎神情习性的烂熟于胸，其技巧与"庖丁解牛"有异曲同工之妙也。

有人讲，韩山画的老虎一点不"凶"，有的体态雍容，气度不凡，有的昂首阔步，不骄不馁，也有的大大咧咧，懒散悠闲，总之，绝无暴戾恣睢、凶神恶煞的拽相，叫人谈"虎"不色变，临"威"而不惧。这同画家本人的温厚性情，简直如出一辙。按照韩山的观察和理解，老虎平时其实很少发怒，没有人们想象中的好勇斗狠，大凡真正的王者犯不着飞扬跋扈，动辄诈唬，仗势欺人的通常是狂吠恶狗，民间不是流传"大王好见，小鬼难挡"一说吗？

"天王盖地虎，宝塔镇河妖"——出自《智取威虎山》里的经典台词。我和艺缘斋主老相识了，晤面当然不需要接头暗号。那天斋主展示的几柄韩山扇画，除去标志性的老虎，另有一帧牧童放牛图，重拾了画家孩提时代的闲趣生活风景，情味甚浓，合乎我"不求行情起蓬头，但求背后有讲头"的收藏旨趣，只是主人亦是爱不释手，在下"韩"着骨头露着肉，吞吞吐吐，不知是"精神焕发"抑或"防冷涂的蜡"，脸红了又黄了，终未敢得寸进尺，怅然告辞。

韩山《牧牛图》扇面

"闷皮"老顽童

——儒雅韩硕也画"三打白骨精"

扇面上宽下窄，形式殊异，韩硕特别善于经营画面空白的气氛烘托，将古人"计白当黑"的审美理念发挥到极致，给观者留下诸多神话情节的想象空间，更使扇面赏心悦目，独有风韵。这也只有韩硕想得出来啊。

没错，当孙猴子、小燕子、白娘子、包黑子等一众"神剧"席卷荧屏之际，大家都懂的——暑假来了！电视里的《西游记》《还珠格格》《新白娘子传奇》《包青天》，问世数十载，依然常播常红，屡创收视新高，大概出于剧集题材的通俗亲民，妇孺皆宜，外加弥漫于当下坊间的集体怀旧情绪；同样道理，绘画作品的取材，通常也是"看来看去三幅被，量来量去二丈四"，但经过不同画家的风格化演绎，照样自出机杼，别具神采。

既然说到"孙猴子"，在我印象中，画过"三打白骨精"的名家，拉出来至少有一个排，我就藏有一柄戏画大师关良绘制的同一题材的折扇（见《扇解人意》一书相关篇目）。前些时候，去百乐草堂坐坐，主人徐乐华亮出一帧新扇面，定睛一瞧，韩硕的手笔，画的正是"三打白骨精"。经不住我一打二打三打，徐乐华将刚刚得手的扇面转让给我。

韩硕很少画扇面。我在前集《扇有善报》一书中曾经记叙，8年前，为了替我画扇，因画室里找不到扇面，他特意去福州路买了一叠扇纸，反复试笔推敲，待到感觉款款而至，挥就了市面上难得一见的韩硕扇画"祝福图"。我留心比照了一下，这回"三打白骨精"的用纸，居然还是多年前用剩的，看来韩老师画扇，真的是轻易不出

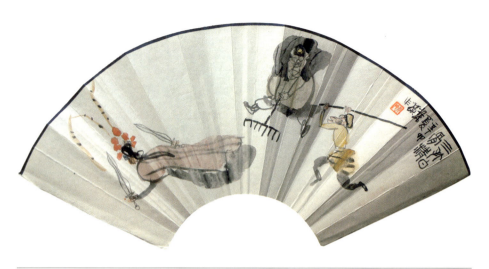

韩硕《三打白骨精》扇面

手啊。其实，韩硕画画正经八百的态度，在圈内是出了名的。曾经同他在岳阳路中国画院的画室做过隔壁邻居的张培成回忆，韩硕"创作起稿时，他桌上的橡皮屑总是最多，不是画不准，是认真。即使画一张纸，他都会对着写生一番。这种风气一直延续至今。每次稍具一点规模的创作后，他画桌边就会堆起一座纸山，废画三千不是说说的"。

　　人家画"三打白骨精"，顶多画孙悟空与白骨精斗法，而在韩硕的笔下，却多出一个猪八戒来，三者形成等边对角构图，奇妙而又和谐。齐天大圣的机敏，天蓬元帅的卤莽，白骨精索性背过脸去，尤显诡异与狡诈……扇中人物特征夸张诙谐，简洁的线条一泻而成，与其恣肆洒脱的水墨语言水乳交融。扇面上宽下窄，形式殊异，韩硕特别善于经营画面空白的气氛烘托，将古人"计白当黑"的审美理念发挥到极致，给观者留下诸多神话情节的想象空间，更使扇面赏心悦目，独有风韵。这也只有韩硕想得出来啊。

　　都说韩硕的造型感觉特别好，也许跟他的连环画创作经历有密切关联。他的连环画代表作品，许多藏家都如数家珍：《水浒故事》《摘缨会》《家》《一袋玉米》《岳云与关铃》《王冕学画》《促织》等等，有些还在全国美展得了奖。听早年与他有过愉快合作的施大畏讲，"当时创作连环画，每本大概100多幅图，每幅稿费30元，我

韩敏书法扇面

跟韩硕一人分一半，感觉一记头发财了"。

上回我去韩硕位于闵行樱园别墅的工作室小坐，听他谈画论艺，蛮有味道。他说话不紧不慢，温文尔雅，不时迸出几句妙语，叫人忍俊不禁；神情中还略带几分腼腆，似乎又躲藏着几许顽皮，上海闲话叫"闷皮"，跟我小辰光活脱似像。

是非窝里，人用口，他用耳；名利场上，人向前，他靠后；连得与几位朋友逛街散步，他也喜欢做溜边的黄花鱼。韩硕就是这样的人。有人说他内秀低调没架子，也有人说他小富即安图太平，照我的看法，在他疲疲沓沓的外表里，却蕴藏着柔中见刚的潜质。所以，后来他入选国家重大历史题材美术创作工程的巨制《南昌起义》，通天彻地，覆盖了一整堵墙，以水墨音符演奏宏大交响乐史诗，显了山也露了水，笔墨间充斥了"画不惊人死不休"的果敢与执著。这同他平日里叽叽歪歪的做派，简直判若两人！

韩硕的"不鸣则已，一鸣惊人"，还表现在他生活中的冷幽默与真性情。大约10多年前，中国工商银行邀集全国知名艺术家赴京，为总行大楼定向创作一批作品，现下的说法叫"软装"，韩硕亦在受邀之列。去时正逢大冬天，京城寒风凛冽，韩硕有备而来，棉毛裤穿了好几条。要知道北京室内都安装了暖气，韩硕依然全副武装，整天热汗涔涔。好友劝他适当减负，他却幽幽地说："老婆让穿的棉毛裤，脱不得。"还有一次，几位画家相聚，人家在高谈阔论，他却一身慵懒地靠在沙发上，口嚼沙爹牛肉干充当听众。过了许久，他若有所思，突然冒出一句："你们晓得啥个叫沙爹？就是坐在沙发上发哕！"边说边作妩媚状，一帮人笑得统统绝倒。

韩家兄弟姐妹10人，7个都成为画家，这是奇迹。"兄弟当中，韩硕最有天分。"这话不是我说的，而是兄长韩敏的肺腑之言。"三打白骨精"扇面的背后，就有韩敏抄录的毛泽东诗句："一从大地起风雷，便有精生白骨堆。僧是愚氓犹可训，妖为鬼蜮必成灾。金猴奋起千钧棒，玉宇澄清万里埃。今日欢呼孙大圣，只缘妖雾又重来。"熟悉的板桥体墨迹，如乱石铺街，疏密相间，错落有致，刚柔兼取，神清格逸，扇字扇画浑然一体了。

记得去韩硕画室造访时，曾同他在尚未完工的《南昌起义》巨幅草图跟前合了影，惜乎拍摄的手机像素不高，效果一般般，没有办法印在书里了。不过这有什么关系呢，把他的儒雅人生和鲜活笔墨珍藏在心里，才是顶顶要紧的。

韩硕《风尘三侠图》扇面

"四" 郎探母来啦
——杨正新、韩伍、陈九、沐斋同题戏画

演员刻画人物心态，凭借唱腔转换与节奏拿捏；画家演绎戏曲神韵，则靠线条驾驭和色彩晕染。台上台下，画里画外，流光溢彩，别有洞天。水墨同样可以表达感情、节奏和韵律，恰如戏曲宫调一般奇妙。

所谓"一条马鞭见骏马奔腾，一条木桨显惊涛骇浪"，中国的戏曲，甚为独到，拿个板凳就是前门后院，挥条马鞭即可驰骋平原，对于虚拟手法的运用，可谓炉火纯青。也正是这个"虚"字，把有限的舞台变成了波澜壮阔、富有弹性的空间，曲折辗转的情节和千姿百态的人物，通过异彩纷呈的招式得以淋漓展现。

戏画之"戏"与戏曲之"虚"，在表现形式上很有相融相通之处。方尺戏画，墨色斑斓，不仅可以体悟舞台的悲欢离合，更在于透过质朴诙谐的笔势，让戏曲里的生旦净末丑，行走于浓淡雅俗之间，在画纸上瞬时"活"了起来，见形见神又见心，进而引发观者的情感共鸣。一幅传神的戏画，除了看着极有舞台感，甚或能听得见锣鼓家什，这才叫戏画。若戏画看不到戏，充其量算是一张剧照的摆拍而已。

我爱看戏，亦爱戏画戏扇。巧了，扇斋的数十柄戏扇里，有四柄画的是同一处戏《四郎探母》，而且，画家都不约而同地选择了戏中最经典的"坐宫"一折。

《四郎探母》这出戏，一直有争论，几度被禁演，却颇受戏迷喜爱。何故？除了戏里行当齐全、唱段精美之外，剧目着意渲染的母子情、夫妻情及兄弟情，苍凉凄楚，哀婉动人，令观众柔肠百转，欲罢不能。故事说的是杨四郎延辉在宋、辽金沙滩一战中被擒，改名换姓，与铁镜公主婚配。15年后，四郎听说六郎挂帅，老母亲佘太

君也押粮草随营同来，不觉动了思亲之情。然而局势吃紧，插翅难飞，悲叹不已。铁镜公主问明隐情，盗取令箭，助其过关与家人相会。四郎如约返回，岂料走漏风声，捉回问斩，幸得公主多方讲情，萧太后在国仇、家恨和亲情的困扰下，最终深明大义，赦免了四郎。

"坐宫"一折，几乎囊括了西皮唱腔的全部板式，时而慢板舒缓柔和，时而摇板慷慨激昂，时而快板风驰电掣，杨四郎和铁镜公主的大段对唱层层递进，一气呵成，情绪变化丰富，人物形象饱满，听得叫人过瘾！曾经听过于魁智与李胜素的演唱，窃以为是唱得最为酣畅的"坐宫"版本。

演员刻画人物心态，凭借唱腔转换与节奏拿捏；画家演绎戏曲神韵，则靠线条驾驭和色彩晕染。台上台下，画里画外，流光溢彩，别有洞天。水墨同样可以表达感情、节奏和韵律，恰如戏曲宫调一般奇妙。

左撇子杨正新"浑身是戏"

"唱""念""做""打"诸般艺术手段，如何转化成"点""线""墨""块"的绘画语言？解开这道题，海派名家杨正新确乎很有心得。难得看到他绘制的戏曲扇画，用强烈的现代图式，逸笔草草的笔触，重新诠释传统名剧《四郎探母》，足见杨正新不拘泥于成法的灵动态度。

游戏笔墨也是"戏"。杨正新的变法，始于上世纪90年代。虽是江寒汀的入室弟子，但他信奉"海派无派"之说，兼容并蓄，相互映发，在坚守中国画艺术本质与审美旨趣的同时，尝试将西方绘画平面构成、变形、抽象等技法，融入传统画风之中，使其层次更显丰富微妙，形态更为变幻莫测，传递出极具现代感的视觉张力。20多年前，我就听解放日报"朝花"主编查志华对杨正新的谋变精神赞不绝口，当时她为之写了一篇文章，标题我还记得：《杨正新，正新！》。字里行间，还原了一位"任性"豁达、浑身是"戏"的海派画家。

杨正新平日嘻嘻哈哈，大大咧咧，可一旦进入创作状态，则是正经八百，物我两忘。为摆脱习惯的束缚，充分释放个性，他勇于拿自己当"试验品"，甚至走起极端。最叫人咋舌的是他以"壮士断腕"的勇气，和挥洒自如的右手告别。人家费新我用左手写书法，是因为右手残疾；而杨正新用左手提笔，却是为了与驾轻就熟几乎能"忽悠"大脑的右手彻底决裂。于是，他那只"不听话"的左手，每每挥毫竟有如神助，所

杨正新《四郎探母》扇面

杨正新书法扇面

到之处笔走龙蛇，许多意象若即若离，若隐若现，在画纸上生发出不可抑制的爆发力，似乎更加率性地表达了画家的内心诉求。

请君莫奏前朝曲，听唱新翻"杨"柳枝。这一变，让杨正新变出了从未有过的笔墨趣味。在他的画作里，很难读到那种"欲语还休"的委婉含蓄，相反，生辣直白的色块，恢弘奇拙的墨团扑面而来，让人真的有些招架不住了。就说这幅《四郎探母》，扇面虽小，墨线亦不庞杂，然而从戏曲人物形态中抽离出来的点线面块，分明有着提按顿挫之书法意味，似同演员情绪的跌宕起伏，唱腔韵律的快慢交错，充满浪漫主义激情，构成了天马行空的别样空间。杨正新对笔性的轻松驾驭和玩味，显示了他与众不同的才华与胆魄。热辣不失冷静，磅礴自有奇气，这是杨正新的拿手好"戏"啊。

票友韩伍"戏画连篇"

说戏，画戏，唱戏，韩伍也是一京剧票友。他父亲韩小梅既为人物画家，亦是戏迷，挥毫之余，击拍吟唱。韩伍从小跟随父亲接触京剧，耳濡目染，因无机会去戏院看戏，他常"孵"在邻居家听留声机，模仿学唱，成了标准的"留学生"。弱冠年华，继承父业，从事绘画职业，但对京剧艺术始终热情不减，留梦在心。前些年，韩伍登上剧院的舞台，与票友一起润润声腔，粉墨亮相，票了一出杨(宝森)派名剧《武家坡》，饰演其中薛平贵一角，70多岁依然声音洪亮，字正腔圆，初一亮嗓，激起台下一片喝彩！

光票戏，不过瘾，韩伍将他对京剧的热爱诉诸笔墨。京剧人物画，要画出风格和特色，绝非易事，不少画家画人物尚能应付裕如，但一涉足京剧人物，便破绽百出，光环顿失。这不仅需要画家对京剧人物烂熟于心，并且要求画家具备高超的造型能力和深厚的笔墨功夫，韩伍两者兼备，画来自然得心应手，游刃有余，独树一帜。舞台人物的造型之美，转瞬即逝，韩伍悉心捕捉人物的一招一式，动如疾风，静若止水，把寸丝流动的魅力，定格在斗尺素纸之间。有过一段时间，韩伍的京剧人物画在新民晚报上连载，程十发看了非常赞赏，对他说："最近我天天在报纸上看你的'戏'，蛮开心格。"

韩伍低调谦和，与人交谈总是言简意赅，朋友们戏称他说话有指标，但是他的内心世界极其丰富而幽默。他的作品尺幅不大，笔墨不多，不张扬，不草率，却善于以简代繁，往往以最简单的线条营造出意蕴深远的境界，借助平淡的画面传达深厚的思想，用一种时髦的表述，即为"严谨的浪漫"，抑或"朴素的优雅"。这又同他的为人处世的态度相吻合，平和低调，细嚼又觉其味无穷。

早先我藏有一柄韩伍的扇面《马踏青苗》，画一传统京剧，说的是曹操版"三大纪律八项注意"的故事。近来又添他新绘的《四郎探母》等戏画，展开扇面，一出出传统折子戏，一个个华丽舞台形象，仿佛踩着锣鼓点子舒展衣袖，既写实又写意，既传情又传神，伴随韩伍的笔情墨趣而栩栩如生，跃然纸上。当然，赏画的同时，莫忘记品味他在背面题书的精彩唱词，那一行行遒劲而又风雅的颜体字，于戏韵戏魂中流泻出来，同样讲究招式，令人过目难忘……

艺缘斋画廊李玲女士是位热心人，跟韩伍先生又熟，在她的"撮合"下，我还购藏了韩伍的京剧行当图说手卷，先前"零打碎敲"的生旦净末丑，聚集于活色生香的"群英会"里，急管繁弦，煞是闹猛。这幅手卷，我付了四万元画润。李玲看了也喜欢，又请韩伍如法炮制画了一幅，自赏自玩。可是好画难藏，李玲最终还是没有留住手卷，半年后，被画家黄阿忠以八万元拿走了。

"臭老九"陈九"逢场作戏"

都是画《四郎探母》，朱屺瞻艺术馆艺术总监陈九的描摹，则另具一番风情。他笔下的戏曲人物，身段动作手势，全都惟妙惟肖，只是脸部统统留白，看不到任何表情，画面淡泊空灵，耐人寻味。也许在陈九的艺术"小九九"里，脸谱与扮相已不再重要，看着那些舞台身影背后深藏的寂寞或欢愉，画笔随着角色的悲喜离合而轻舞飞扬，虚实之间吐纳着灵魂的守望，在魔幻一般的"不要脸"的性情渲染中，自有一份"咿咿呀呀"的意味深长。

画家谢春彦说：人生，戏也。戏者，艺也。画戏者，人生与共之艺也。戏画为丹青，其当有异味处，戏有趣，人生有趣，戏曲综之，亦必有异趣方可。陈九的戏画，清疏运笔，富有文人旨趣，擅长捕捉戏外之魂，以看戏的心态面对写意人生，用文学涵养构筑丹青骨架。他把心灵体验沉淀在颜料和宣纸里，入戏时不忘戏外人，出戏时不忘戏中理，于戏曲角色和人间烟火的转换中，梦游冷暖幻境，醉入方尺画卷，真的分辨不清是戏如人生，还是人生如戏。

时下的陈九，已然"九"转功成，登门求画者络绎不绝，还是诸多画廊看好的

韩伍《四郎探母》扇面

陈九《四郎探母》扇面

"潜力股"。我请人捎信陈九，祈望画一帧《四郎探母》扇面，陈九回称看过我写的扇文化专著，赶在东渡扶桑举办画展之前，完成了扇画。据说陈九的工作室，位居闹中取静的山阴路，隔着一条弄堂便是鲁迅故居。我揣想，陈九的戏画之所以人文气息十足，除了他年少气盛时写过几本小说，大概也沾了与文坛巨匠为邻的光吧。

沐斋宁锐"另眼看戏"

既曰"四郎探母"，凑"四"成趣，再来说说扇斋里的戏画"四郎"——沐斋。与70后新文人沐斋相识，是上海古籍出版社做的媒。沐斋本名宁锐，本科学金融，硕士学传播，却心不在焉，钟情于诗文书画，家住京城，深居简出，自谓"西溪河上的野民，皇城根下的隐者"。年前去书城，见书架上有《兰花旨——兰话·兰画》、《勾阑醉——戏话·戏画》两本新书，是我喜读的类型，顺手买下。打道回府细瞧，不由得感叹：两本书的编辑，不正是拙著《扇有善报》、《扇解人意》的责任编辑吴长青兄吗？

沐斋《四郎探母》扇面

有意思的是，事隔数周，长青兄又特意给我寄送了这两本书，我心里对沐斋说声：有缘哪！

翻阅《勾阑醉》，其间恰有《四郎探母》一篇，图文并茂，沐斋的独到见解祖露无余：《四郎探母》这出戏的内涵实则远大于"探母"本身——小家、大家到国家，亲情、人情和爱情，都紧锣密鼓地编排在"快马加鞭一夜还"的短暂时空里，交织于两军对垒、剑拔弩张的复杂背景下。观其画，不为套路所拘，清雅简笔，却掩饰不住几多不安分的戏魂，别出心裁，有情有味。昆曲表演艺术家石小梅这样评价："关良是关良，马得是马得，沐斋是沐斋。"前两位是戏画大家，沐斋戏画独出家法，故自成一格。

我托吴长青，请沐斋赐一扇面，就画《四郎探母》。长青兄陆陆续续来了消息，说沐斋一口应允了，但看他微信里的踪影，忙得七荤八素，看来要等一等。我回信：好饭不怕晚，不急的。约莫过了半年，沐斋的《四郎探母》由京城"飞"来探我，画面一如既往的形神兼备，雅趣横生，让我且喜且感动。

戏画之外，沐斋爱兰养兰写兰，能画兰花所有品种，乐此不疲，其另一本大著《兰花旨》，讲的即是他的兰花情结。作家邹静之褒扬沐斋画兰，"察之细，画之精，清雅之气源源不竭自画中溢出，令人叹为观止"。说起来，兰花与戏曲，颇为投缘，唱戏人的"兰花指"，因手指造型似兰花而得名；而戏曲行当里的"生旦净末丑"，同兰花世界里的"型素色奇艺"，构成某种意义上的对应，相当好玩。难怪沐斋满心都是兰熏"戏"馥了。

戏终人未散。看戏的人，先入戏，后出神；赏扇的人，先读画，后追魂。中国画的线条，能塑造物象，能表达心性，亦能连通古今艺术精神。戏画扇面呈现的浓墨重彩，使纸上曼妙化作气冲丹田的抑扬顿挫，晕染款款深情，吟咏暖暖人性，凝目而视，耳畔仿若响起"坐宫"的唱段，慷慨激昂，一气浑成——

（四郎）我和你好夫妻恩德不浅，贤公主又何必礼义太谦。

杨延辉有一日愁眉得展，誓不忘贤公主恩重如山。

（公主）说什么夫妻情恩德不浅，咱与你隔南北千里姻缘。

因何故终日里愁眉不展，有什么心腹事你只管明言。

（四郎）非是我这几日愁眉不展，有一桩心腹事不敢明言。

萧天佐摆天门两国交战，我的娘押粮草来到北番。

我有心回营去见母一面，怎奈是身在番不能过关。

（公主）你那里休得要巧言来辩，你要拜高堂母是我不阻拦。

（四郎）公主虽然不阻拦，无有令箭怎过关。

（公主）有心赠你金鈚箭，怕你一去就不回还。

（四郎）公主若肯赐令箭，不出天明我即刻还。

（公主）宋营离此路途远，一夜之间你怎能够还？

（四郎）宋营离此路途远，快马加鞭一夜还。

（公主）适才叫咱明誓愿，你对苍天就表一番。

京剧《四郎探母》剧照

书道亦是人道

——徐云叔、王伟平之殊"师"同归

点画与点画之间，字与字之间产生的默契状态，就是贯通。整篇贯通，气息便活了。此种由字字虚实相生的默契而造就的顾盼生姿，绝非蓄谋已久，也非逢场作"秀"，从不矫揉造作，所以就时时有种出乎意料的惊喜。

写字，人人可为，却非人人可有作为。人人会写字，但未必都能成为书法家，欲在书艺上成名成家，不仅靠自我修行，也缺不得名师指点。

当下书坛名声日隆的徐云叔、王伟平，年轻时都想拜在大名赫赫的白蕉先生门下，只不过，机缘巧合，徐云叔如愿以偿，王伟平则与之擦肩而过了。

出身于书香门第的徐云叔，舅舅便是著名竹刻家徐孝穆（见本书《朋友朋友，"碰碰"就有》一文），因此结识了书画家白蕉，后拜其为师。白蕉教字，先不讲笔法之基，而是让徐云叔多读中国传统文学，再授用笔、用墨、力道、劲道诸心法，循序渐进，由微及著，笔端自有魏晋之风，国学底蕴与文人气息汩汩流淌。白蕉平时不苟言笑，却对徐云叔不吝赞赏，常夸他"笔性好"。

白蕉之外，徐云叔还是画家唐云、篆刻家陈巨来的入室弟子，书画印"三绝"左右开弓，触类旁通，艺术养料照单全收。从师不久，徐云叔的书画篆刻天赋展露无遗。观其字，线条收放自如，笔触顾盼揖让，布局疏密得体，有着行云流水般的从容，节奏的张弛、空间的呼应都把控得很好，呈现一种和谐平衡之势，让人读之忘了都市之喧嚣、尘世之烦扰；观其印，讲究分朱布白，计白当黑，婉约中显豪迈，婀娜中见刚劲，矫健儒雅，美誉如潮。陈巨来曾作如是评价："我的学生中元朱文印刻得最

徐云叔书法扇面

好的，只有云叔与小康（陆康）二人，徐云叔刻印头等好，线条挺括含蓄，章法布局大佳，边款古逸雅致。"至于徐云叔的绘画，我没见识过，但搜获一则掌故，亦能印证其画技不俗也。一次，他临摹了一幅《青藤芭蕉图》，去请刘海粟指点。岂料刘老看后兴致盎然，当场示范了一幅赠予徐云叔，并题跋："一九七三年九秋，云叔以所临青藤芭蕉见视，乘兴涂抹，墨气如涌，别有生意，云叔爱而持去。七十八叟毘陵刘海粟。"那一年，徐云叔才26岁。

徐云叔会"玩"，圈内颇负盛名。除了玩字画，玩摆件，还收藏了众多名家折扇。在他的记忆里，那时空白老扇面很便宜，5分钱一张，他从文物商店、朵云轩买来后，就请老画家在扇面上作画，诸如丰子恺、钱瘦铁、刘海粟、陆俨少、唐云、程十发、谢稚柳、陈佩秋、陆一飞等，再配以旧扇骨，身价立马陡增。如今，徐云叔不时翻出折扇把玩，那些年代与丹青大家的忘年之谊，历历在目，美好的情感伴随扇骨的余温，瞬时涌上心头……

相比小5岁的徐云叔，王伟平少时也对白蕉书法佩服得五体投地，四处寻求白蕉墨迹临而摹之，由于不谙叩师之门道，坐失机缘。尽管后来有幸得见白蕉大师弄翰，然而终未言及师事，令他抱憾终生。上世纪60年代初，经海上画坛前辈邓怀农引荐，师从金石书法家单孝天，书学晋唐诸家，心无旁骛，夙兴夜寐，痴迷于摆弄线条的墨

王伟平书法扇面

法天地。白蕉有言："入晋唐格辙易，而出晋唐格辙难。"王伟平立足自身秉性，于诸
家书风之中取精用宏，将学养与悟性融入翰墨之间，尽显简穆恬雅、雍容静美之貌，
气息直追晋唐，而又自成格辙。

　　字若其人。说王伟平是谦谦君子，从他的笔法里可窥见一斑。王伟平写字的手
法便是谦让，笔笔谦让，字字谦让，不紧不慢，或紧或慢，谦让成为字里行间的一种
结构与关系，优雅而从容，睿智而淡定，别有意趣。于是乎，点画与点画之间，字与字
之间产生的默契状态，就是贯通。整篇贯通，气息便活了。此种由字字虚实相生的默
契而造就的顾盼生姿，绝非蓄谋已久，也非逢场作"秀"，从不矫揉造作，所以就时
时有种出乎意料的惊喜。

　　早些时候，我购藏过王伟平的草书长卷。虽说"草书过的是痛苦的瘾"，但他依
旧慢条斯理，慢中有快，快则奔放，慢则凝练，疏可走马，密不透风，布局奇崛却又整
体协调自然，实在可圈可点。这种运筹帷幄、了然于胸的才情，非常人所能及。当然，
我更倾心于王伟平的小楷，宛若慢工出细活，由心境打开书境，隽永秀逸，多见禅
意。几番寻觅，就有了手头的这面扇书。日本原内阁总理大臣村山富市曾撰文评说：
"（王伟平）练就了功力弥深、圆浑通透、出类拔群、自成一派的书风。他的小楷字字
如金豆，个个似观音，诚然大家巨匠气派，独领风骚，信步当代，平实淡然而又智慧独

具。"

　　王伟平谈书艺，喜用比喻，其中说到银行储蓄，读来妙极：学书法既要临摹也要创作。临摹需要积累，就好比在银行里存钱，钱存着最终是要用的。只临摹不创作，如同只晓得存钱而不会用钱，存款只是个数字；只创作不临摹，钞票光用不存，就成了"脱底棺材"。王伟平浸淫书道大半生，积累了殷实的笔墨资本，有了资本，出手就"阔绰"，因字生势，在结体谋篇上就更加慷慨疏朗了。

　　人沉浸到书，书便映衬起人。这就是书法。

东方早报"艺术评论"专题报道

莳"花"弄"草"

——丁申阳为草书扇面补画荷莲

丁申阳像哥伦布一样探寻和发现了草书艺术的新大陆——草书乃从隶书演变而来，其本质就蕴涵着古朴端庄的骨骼，草书不仅要有第一眼的气势，还要经看耐看，所谓"气韵生动比气势生动更重要"。观其草书，似同画出来的好；赏其荷莲，恰如写出来的妙。

丁申阳，蛮好说话的。

我有一幅"红楼十二钗"的手卷，好马欲配好鞍，装裱后托人请丁申阳题书，丁老师二话不说，笔走龙蛇、风吹"草"动之间，一首"红楼梦题咏怡红快绿"跃然纸上；银行博物馆搬出近百枚老钱庄印章，恭敬钤印，蔚成大观，卷首又请丁申阳挥墨"金融印痕"四字，一连题了十余幅，真隶行草，各有气韵；偶然悉知丁老师亦喜戏墨作荷莲，手头正好有一帧他的草书扇面，背面光脱脱，由此得寸进尺，想让他补画一幅荷莲，丁申阳"扇"解人意，很快送来了清趣图……此幅扇作，荷花配草书，称得上是拈"花"惹"草"了。

巧了，2013上海书展，我和丁申阳都被邀去参加签名售书活动，而且在同一出版社的展台，时间安排前后只差一天，我们擦肩而过，无缘照面。前一天，《丁申阳草书苏轼词卷》首发，当晚锦绣文章出版社的李炳刚副社长打来电话，对我"施加压力"："人家丁老师的书，一会儿工夫签了100多本，明天你要加油哦。"翌日我出阵，恰逢周六，书展人山人海，我的新书《漫不经心》原定签售一个小时，却没签完，排队的长蛇阵还在那里，后面接档的连环画家范生福蓄势待发，只好另辟战场。一番"南征北

丁申阳《清趣图》扇面

战"忙得昏天黑地，签字签到手抽筋，一盘点，居然签售了300多册，战绩还算不错，我对炳刚兄也可以有个交代了。不过，这也没什么好炫耀的。一则我沾了周末黄金档期的光，再则我还请了漫画家沈天呈做嘉宾，二对一，不稀奇。

　　丁申阳与电影有缘，我老早就晓得了。看电影是我藏扇之外的最大爱好。曾经有位藏家打算以二万元出让一部电影放映机，附送几部拷贝，我一时心动。后来碰到崔永元，跟他打探行情，小崔也是痛快人：就这放映机，几千元一部，我的电影博物馆里有二三十部呢。于是我悬崖勒马，藏界纷纷杂杂，还是一门心思地摆弄我的私家藏扇吧。

　　少年时代，我对许多电影的情节乃至对白如数家珍，即便是演职员表也能倒背如流，丁申阳这个名字，时常在银幕上打照面。说起来，丁申阳的身份有点特殊，他不仅是中国书法家协会会员，上海书法家协会副主席，还是上海电影制片厂的美术师。《生死抉择》、《邓小平1928》、《走出西柏坡》等主旋律影片的片名，即为他的手笔。学小崔实话实说，那几部电影我全看过，不过都是组织观摩公家埋的单，而我收藏的丁申阳作品，却是自己掏的腰包。

　　电影美术师，化平庸为神奇的银幕造梦人。1995年，丁申阳应导演孙道临之邀，为电影《继母》题写片名，他一口气写了十多种书体，孙道临先后四次亲临他的工作

丁申阳书法扇面

室讨论斟酌，最后选中了他书写的颜体楷书，孙道临认为："因为颜体的厚重，能够表现《继母》剧情的深沉。"之后，他为谢晋执导的《女儿谷》挥毫时，谢晋的一席话令他受益匪浅："片名很重要，如同衣服上的钮扣，装饰得好会很出彩。电影是综合艺术的表现，片名更要有好的书法。"这些与大艺术家直面交流的经历，给了丁申阳丰沛的艺术养分和智慧感思。

"笔性墨情，皆以人之性情为本"，这是古人谈艺的观点。细品丁申阳的书法，用笔温雅古穆，挥洒从容，有意无意间流露出超逸灵感和快意，似能体会到他的楷书如人物画的飘逸和工致，隶书如山水画的高峻和旷远，草书如花鸟画的明丽和豪放，心灵与指掌之间形成朴素的配合，缓缓步入"法中有法，法无定法"的自然境界，给人以一种精神团聚、气足神完的审美愉悦。

草书，被视为书法中的巅峰。若没有圆熟深厚的功力，纵横姿肆的个性，尤其是把握不好法度，很难获取笔下的顺畅流淌。法度哪里来，惟有在传统中寻找。为此，丁申阳沉酣于宋元诸家之间，上下求索，涉猎颇多，只要对口味的都要临习。他像哥伦布一样探寻和发现了草书艺术的新大陆——草书乃从隶书演变而来，其本质就蕴涵着古朴端庄的骨骼，草书不仅要有第一眼的气势，还要经看耐看，所谓"气韵生动比气势生动更重要"。或许是这一新解，使他凭着对法度的娴熟驾驭，把心迹与书迹融为一体，无心作秀，却有意写心，胸中已有浩荡之思，腕下乃发奇逸之想，将抽象的点划与线条挥洒得意趣相谐，呈现出章法的脉贯之美。因而，观其草书，似同画出来的好；赏其荷莲，恰如写出来的妙。

说到扇面，丁申阳颇有心得。扇面尺幅不大，上宽下窄，具有很强的形式感，用几种书体混杂书写一幅扇面，恐怕要慎重推敲，否则会显得比较"花哨"。即便想变换字体，也讲求搭配协调，譬如隶书可配章草，楷书可配行书、篆书，仿若番茄炒鸡蛋，土豆烧牛肉，相得益彰。而草书特别是狂草，其本身已有很强的艺术性与装饰性，则不便配其他书体，弄得不好，有画蛇添足之嫌。

圈内朋友常讲，丁申阳平日少言寡语，比较木讷。或许，很多时候，丁申阳把自己禁锢在与草书对话的心灵载体里，孕育情绪，厚积薄发，不鸣则已，一鸣惊人，将自己的所想、所思、所悟，交付笔端，宣泄在纸上，散发出他静心沉湎于笔墨、与世无争的真性情。

眼下混个书画协会的"主席"头衔，交关吃香，因为这不仅牵扯到名，而且还关乎利，只要当了主席，甭管字写得咋样，价码自然水涨船也高，急吼吼，赤裸裸，野豁豁。这里头的奥妙，大家都懂的。而丁申阳"丁主席"却看得很淡，想得很开，现时的书法润格，一如既往的亲民随和，不急不躁，让人倏然记起他题书过的老电影的淳朴与美好……

作者在上海书展签售活动上接受媒体采访

金融如棋局局新

——杨凯生行长赠我一柄围棋名人签名扇

如同说书先生手中的惊堂木，街头货郎手中的拨浪鼓，扇子也成了围棋选手的一种文化标志。面对瞬息万变的棋局，或打开挥动几下，或合起敲一下脑袋，形影不离，视同己出。

　　大热天，收到杨凯生行长托人从北京捎来的一柄折扇，手头摇出的是袭袭凉意，心头涌出的是阵阵暖意。我给杨行长发去短信表示谢意，杨行长回信："不必言谢，东西在爱好者手里才是真东西。"

　　老实讲，我与杨行长碰面的机会并不多，但每次遇见，他总会问及我新近的藏扇收获，我一五一十地向领导汇报，并从他简短而智慧的言谈中汲取文化能量。初夏的一次邂逅，杨行长告诉我，早年自己曾偶得一把围棋国手签名的折扇，不晓得藏在哪里，回去后设法将它找出来，给你的扇斋增加一个品种吧。我深知杨行长的禀性，言必行，行必果，他的这番话绝非是信口说说而已，于是我对这柄难得一见的折扇满怀期待。

　　果然，没隔多久，杨行长特意找出了扇子，据说他为此翻箱倒柜，没少折腾啊。一位行长，对普通员工的收藏爱好这么上心，我的心里充满了感激与感动。

　　刚刚出炉的《英才》杂志，记者以这样的语言描述杨凯生行长：杨凯生给人的感觉有点"酷"，但熟悉他的人都知道，他没有官架子。作为中国最大银行行长，行内的人对杨凯生又爱又怕，怕的是在业务范围内，他严格得让人"胆寒"，爱的是在人际接触上，这个老头儿太好了。说杨凯生是好老头儿，是因为他的待人接物、为人处世的"平民化"。

围棋名人签名扇

　　媒体没有把杨行长挥书成叱咤风云的银行家，而是直呼其为"老头儿"，眼前瞬时浮现出一位阅历深厚、事事"较真"的长者形象，可亲可近又可敬。对于这些颇具人性化的文字素描，我也感同身受。大约五六年前，杨行长来上海调研网点业务流程改造，以期从源头上解决柜面服务"长蛇阵"的问题，我恰好随同。每到一处网点，他时而"微服私访"，亲手领号、排队、办理业务，体验业务各个环节，查找症结所在；时而索性搬一凳子坐在柜员边上，察看操作过程，与一线员工直面交谈，悉心获取实地考察的第一手资料。晚上，又召集各路人马挑灯夜战，商讨整改方案……如此事必躬亲、一丝不苟的调研态度，拿时下流行的词儿来说，无疑是"接地气"、"领风气"的。正所谓"没有调查就没有发言权"，杨行长对未经深入调查研究的问题，从不轻易发表观点，然而一旦通过综合渠道验证了他的思考，谁也无法改变他的想法。

　　这样的决策方式，将事物衍变发展的前因后果尽收眼底，了然于胸，与围棋里的"长考"艺术，有着异曲同工之妙。说到围棋，我似乎可以把话题收回来，聊一聊杨行长千里送来的这一把围棋名人签名折扇。

如同说书先生手中的惊堂木，街头货郎手中的拨浪鼓，扇子也成了围棋选手的一种文化标志。面对瞬息万变的棋局，或打开挥动几下，或合起敲一下脑袋，形影不离，视同己出。陈祖德在他的著作《超越自我》里，尽显折扇在围棋中的独特功能：扇子的重要作用并非解热，而是在手中摆弄，将扇子一张一合，思绪伴随有节奏的噼啪声，茅塞顿开，发现妙手。想当年，聂卫平在中日擂台赛上挥扇豪取十一连胜，将日本"超一流"棋手斩落马下的翩翩风采，依然叫人记忆犹新。

举处随时消酷暑，动来常伴有清风。扇子不仅代表着淡定从容的名士风度，也具扭转乾坤、力挽狂澜之功。客观上，扇子也确实成为了个别棋手的"致命暗器"。棋界盛传，有"钻地鼹鼠"、"读秒专家"之称的日本棋手赵治勋，某次对弈遭遇危局关头，或许受到《红楼梦》中晴雯撕扇的启发，竟然当着对手的面，把扇子一条一条地撕个稀烂。此招祭出，收到了出其不意的效果，对手被赵治勋的非常之举"震"住了，一时间打乱了心理防线，输个一败涂地。

打开杨行长赠我的这把折扇，曾经名声赫赫的围棋国手的签名一一呈现："围棋三老"陈祖德、王汝南、华以刚，"棋圣"聂卫平，"老国手"罗建文，"妖刀"马晓春，"天煞星"刘小光，"江南才子"俞斌，"忍者"常昊，"济公"周鹤洋，"棋院一盏灯"张文东，总共11位名家，段位相加高达95段。这些棋手，都是我青葱岁月里崇拜的偶像，神采各异的墨迹似同他们的棋风，或大气磅礴，或刚柔相济，或圆熟老辣，或锐气逼人，令人目不暇接，叹为观止。

光阴荏苒，此扇系2002年庆祝中国棋院建院10周年而制，距今已过了10个年头，众多围棋高手齐聚一"扇"，甚为难得。巧得很，中国棋院首任院长陈祖德、副院长王汝南亦在其中，更添折扇的收藏价值。

诸多大家中，聂卫平不得不提。在中国的围棋发展史上，老聂是一个代表性的人物，他在颠峰时期以寡敌众，屡立奇功，载入围棋史册。我与老聂本无"交集"，只是上世纪90年代初，上海《新民晚报》发起中国足球发展前景大讨论，我与老聂同为球迷，先后写了文章参与讨论，有幸在最终评出的10篇优秀征文中都榜上有名。颁奖仪式在和平饭店举行，我在现场见到了老聂，一激动，请他在主办方发的奖品——一只拷克箱上签了名，视为珍藏。

下棋是假想的打仗，摇扇是心态的较量。深想一层，银行经营的布局谋势，与棋盘上的盈缩、进退、攻守变幻，道理如出一辙。中国工商银行即将走过风雨30年的漫漫里程，作为亲历者和见证者，杨凯生行长身经百战，阅尽千帆，"羽扇纶巾，谈笑间樯橹灰飞烟灭"，与他的同事们一起将工行发展成为全球市值最大、最盈利的商业银行，携手演绎了无与伦比的金融棋局。如今，已经卸任的杨行长收起棋枰，可以安心在书斋中品茗阅读，在光影里捕捉精彩了。

还是要谢谢你啊，杨行长！

杨凯生摄影作品集《浮生二十四小时》封面

"风""麻""牛"也相及

——浙江美院同学梁洪涛、施立华"缘"聚扇外

饮水不忘西子湖，幸福想起潘天寿。梁洪涛、施立华在浙江美院的那段青葱岁月，刚好是潘天寿担任掌门人。潘院长时常将国内绘画大师级人物请来，为学生传道授业解惑。印象最深的是叶浅予老爷子来讲速写，他的一笔画成的功夫，着实叫人看得目瞪口呆。

真是巧极，从恒大古玩城周老板的画廊"淘"回两帧扇面，一为梁洪涛，一为施立华，回家一查考，两位画家50年前都曾就读于浙江美术学院，而且是同一届，均是1963年毕业的。那一届"出品"的，还有陈家泠。

要说西子湖畔的浙江美术学院，现在改称中国美术学院，每当我从杭州南山路走过学校门口时，对这幢外观既像美术馆、又似休闲山庄的建筑，充满了好奇与向往。风雨80余载，当年由教育家蔡元培一手创办的高等艺术学府，十迁其址，六易其名，桃李芬芳，名家辈出，蜚声海内外。

海上画坛，有"汪牛"、"梁牛"之誉。"汪牛"指的是汪观清，"梁牛"则是说梁洪涛了。梁洪涛画牛，稚拙厚重，风趣盎然，画面的质朴感和流动性相得益彰，很有"师牛堂"李可染之遗风。前些时候，我在福州路艺苑真赏社撞见一幅"梁牛"扇画，有点心动，但价格偏高；后遇恒大古玩城周老板，他与梁老师属于多年合作的"直销"关系，一只电话就搞掂，售价却只有艺苑真赏社的三分之一，我乐得择"扇"而从了。行情白云变苍狗，岂能隔山买老"牛"？

捧得扇画，又生感慨，到底是山东老乡，为人做事爽朗大度，扇面的尺幅愣是比

梁洪涛《牧牛图》扇面

施立华《瓜棚小鸟》扇面

别家大出好多，用一句时兴的广告词，真乃"加量不加价"也！我一高兴，又挑了梁老师新绘的"九牛图"手卷，画中牛犊姿态各异，时聚时散，形象自然舒展，其构图疏密有致，尺幅尽而意无穷。

除了画牛，梁洪涛对人物和山水也很精通。这些年，他三赴新疆，三登太行，以笔代照，一往情深于绘画语言的锤炼与创新，虽简洁而华采，虽变幻而功深，诗情画意跃然纸上。读文汇出版社《墨海泛舟——梁洪涛绘画作品》画册，由线条所喷发的激情岩浆，充溢着浪漫情感的想象，足以使人从画面的万般景物，触及画者博大而深沉的胸怀。在画坛盛行"包装"、"炒作"、"拜码头"的当下，梁洪涛依然保持着静谧与随和的心绪，平时几乎很少露面，于曲高和寡的丹青苑地里默默耕作，诚如他笔下那些朴实无华、朝夕不倦的牛犊。因为梁洪涛一直铭记当年浙江美院潘天寿院长写给他的毕业赠言："在惊涛猛浪中，能作一个不迷方向的舵手。"

虽是同窗，施立华比梁洪涛小一岁，出道却蛮早。施立华师从谢稚柳、陈佩秋，1956年未及弱冠之年，小荷已露尖尖角，参加了首届上海市青年美展，之后又有多件作品在政协画展亮相，与吴湖帆、陆俨少、张大壮等大师画作挂于一室，交关有腔调。只是上世纪80年代，施立华移居美国，渐渐没了声息。不过，他在大洋彼岸也没闲着，而是就地取材，另辟蹊径，对传统国画进行多材质"试验"，从木板、玻璃到丝绢，最终在麻布上找到"感觉"，竟然"麻"到成功！

我的几位藏友，收藏了施立华的麻布国画，有幸近距离观赏，淡雅俊秀却不失凝重，古意悠远，颇具"惊艳"之审美效果。麻布粗糙厚实，但有肌理质感，富有表现力。施立华勇于摸索麻布特性与中国画笔触之间的和谐关系，利用布料粗犷浑朴的纹理，与他所擅长的宋元工笔细腻精致形成强烈对比，高古气息与时代特征水乳交融，扑面而来，使国画呈现出油画的独特魅力。好比是围棋盘里下象棋，施立华在特殊纺织材料上驾驭水墨，依旧表现得行云流水般的酣畅淋漓，将传统国画推入全球艺术语境中，功不可没也。我选的扇画，虽然与"麻"无缘，但属施立华驾轻就熟的花鸟一路，清趣灵动，韵味十足。

饮水不忘西子湖，幸福想起潘天寿。梁洪涛、施立华在浙江美院的那段青葱岁月，刚好是潘天寿担任掌门人。梁洪涛记得，潘院长时常将国内绘画大师级人物请来，为学生传道授业解惑。印象最深的是叶浅予老爷子来讲速写，他的一笔画成的

施立华《花卉》扇面

功夫，着实叫人看得目瞪口呆。那天叶老爷子还当堂示范画扇子舞速写，本子动，笔不动，就几根线，一气呵成，精彩极了！

倒是象牙塔里的施立华，似乎有点特立独行，不拘羁绊，时有"离经叛道"之言论，颇受关注。查看《美术》杂志1962年第5期，卷中就有施立华题为《喝"倒采"》的一篇文章。在批评长安画派创始人石鲁绘画的同时，还将浙江美院首任院长林风眠的艺术牵涉进来：

再如林风眠同志的画，《美术》几次刊载时都标为'中国画'，我也钦佩林风眠先生的艺术造诣，但一千多年来，中国之绘画已形成了自己独特的发展的传统技巧和表现形式，如果像有些报刊那样把所有水墨所画成的，或者在宣纸上所作的统称为中国画，这就是否认传统，模糊是非，这种情况的发展是难以设想的。

说这话时，施立华才20出头。年纪轻轻，血脉贲张，血气方刚，说点过头话，做点出格事，总归是难免的。当青春的喧嚣散场，只剩下座椅上的余温，是曾经观赏过生命的印证。

字是画出来的妙

——张安朴送来黄若舟、吴颐人扇书

扇面即脸面，人活一张脸，颐人之"颐"，与众不同，文心至美。扇书的背面，张安朴也露了"脸"——"庭院五友图"，依然是他招牌式的淡彩速写风格，敷色明快，疏密有致，一枝一叶总关情，很适合在大暑天里执扇轻摇，胸中清气顿生。

溽暑熏蒸天气，张安朴头戴太阳帽，汗流浃背地跑来银行博物馆。他说在家整理旧物，意外寻到两幅扇面，知道你藏扇，赶忙给你送过来了。喔哟，一位年逾花甲的长者，顶着毒日头，烤得外焦里嫩，转了几条地铁来送"清凉"，叫我当小辈的心里实在过意不去啊。

张安朴，圈内朋友欢喜叫他阿朴。这个"朴"字，应该还含有为人敦朴、创作勤朴、性情温朴的意思。对于他的上海美术家协会理事、上海硬笔画研究会会长之类的头衔，我未必太过关注；而他是怎么从当年《解放日报》的工农兵美术通讯员，最终成长为报社美术部的头头，这段传奇经历，我倒是充满了好奇。

念书时，我经常在大街小巷的招贴画上见到张安朴的大名；稍大一些，玩过集邮，邮册里好几套邮票的设计者就是张安朴。前些年筹备一场画展，在上海美术馆执行馆长李磊的引荐下，我终于结识了"画"外的张安朴，并与他有了一次愉快的合作。一年后的虞山笔会，又遇张安朴。这次近距离的接触，使我对他硬笔画的"硬"功夫，愈加佩服得紧。

人家外出背上照相机，而在张安朴的行李袋里，画笔、水彩盒和速写本是他的"旅途三宝"。他用新闻人特有的敏锐洞察力，以线条编织即兴式的图形记录，一路

黄若舟书法扇面

走一路画，捕捉生活里的美妙风情。那天晨起准备用早餐，一点人头，少了张安朴。原来，他天没亮就已起床，到尚湖边上采风去了。带回来的速写本，大家争睹为快：石板古桥，小溪潺潺，雨雾缭绕，宛若仙境，画稿空白还有几句灵感涌现的题跋……那可是刚刚采撷来的"活杀风景"哦。同行的报人"挤兑"张安朴勤勉用功，他索性自我调侃："我也苦哇！每次出来白相，老婆生怕我在外头瞎混，总要给我指标，每天速写不少于4幅。我不这么起早摸黑地画，哪能交得了回家作业？"一席话，说得众人哄堂大笑。后来我在上海音乐厅遇见张安朴夫人，也是一位画家，知书达理，气质不俗，对了对"供词"，始发觉张安朴说的是一派戏言！

闲话打住。张安朴的速写本暂为收起，不妨说说他馈赠于我的两幅扇书。一幅"铁肩担道义，妙手著文章"，为硬笔书法拓荒者黄若舟挥毫；另一幅"只应贪听芭蕉雨，误我虚堂半日闲"，为汉简书艺独行者吴颐人振笔。两位在书坛虽然不属"大咖"级别，但在各自的领域里独出机杼，成果丰硕，当为业界翘楚。

有意思的是，两位书家的名字，还各有一番解读。黄若舟一生经历了辛亥革命、军阀混战、北伐战争、抗日战争、新中国解放、文化革命，直至改革开放，两度家破人亡，他说他名字中的"舟"，就是逆水行舟，迎难而上，在风雨磨砺中谋取成功；而吴颐人的日子，相对过得风平浪静，他名字中的"颐"，有脸面的含意，人都应该活得有

吴颐人书法扇面

脸面，就艺术而言，脸面就是戛戛独造的追求，更是面对周遭的纷纷杂杂始终保持本真，不忘初心。

记得孩提时代，临过几本钢笔字帖，黄若舟的，庞中华的，林似春的，但练来练去，还是觉得黄老先生的字平民化，有亲和力。早在上世纪30年代，黄若舟在担任中学国文教师期间，有感于以象形为特征的汉字快速抄写之不便，意欲创造一种既快捷又符合规范的汉字书写方法，几经研究整合笔画规律，形成了独特的"黄体"钢笔书法，于1939年编写出版了我国第一部介绍汉字通行书写字体的《通书》。新中国建立后，他又结合当时的文字改革，修订改版为《汉字快写法》、《怎样快写钢笔字》，数十年间累计印数高达2000万册，影响了好几代人的汉字书写。他的字帖，由草书点化而成，结构雍容宽和，运笔绝无剑拔弩张之势，艺术性与实用性兼而有之。据说当年黄若舟的拥趸难计其数，他每天都会接到不少读者来信，与其交流书法心得，信笺上的字迹一望便知，皆为遒劲飘逸的"黄体"，这让黄若舟感到无比欣慰。

黄若舟的"汉字快写法"独一无二，吴颐人的"汉简书法"也是自成一家。何谓"汉简书法"？翻开吴颐人所著的《我的汉简之路》，不难找到答案。汉简乃我国两汉时代遗留下来的简牍，也是研究两汉书体演变和书法艺术的第一手资料。汉简书法承上启下，源远流长，开启了后世的楷书、行书及草书。吴颐人的汉简书法，线条生

张安朴《庭院五友图》扇面

辣劲挺，视觉跌宕起伏，结体上将多种书体有机糅合一起，枯润相宜，收放自如。观其书艺，变幻丰富，仿若欣赏"音乐活化石"一般的云南纳西古乐，豪迈质朴的叙述中，陡然加进了大跳跃的装饰音，形成了奔放率性的独特灵韵，节奏感甚强，令人击节三叹。也难怪，醉心金石书画50余载的吴颐人，对有着"活着的象形文字"之誉的纳西东巴文情有独钟，曾多次实地考察，融会贯通，入书入印。他的恩师钱君匋曾赋诗盛赞其汉简书法："廿载功深汉简成，今朝书苑惊观止。"谓予不信，从扇书上即可清晰读出他笔端流淌的鲜明风格。

　　扇面即脸面，人活一张脸，颐人之"颐"，与众不同，文心至美。还须"温馨提示"的是，扇书的背面，张安朴也露了"脸"——"庭院五友图"，依然是他招牌式的淡彩速写风格，敷色明快，疏密有致，一枝一叶总关情，很适合在大暑天里执扇轻摇，胸中清气顿生。对张安朴的拿手好戏，中国美术家协会主席刘大为也赞赏有加，认为他"开创了新的画种"。

　　描绘上海情调的画家，几只手也数不过来，但张安朴的演绎手法却是首屈一指。这不，癸巳初秋，他给我寄来的《豫园》特种邮票首日封，是他再度荣登"国家名片"的得意之作。方寸之间的湖心亭、九曲桥、大假山、卷雨楼、玉玲珑，写实和写意交相辉映，质朴而高雅，简约又精致，颇耐咀嚼。以"小清新"的笔触描摹熟悉的海派景致，国家邮政点将张安朴，算是姓何的嫁给姓郑的——正合适（郑何氏）喔。

　　说起邮票设计，张家公子张乐陆比他老爸成名更早。1996年六一儿童节，刚满16岁的张乐陆创绘的《儿童生活》特种邮票面世，4枚图案活泼烂漫，趣味盎然，欢乐中擦亮了颗颗童心。我亦收藏了这套邮票。"张家父子档"邮票，我算是集齐了，而扇面仅藏有老子的，于是"得寸进尺"地想，以后若有缘再觅到张乐陆的扇画，敢情我的嘴巴也要"张——乐——乐"啦。

张安朴钢笔画《银行老建筑》系列

锦心绣肠

——江宏、薛邃的翰墨"圈子"

遥看黄宾虹、齐白石的年代，大师级人物除了擅长丹青，诗词、书法、印章门门精通，不像而今的绝大多数画家，去掉了绘画，乏善可陈，一无是处。长此以往，日暮途穷，死路一条矣！

早就听说画家江宏喜食九转大肠，最高纪录一口气吃了九个。九转大肠为鲁菜，上海人叫"圈子"，说穿了就是红烧大肠。光绪年间文人雅士品尝之余，感觉此道菜肴红润透亮，肥而不腻，食后唇齿留香，为取悦店家喜"九"之癖，夸奖厨师手艺犹如道家"九炼金丹"一般精细，改名曰"九转大肠"，从此名声日隆。既为鲁菜，约江宏碰头，地点即定在山东菜馆，特意点了九转大肠。菜端上来，江宏食指大动，虽未触碰纪录，却也吃了五六块大肠，连称"味道不错"。

酒足"肠"饱，见识了性情江宏，其饮酒之荡气回肠，谈吐之开心见肠，为艺之锦心绣肠，待人之古道热肠，令我印象至深。惟愿日后再有机会，跟江宏老师"肠"来"肠"往呐。

据云，美国芝加哥艺术学院史论教学的教案，称江宏为"中国当代活着的文人画家"的范例。席间，我流露出对江宏文人画风格的欣赏，江宏一派豪爽之气：侬要是不嫌弃，我回去画一幅送侬。我脸皮薄，又忖江老师画价不低，送画就是送钱啊，没有接过话头。过了一段时间，闲逛中福古玩城，遇有江宏画的成扇《松云论道图》，我不假思索掏钱买了一柄。我喜欢这种风清月明两不欠的做派。

好比听歌，我钟情罗大佑、李宗盛这样的创作型歌手；读画，我更倾心有理论涵养的画家。江宏擅画山水，当过上海书画院执行院长，还是中国美术史学者、美术理

江宏《松云论道图》扇面

论家。我读过他的不少画论,随心所欲,直抒胸臆,文字轻松流畅,读起来不费力,富逸趣,有嚼头,心情一如他的书名:《兴高采烈》。有段阐述我一直记着:"中国书画的精髓是什么?就是一支小小的毛笔。毛笔所指顾的,都是精彩之处,故毛笔可以霸道地坐东几千年。画画的心态实际上跟做游戏一样,古人说'墨戏',我认为这就和一般人的玩游戏的心态很接近。"

江宏作画,与他吃九转大肠时的"猴急"不同,属于慢热型的。有时,宣纸铺开,他手抓一支毛笔,往砚台里戳了几下,却迟迟未见动笔。这个时候,技巧让位于心境,他在寻求自然之本性、造化之内美,酝酿自己心中的山水,琢磨究竟从何处落笔。这一想,可能又是半天。当然,兴会淋漓时,江宏也怡情泼彩,为毛笔找个痛快宣泄的帮手,潜心把握水墨在宣纸上的风云变幻。按照江宏的理解,泼彩就是一趟冒险的短跑,如同瓷器烧造过程中的窑变,变成什么效果,事先并不能百分百地预判,因为是挑战,所以充满了媚惑力。

从上海书画院退休后,江宏过起了"大隐隐于市"的生活。每天按时作息,喝喝

薛邃书法扇面

茶，打打坐，翻翻书，作作画，偶尔出来会会友，吃顿小酒。那天告别，酒酣耳热，我问江宏回去是否还画画，他浅浅一笑回应："喝好老酒之后只能写草书哉，至于画出来的山水画，肯定是不灵的。"

我手头的这柄《松云论道图》，江宏是在何种状态下挥毫的，暂不得而知，但是扇面上呈现的墨韵华滋的清润，妙造天然的率意，气韵绝俗的灵动，依然叫人心旷神怡。扇面背后的书法，为上海书画院特聘画师薛邃题写，墨迹中的沉稚和简逸，融古铄今，儒雅大方，读来既有跌宕之致，又不失流畅之韵，张弛之间的深厚功底和审美意趣，跃然纸上，非熟谙诗词者不能领悟也。

对于薛邃，我不熟悉，好在有江宏的画评文章，让我读出一个年逾八旬、"不显山不露水"的山水画家的轮廓：

都说上海的山水画不那么景气，心中有点不服。上海毕竟是个藏龙卧虎的地方，倘略加注意便可发现一些惊世骇俗的人物。……薛邃一贯按自己的意思作画，是瓜熟蒂落，水到渠成？是集腋成裘，积沙成丘？总之，他画出了自己的风格。他将修身、养性和绘画创作视为一个整体，坦然地用笔吞吐情感，他奉行"语不惊人死不休"却以"不求甚解"的态度处之。他的画有低吟浅唱如"小桥流水人家"般的田园情调，也有铁板铜琶"大江东去"那样的豪壮。画画像吟诗，笔墨构成的意境和文字一样自由。

遥看黄宾虹、齐白石的年代，大师级人物除了擅长丹青，诗词、书法、印章门门精通，不像而今的绝大多数画家，去掉了绘画，乏善可陈，一无是处。薛邃大器晚成，却有着丰厚的文学修养，每每在画中题跋，借物喻景，以景说事，清丽隽永，堪称一绝。这样的诗、书、画、印并茂的画家，当今画坛屈指可数，长此以往，日暮途穷，死路一条矣！

薛邃刻有一方印章："有几人知吾足矣"，从中可读出画家的纯朴、厚道与几分书呆子气。他和江宏一样，"素处以默，妙机其微"，平平淡淡看待艺术人生，以造化为炉，以心智为炭，以情感为火，静心冶炼他们的"九转金丹"，缱绻不尚虚华的"翰墨圈子"——呵呵，还是离不开"九转大肠"啊。

《兴高采烈——江宏山水画选》封面

"成"人之美

——老画家成立吸引"小鲜肉"

就像做演员的，老是拍电视剧赚快钱，从未在舞台上演过话剧，总觉得在艺术上差口气；画连环画的，不在水墨领域里玩得转，似乎也是独条腿走路，很难在画家堆里拔尖儿。这个观点正确与否，我也不是太闹得明白。

老画家成立年逾古稀，看上去风神清朗，气度不凡，跑东跑西，身边总跟着他的老爱人。老爱人眉目清秀，举止优雅，就像成立笔底流淌的仕女形象。如今想来，成立能把古典美女画得惟妙惟肖，原来家里就有一位现成的模特啊。

一次餐叙，满座都夸成立夫妇有"夫妻相"，皮肤保养得这么好，白里透红，容光焕发，70多岁了，一点也看勿出。只听成立轻轻地嘟哝了一句："我是从来也不搽化妆品的。"言下之意，他的这张Face，非但未经整修、未经划刀，而且对雪花膏之类也敬而远之，属于纯天然、纯素颜哦……于是乎，一帮"点赞族"全成了"哈哈族"——哈哈，哈哈！

这就是成立。绝大多数时间闷声不响，可一旦开了腔，总是不鸣则已，一鸣惊人，时有妙语金句蹦达出来，令人捧腹。

谦逊而淡泊，低调即腔调，大智即大愚，成立的性格造就了他的丹青人生，大器晚成，却又非同凡响。年轻时的成立喜好绘画，经朋友引荐，他从工厂的生产车间，被借调到上海人民美术出版社搞连环画创作。那时的上海人美，"大咖"云集，创作室主任正是大名赫赫的赵宏本、顾炳鑫。刚去那会，成立有点怯阵，"大家都画得很好，我是里面顶顶蹩脚的一个"。但是他并不气馁，在出版社里东张张，西望望，逢

成立《赏壶图》扇面

人求师讨教，在四条边线构成的框框中耕耘不息，一口气画了60多本连环画，笔下的人物和场景渐渐生动鲜活起来。

初画连环画，既为兴趣，也为稻粱谋。曾听施大畏说，上世纪80年代是连环画的好日脚，出版社自身人手不够用，常借助业余作者力量协同创作，他与韩硕搭档，挑灯夜战，赶绘画稿，稿费30元一幅，他和韩硕一人一半，积攒起来可是一笔不小的"外快"啊。成立听了我的转述，淡淡地说："我稿费没那么多，不过那个时候有一点外快铜钿，已经蛮好了。"他还清晰地记得，当时人美给他每天的生活补贴是粮票二两，电灯费二角四分。

窃以为，连环画家本事大，仿佛不是在画小人书，而是在搞视觉艺术。人家拍电影的，分工明确，编剧、导演、舞美、服装、道具……连环画家则数个工种集于一身，在一张A4纸里头，既要达到情节紧凑，又要讲究布景编排，笔下似乎有一台摄像机，近景、中景、远景不断变化，疏密有致，步步到位，精雕细琢之间，把人物心境和情景气韵都表现出来，真是叫人服帖啊！成立给我打了个比方：要是画我和你两个在聊天，用几幅画面来表达，就不能老是画正面，还得侧面背面甚至仰视俯视，这样才能富于变幻而不单调乏味。

成立接手一本连环画，最起码要做的，就是先"吃透"原著，把握其精髓，由此

成立《扇君得意图》扇面

展开二度创作，使脚本与画面达到和谐统一。然而，这些基本道理，却被现下许多画家所忽略，不愿费时耗力啃原著，而是满足于浮光掠影，浅尝辄止，快餐化运作，以致抽象意念一大堆，萝卜快了不洗泥。

就像做演员的，老是拍电视剧赚快钱，从未在舞台上演过话剧，总觉得在艺术上差口气；画连环画的，不在水墨领域里玩得转，似乎也是独条腿走路，很难在画家堆里拔尖儿。这个观点正确与否，我也不是太闹得明白。反正从上世纪90年代后期开始，成立专注于人物国画的创作，多以古代仕女、孩童为题材。画中仕女袅娜娉婷，稚童精灵活泼，游走于经心与不经心的墨韵里，将人物形态和微妙透视关系表现得入木三分，信手拈来间透溢出淡淡的诙谐，有着典雅质朴的凝重之风和超然脱俗的灵动之气，大俗大雅，有目共赏。甲午初夏，成立参加银行办的笔会，一般画家来到这种场合，随性涂抹几笔，虚应故事，而成立却正经八百，一丝不苟，足足画了两个多钟头，主办方称成老师辛苦了，他指着合作补景的画家王守中说："王老师也跟着受累了。"

大约在七八年之前，就有画廊老板让我关注成立的画作。因而，成立的扇画，我前后买过三四幅，从1000元一尺买起，直到现下的16000元一尺。他的人物画，挂在了静安寺附近的一家大型画廊里，结果被周边写字楼里70后、80后金领白领们一眼瞄中，红点子一歇歇全贴满了。老画家吸引"小鲜肉"近悦远来，不独是绘画功底的精当圆熟，亦是镜框里扑面而来的时代精神和人文气息，纸上对话绝无"代沟"。就这个意义来讲，成立也是标标准准的"70后"呢。

成立泼墨之余常用一方闲章："闲里功夫，澹中滋味。"这不，"老来红"的成立依旧生活规律，不饮酒，少抽烟，每日晨起画画三个小时，午休过后打一会儿乒乓球，晚饭后翻翻书，甚或看看电视，很少外出应酬。心安是福，知足为乐，怪不得老画家鹤发童颜，神完气足，越活越年轻哩。

及至本书行将付梓，抽闲参加君苑文化雅集，成立偕夫人亦到场。席间，成立老师小声招呼我，馈赠一幅新绘的扇面，打开一看，画面系替我"私人定制"，顿时生出无限感动来。您瞧，高仕展开的折扇，孩童轻执的纸扇，墙壁上挂的团扇，瓷瓶里插的藏扇，再加上对联"扇有善报"、"扇解人意"，真乃扇中有扇，扇上加扇。此情此景，恰应上续集书名——"多多益扇"也！

以墨会友皆 "鸳鸯"

——郑孝同再现 "郑杨柳" 风范

当年郑家屋子后边，栽满杨柳，郑午昌就地取材，用心写生，于实践中琢磨体会，独创自家画法，故有 "郑杨柳" 之称。我看郑孝同笔下的杨柳，技法精湛，清新典雅，传递了先父画风与文人性情，无怪乎徐邦达先生要赞其曰 "意境清旷，不暖名父之后"。

驱车去嘉定，驶近郑孝同工作室，老先生已在别墅门口迎候了。抬眼一望，书有 "墨鸳鸯楼" 的横匾悬挂当头，很是醒目。郑孝同介绍，先父郑午昌喜好收藏，藏有明清以来对联四五百幅，因为对联皆成双作对，用墨写就，"墨鸳鸯楼" 由此得名。不过，郑孝同 "与时俱进" 幽了一默，另有新解：我这画室以墨会友，朋友如对联，依黄馆长来坐坐，我们认得了，就是广义上的 "鸳鸯" 啊……

拉近宾主距离的除了郑孝同的这番话，还有他的博物馆情结。郑孝同曾经担任过陆俨少艺术院常务副院长，他的老爱人退休前，也在嘉定博物馆工作。同道遇同道，尽管我是后辈，但交谈却十分融洽。

郑孝同的低调，在圈内是出了名的。很长一段时间，连郑孝同身边的亲友乃至学生都不知晓，他的父亲就是民国时期大名鼎鼎的美术史论家、书画家郑午昌（1894—1952）。33岁那年，年轻的郑午昌就撰写了被蔡元培誉为 "中国有画史以来集大成之巨著" 的《中国画学全史》，纲举目张，追本溯源，开中华画学通史之先河。他的山水作品，秀润而含蓄，明朗而开阔，师古法而立我法，融诗、书、画于一炉，堪称 "三绝"。再者，郑午昌还是一位出版革新家，首创汉文正楷活字，打破了洋人在印刷界的

郑孝同《桃花似锦柳如烟》扇面

垄断,可称"中国文化事业之大贡献"。

人过留名,雁过留声。现在看郑午昌的画作,不少都充满着家国情怀。抗战时期,他和梅兰芳、吴湖帆"三匹马"(三人生肖属马)联手结成"甲午同庚会",运用诗词、戏曲、书画等载体述志抒怀,誓与日寇抗争到底;他还在永安公司举办了"白菜画展",所有义卖作品以白菜数量计价,募集资金支援抗战。郑午昌治学严谨,精益求精,嘴边常说"几个不让人",即史不让人,理不让人,画不让人,要做就做到最好。这也是他传给后辈的人生态度。

画家大多高寿,惜乎天不假年,郑孝同10岁时,当"画"之年的父亲郑午昌突发脑溢血去世,虚年才59岁,连同其喷薄待发的艺术造诣和丹青禀赋也随之戛然而止。郑孝同脑海里残存的对父亲的记忆,来源于儿时的短暂相处,母亲的絮絮追述,以及对手头珍藏的30余幅父亲遗作的深情揣摩……

说话间,郑孝同展示了"墨鸳鸯楼"里的一副对子,上联为"煎茶、煮饭、扫地、洗衣,自家有力自家做",下联为"学佛、读书、养花、作画,终日如痴终日忙"。此副饶有情趣的对联,系郑午昌所撰,上联描摹郑孝同母亲的家务状态,下联呈现郑午昌自己的生活情景,融融家庭之乐,跃然纸上!

印象中，那时郑孝同趴在父亲的画案旁，一边往砚台里加水磨墨，一边看父亲挥毫作画，那些抗美援朝的激越图景，大西南进军的恢弘场面，兴修水利的浩大工程，都在父亲的笔下鲜活起来。郑孝同后来才明白，父亲当年创作的《东方红》、《大西南进军图》等作品，时值"天翻地覆慨而慷"的新中国建立初期，一直有心致力于弘扬国画艺术的郑午昌，正积极参与创建"新国画研究会"，并主张"国画内容应有时代性，除利用固有形式外，须随时代创造或吸收其他艺术形式来补充，但不能脱离国画的趣味"。在父亲的指教下，郑孝同亦初试笔墨，兴味渐浓。

让郑孝同"延续"父辈情怀的，还有郑午昌的学生陈佩秋。陈佩秋乃郑午昌在国立杭州艺专教授山水画课程时的高足，她常说："郑先生学问好，上课又有示范，学生们都喜欢听他的课。"郑午昌辞世后，陈佩秋把师母接到家中赡养，而郑孝同因在嘉定读书，只好每逢寒暑假去谢稚柳、陈佩秋家里住上一阵，看他们在画纸上恣意泼墨，听他们畅述绘事心得，耳濡目染，"收获勿是一眼眼"。久而久之，除了父亲以外，陈佩秋成了郑孝同心目中第二个崇拜的画家。郑孝同曾经想拜佩秋先生为师，但陈佩秋认为如是收徒，乱了辈分，启悟郑孝同直接取法宋元，多摹古人笔意，画了什么作品拿来就是了，她可以说点意见。直到今天，古稀之年的郑孝同依旧捧着自己的新作，时常请年逾九旬的佩秋先生过目，这对忘年交谈笑风生，娓娓不倦，总是聊得交关尽兴。

在郑孝同收藏的父亲遗作中，恰有一幅郑午昌与陈佩秋师生合作的作品，说来很有意思。郑午昌去世前留下一张尚未完成的《叠嶂清秋图》，1982年因举办郑午昌遗作展需要，郑孝同请陈佩秋补笔。一幅画作，前后相隔30多年，终由师生二人完成画纸上的精神交流。陈佩秋乘兴题款，记述画缘善缘师生缘："此为郑午昌先生晚岁所作，始写右侧半幅后即不幸逝世，今秋同门丁庆麟、娄咏芬、张宇澄诸学长多方斡旋筹得重金，在上海美术馆为先生举办书画遗作展。……此图为孝同所藏，因以出示，盼余补成。囊昔先生在西湖国立艺校执教，余多次临抚先生范本，皆未得其神理，忽已三十五年有余，展图犹聆师教，不觉信手抚之，勉成左半幅，而右半幅山径、杂树、人物先生及敷色者亦代润饰，想先生豁达大度，必不至有所怪罪也。壬戌九月佩秋记。"

子承父业，薪火相传。我去造访"墨鸳鸯楼"时，郑孝同和同样投身艺术创作的儿子郑人刚,刚从美国归来,祖孙三代的画作在联合国大厦展厅同台亮相,吸引无数眼球。郑人刚留学乌克兰基辅美术学院,擅油画水墨画,寸头圆脸,鼻直口阔,造型酷似沪上漫画家阿仁徐克仁。我与郑老先生闲聊,他则在一旁补充艺坛"花絮",冷面滑稽,令人捧腹不已。

郑孝同知道我写了几册扇面收藏的书著,特意替我绘制了一帧扇画,取意"桃花似锦柳如烟"。郑孝同说,古往今来,擅画杨柳的人很多,千技百态,风格迥异。他小辰光经常观察父亲画杨柳,一般先行干,后出枝,柳丝由最上头画起,由上而下,密密层层,前后左右,各尽其妙,春夏秋冬,风雨晴雪,各具面目,柳丝除用墨线以外,再用青花色加补,增加了柳丝的质感和层次,然后再用花青色烘染,可谓别出机杼,无不传神!当年郑家屋子后边,栽满杨柳,郑午昌就地取材,用心写生,于实践中琢磨体会,独创自家画法,故有"郑杨柳"之称。我看郑孝同笔下的杨柳,技法精湛,清新典雅,传递了先父画风与文人性情,无怪乎徐邦达先生要赞其曰"意境清旷,不暌名父之后"。

临别,郑孝同兴致未减:既然来了"墨鸳鸯楼",就再为你黄馆长写一对"墨鸳鸯"吧。我从郑家词集里挑了"一枕青山闲约梦,半帘花雨懒吟诗"一句,请郑老师题写。归家途中,未料落起零星小雨,感觉词意和天意相映成趣了。

郑孝同自创书画口诀传授小朋友

"多"乎哉，不多也
——程十发公子程多多之"鸡"趣人生

画画仿若唱戏，声音放出去要收得回来，水袖甩出去也要收得进来，故而下笔时要讲究轻重疏放，线条才不会显得板滞生硬。为人处世亦是如此，做什么事都要留有余地，这样才能"兜得转"。与其说程十发是在教绘画，不如说是在教做人啊。

程多多，海派书画大师程十发的公子，标标准准的"画二代"。说是"画二代"，转眼人家也将近古稀之年了。大凡家中称"多多"，一般是"计划外"多出来的意思。然而，程多多得家学深养，耳濡目染，技法日臻纯熟，且能物化而化，俨然海派画坛之重要传承人。从这个意义来说，"多多"不多也。

十发老人擅画羊，亦常画鸡，觅藏其扇作的奇趣经历，我写过《舍不得银子套不住"羊"》。近获一柄新扇，程多多的笔墨，勃勃生"鸡"，跃然纸上，既富夸张情趣，兼具装饰风格，交关好白相。更有意思的是，程多多画鸡，多见一公一母，成双作对：公鸡红冠高顶，尖喙利爪，身姿矫健，气宇轩昂；母鸡丰满肥硕，温柔多情，安详悠然，雍容闲雅。掩映在鲜花绿草之间，公鸡母鸡恰似一对小情侣，你侬我侬，和谐美满，真是羡煞人噢！

我私下猜度，程多多喜画鸡，或许是他家人生肖多属鸡。父亲程十发就与同岁的话剧演员乔奇互称"鸡兄鸡弟"，他小辰光见到最多的动物就是鸡，于是就地取材，时常拿家养的鸡当玩具。听说程十发顶顶喜欢吃鸡蛋，直到四五十岁时，还能一口气吃20多个，让旁人瞠目结舌。巧得很，程十发24岁那年生了大儿子程助，也就是程多多的哥哥，因为也属鸡，刚开始取名程雏，小名雏雏。直到程雏进入浙江歌舞团

程多多《晨光》扇面

当舞台美工,被同事"小鸡"长"小鸡"短地叫来叫去,有点难为情,便取谐音改叫程助……有了这些"鸡"缘巧合,程多多画鸡恐怕就更富"鸡"情啦。

技巧容易把握,入门却要靠悟性。因了家里得天独厚的丹青氛围,程多多在父亲的悉心呵护与教诲下,渐入佳境,运笔间透出其父的韵味。程十发教子女,从来不会具体传授怎么画,他常说:"画图,三分之一本事在画内,三分之二在画外。"一次程多多在画画,程十发走过飘来一句"线条不好,不够圆",说罢拂袖而去。程多多一开始丈二和尚摸不着头脑,几经揣摩,才慢慢领悟:画画仿若唱戏,声音放出去要收得回来,水袖甩出去也要收得进来,故而下笔时要讲究轻重疏放,线条才不会显得板滞生硬。为人处世亦是如此,做什么事都要留有余地,这样才能"兜得转"。与其说程十发是在教绘画,不如说是在教做人啊。

诚然,父亲独立于画坛之巅的技法,也给光环笼罩下的程多多带来"成长的烦恼"。上世纪80年代初,怀揣36美元的程多多远渡重洋,进入旧金山艺术学院深造,读出了美术硕士学位。在那片土地里,刀叉与筷子纵情交响,昆曲与"柴六"奇妙邂逅,让他突破传统思维,大胆变革,融会贯通,用中国水墨嫁接西洋绘法,现代气息和文人情怀得以水乳交融，为他的艺术修行洞开了一扇清丽明澈、充满诗性之门。

熟悉程家父子的人都晓得，父子俩幽默健谈，待人和气，没有半点架子。坊间一直盛传，拍卖行里程十发的画，多为程多多所仿。程多多听后笑言："勿晓得这是夸我还是嘲我？我没父亲那么厚的生活积累，没有本事仿冒他啊。"对于一些山寨伪作，程十发看了通常幽上一默："画得比我好，晓得我来勿及画呀！"听讲有位银行同仁向程十发讨画，十发老人问他："侬懂画？"此君老实坦白："不懂画。""侬不懂画要它做什么？""白天跟钞票打交道，晚上消遣消遣。"程十发立马露出"冷面滑稽"本色："我搭侬反过来，白天画画，晚上也有个消遣，就是欢喜看钞票，美元、英镑、法郎、马克、日元……我统统欢喜看。"

同样，程多多也是一个童心未泯的"老小孩"，一说到冬天，他就像孩子那般超级期待着过年，按照他的说法，"又能放炮仗了"。他从小跟着老爷子淘古玩、听昆曲，一样痴迷于老古董的收藏，一样流连于"百戏之祖"昆曲艺术。说起昆坛与画坛的关系，程多多有句妙语："昆曲与国画是一个阿妈娘养的。"为此，他还操办了一个"多多曲社"，每逢周末举办曲会，诸如蔡正仁、计镇华、梁谷音、岳美缇等沪上昆剧名家聚集程府，群星璀璨，热闹开嗓，由程多多司笛，程十发偶尔也客串粉墨登场，其乐融融。不多时，昆曲人物的一招一式，便在程家父子的笔下神完气足地"活"起来，好似画中角色水袖漫逸，浅吟信步，走出纸幅。我曾在百乐草堂徐乐华的手里赏读过一本册页，程多多亲绘，均为昆剧折子戏经典情节，无论《借扇》《断桥》，抑或《四平山》《单刀会》，用笔跌宕，造型丰满，勾出了戏魂，画出了戏骨，令外行见之青睐，内行观后惊叹。这是惟有沉浸于斯的票友，才能自然流露的趣味表达。

眼界有多大，境界就有多高。程家父子精鉴赏，富收藏，却淡泊名利，多次向博物馆、美术馆捐献藏品和作品。程多多说过一番话，很让初涉藏界之我辈醍醐灌顶："许多藏品，百年前是别人在玩，这百年间是你在玩，以后百年又不知谁在玩，就没什么舍不得的。"据说10年前上海中国画院在编撰院史时，从故纸堆里偶然发现，老院长程十发1960年代向单位商借"互助金"而亲笔写下的三张借据，金额分别是30、40、60元。于是问老院长能否将"借据"收录书中？程十发非常豁达："没问题啦！读者看要是了这三张借据，一定会幸灾乐祸，今朝字画卖得这么贵的程十发，当年原来还要借债度日哩。呵呵。"

本篇由程氏父子喜画鸡说起，忽然想起了"呆若木鸡"一词。其实，这个成语最初的含义与现在大相径庭，是个"普大喜奔"的褒义词，这可从《庄子·达生》里找到典故。目光凝滞、纹丝不动、貌似木头的鸡，才是武林高手，根本不必出招，就令对手落荒而逃。木鸡不易得，养鸡人知道；武林高手难求，行走江湖的人也知道。"望之似木鸡"，这是斗法追求的至高境界。不是骄气，不是盛气，最终是一分呆气。所谓大智若愚、大巧若拙，程家父子的人生智慧和艺术态度，恰有异曲同工之妙喔。

新闻晨报"悦读"专版

画是金装，做人不装

——"虹庐画派传人"之女王守中的金笺风情

就这样，这只光芒四射的"电灯泡"，成为王守中艺术创作履途的"长明灯"，陪伴她走过无数崎岖攀登之路，使她甘于寂寞，安于宁静，专于画道，却能时时感受到亲情的温暖……

"金子！黄黄的，发光的，宝贵的金子！"400多年前，一位被唤为"沙嘶疲哑"的老外文豪，在一幕戏剧里发出由衷的感叹。扣不得"拜金主义"的帽子，芸芸众生对于"黄黄的"、"发光的"的迷恋，古已有之：题名看金榜，招牌靠金字，铁马佩金戈，琼浆配金液，三寸藏金莲，玉润传金声……就连画画，在金笺上泼墨泼彩，立马气势不凡，熠熠生辉。

金笺画兴于唐朝，因其富丽堂皇的视觉效果，迎合皇室宫廷的审美偏好，深受皇亲国戚追捧。然而，在金笺上挥毫，亦有颇多局限，比如笔墨线条不易渗入肌理，色彩墨痕不易自然晕化，寻常画家很难驾驭。随着宣纸的横空出世乃至文人画的兴起，吃力不讨好的金笺画渐渐式微了。岁月更迭，现如今有位叫王守中的女画家痴心不改，迎难而上，在看似不解风情的金笺上画山画水，演绎生动和谐的万千气象，一眼望去，居然非虚非浮，不生不硬，让人从金碧辉煌的蓬勃氤氲中，读出静穆古雅、端庄隽秀的从容气度。

所谓艺高人胆大，王守中能够扛起"金笺写意山水"这块招牌，恐怕得益于她早年打下的西画基础。学生时代，王守中曾经跟随中国水彩画先驱李咏森、哈定，学过一段时间的西画。水彩画与金笺画在技法上异曲同工，她便借鉴西画的色彩原理，嫁接宣纸上擅长表现的水墨晕染特点，反复尝试推敲，糅合诗情画意，讲求形神兼

王守中《泼墨挥毫走云烟》扇面

备，避免金笺上色之后流于艳俗之弊，使得画纸愈显色墨交融，气韵畅通。因此，看她的金笺扇面新作，尺幅虽小，却是层嶂叠峦，郁郁苍苍，景色繁茂而错落有致；云雾弥漫，飞瀑隐现，构图奇巧而空灵秀逸。无怪乎费新我曾以"峻逸华滋"评价其金笺山水。

提及王守中，看官自然会想到她的父亲王康乐。老画师王康乐先后拜黄宾虹、张大千、郑午昌三位大家为师，特别崇拜"粗头乱服"的黄宾虹，苦心继承"虹庐画派"之衣钵，其浓墨重彩山水画博采众长，独树一帜。翻阅我的《扇有善报》，写有一篇《全家都"来赛"》，说的便是翰墨世家的传奇故事，王康乐的儿子、女儿、儿媳、女婿及至孙辈，满门尽是丹青好手，让一大帮子"小伙伴都惊呆了"！王守中幼承庭训，遍临历代名作，笔端功夫扎实而深厚，尤其是父亲的"衰年变法"，对她影响至深。在王守中的画室里，悬有一对竹刻联，父亲的苍劲碑体，无时不刻激励着女儿的为艺之道："不继承无从创作，不创作无以自存。"

甲午初秋，工银牡丹卡操办书画雅集，邀请画家王守中、成立传道品鉴。相比较成立先生的"羞羞答答"，人家王守中老师毕竟是上海工艺美术学院副教授，说起话来有条有理，侃侃而谈，很具亲和力。谈话间，当然缺不了对儿时耳濡目染的丹青感悟，还有"一口一个爹爹"对王康乐老先生的深情追忆。

在女儿的心目中，父亲爱生活，讲情调，有品味，是个标准的"老克勒"。年轻时的王康乐潇洒时髦，喜欢穿西装、带领带、吃西餐、拉小提琴，出行时骑一辆摩托车，风驰电掣，一派"骑士"风度，拿现在的话来讲，绝对是"喜感闹腾好拉风"哦。读初中起，王守中就经常坐在摩托车的后座上，跟随父亲以及陆俨少、程十发等画家伯伯，一道去沪郊采风写生，那个开心啊，至今记起依旧幸福满满。上世纪70年代初，刚参加工作的王守中偕同单位美术创作组赴黄山写生，被赋闲在家的父亲知道了，心血来潮，硬要跟着一起去。时年已逾七旬的王康乐兴致勃勃，和小字辈一同登山揽胜，指导他们绘画，关系十分融洽。沿着山路摸黑返回时，王康乐大气不喘，精神抖擞地健步走在队列的前阵。后面的年轻人开玩笑说："王老师的光头好像一只电灯泡，照亮了我们前进的道路。"

就这样，这只光芒四射的"电灯泡"，成为王守中艺术创作旅途的"长明灯"，陪伴她走过无数崎岖攀登之路，使她甘于寂寞，安于宁静，专于画道，却能时时感受到亲情的温暖……

那天雅集尾声，嘉宾乘兴联袂泼墨，由王守中画松竹山石，成立画品茗高士。但见她用笔洒脱率性，画石讲究"石分三面"，据形状皴出暗部，亮部则微皴，三下两下，呈现出奇石的纹理质感；再绘松竹，墨色有浓有淡，松枝用中锋，树身用侧锋，反复勾画渲染，虚实相生，层次分明，最后"小心收拾"，整个过程落笔果敢，一气呵成，近距离观之，不啻为一场美妙的享受。

老子《道德经》曰："多言数穷，不如守中。"大概意思是人说的话多了，往往会使自己陷入窘境，莫如保持虚静沉默，把话留在心里。"守中"之名，即是保持心灵之淡泊，心态之随和，心境之寡淡，羽扇纶巾，意气自若，方能领悟天下万物循环往复的规律，进而步入"外师造化，中得心源"的至高境界。

"守中"，难道不是一种淡然本真、豁达兼容的处世哲学吗？

敢越"雷"池一步

——苏渊雷公子苏春生之"山水清音"

接触过苏氏父子的美协朋友说，苏春生的相貌与其父酷似，尤其是眼睛和鼻子；而且，父子俩的性情相近，为人儒雅厚道，做事有板有眼，一派谦谦君子之风。至于笔墨传承，亦有共通之处。

苏渊雷的名字，一听就不同凡响：饱谙经史，学识"渊"博，援笔成文，出口成章，生前被誉为"文史哲兼擅，诗书画三绝"，集名士风度、哲人风采、诗翁风骨于一身，其名声自是如"雷"贯耳，遐迩著闻。说起当代大儒的传奇故事，"嘴上跑火车"得有好几车皮哩。

倒是学者后代的名字，取得有点随意，1939年春天生的娃，就叫"春生"。苏渊雷的大公子苏春生，绵延家学，渊源有自，受家父熏习教诲，尤喜泼墨山水，考入浙江美术学院中国画系，师承国画大师潘天寿、陆俨少、方增先，"胸藏千山万壑"，取法传统，自辟蹊径，画风典雅，高古秀朗，笔端显露亲情之气。在苏春生的思绪片段里，小辰光家里华盖云集，前辈画家如江寒汀、唐云、钱瘦铁、陆俨少、谢稚柳、张大壮、吴青霞等曾为座上客，时常相聚挥毫弄墨，诗酒流连，而年幼的苏春生则在一边磨墨理纸，有空也跟着比画，将父辈的笔底涵养铭刻于心。诚如苏渊雷撰诗鼓励儿子所言："艺事文章标格先，堂堂父执尽尊前；儿今——求师法，功力深时即自然。"

很多往事，根本不需要回忆，因为从来就没有忘记过。苏春生记忆中的父亲，乃性情中人，有一副菩萨心肠，对学生关爱有加，对子女从不打骂。他在一篇题为《清明时节的思念》的文章里深情记述："记得儿时的颠沛流浪途中，父亲一手抱我，一

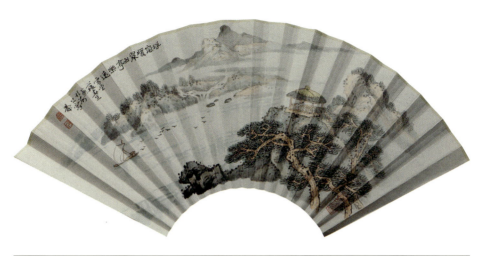

苏春生《浮岚暖翠》扇面

手执笔，依一盏小油灯在昏黄的光线下，吟诗反复推敲，直到深更半夜，吵醒家人。他那浓重的温州乡音吟咏，成了我幼年入梦的童谣……"

都说苏渊雷贪杯，对此苏公子念兹在兹。无酒不欢的苏渊雷，早中晚三餐，每顿必饮，且非高粱酒不过瘾。有时到朋友家里小坐，也会讨酒喝，若主人不在，他自开橱门找酒，自斟自酌后，铺纸挥毫，留下墨迹，扬长而去。赴上海书协开会，他总得自带小酒瓶，就餐时还分给同好，颇有魏晋名士风度。有天下午，青年史学社邀他讲课，主办方望眼欲穿等了一个时辰，仍未见其踪影，无奈赶去催请，却见老先生午餐时多贪了几杯，有些蒙然坐雾，晕晕乎乎。谁晓得酒酣耳热到了会场，在醺醺然的状态下，苏渊雷手舞足蹈，眉飞色舞，竟滔滔不绝地讲了两个小时，话语间广征博引，妙语如珠，令听者畅快淋漓！

接触过苏氏父子的美协朋友说，苏春生的相貌与其父酷似，尤其是眼睛和鼻子；而且，父子俩的性情相近，为人儒雅厚道，做事有板有眼，一派谦谦君子之风。至于笔墨传承，亦有共通之处，苏渊雷的作品淡泊疏清，潇洒豁达，苏春生的手笔工致俊丽，温润秀美，一概具有诗韵悠然的文人气质和品格。这不，5年前苏氏父子还在沪上办过书画精品展，徜徉其间，可以读出苏门水墨的家学渊源和国学底蕴，读出"究天人之际、通古今之变"的生命吟咏，读出艺术胆略出于文化自觉、丹青风骨源

苏春生书法扇面

自文化自信的美学演绎。

　　五代以来，山水位居绘画题材之首，缘由有二：一是山水形态涵咏人文精神，山水画最能表达文人之心绪情怀；再是山水画之技法涵盖最丰富，道尽中国绘画的本质与精髓。苏春生钟情山水，乐此不疲为黄山写照传神，曾31次登临黄山，"搜尽奇峰打草稿"，黄山的烟霞彩云、奇松灵石、静岚响泉、峻岩飞瀑，滋养了他的水墨品位，画面深峭、婉转、高远、宏阔，"可谓极天下灵变之尽矣"——这是当年苏春生举办《黄山画展》时，恩师陆俨少留下的观后评语。

　　眼前的这帧扇面，取意"浮岚暖翠，山亭幽远"，尽管画的不是"黄山归来不看岳"的壮美景观，但依然掩藏不住空灵奇迈、风神超逸的"苏氏画风"，别有一番韵味。扇里扇外，诗风浩然，色调雅致秀润，皴法随势而变，弥散出浓郁的书卷气，呈现了一种婉约之气、内蕴之美和奇崛之魅，颇具古人所述"隐迹立形，备造不俗"之境界，真是耐看，耐读，耐赏。

　　"师古而不泥古"，这般为艺之道，放之四海而皆准，可真能执著笃行且别出新意者，寥若晨星。苏春生追慕前贤，感悟经典，耐得寂寞，静水流深，善于汲纳，融会贯通，终于寻觅到属于自己的艺术语汇和丹青风格。于无声处听"渊雷"。就这个意义来讲，苏公子称得上是敢越"雷"池一步了。

女神的"新衣"

——"上海女孩"曹晓明和她的老公与老爸

看得出来，自幼跟随名家心追手摹，以及游学欧美汲取丰富养分，让曹晓明的笔端汇中西画意于一体，或淡雅的简笔勾勒，或浓重的大块泼墨，时而纤细，时而跌宕，清朗旷达，触目生新，戛戛独造出现实与幻景相融并蓄的罗曼蒂克。

我的同事徐晓萍，女汉子一枚，为人豪爽，粗中有细，在外滩24号当行长。年前晓萍从纽约归来，说在美国偶然机缘结识一位上海女画家，大名曹晓明，举手投足之间流淌出来的优雅气质，以及弥漫在作品画面里的妩媚与浪漫，实在叫人感佩不已，一定要介绍侬认得伊啊。"我是女的，但看到伊，也忍不住欢喜伊噢！"晓萍快人快语。

晓萍说罢，递给我一本曹晓明的随笔集《上海女孩》，嘱我闲时一读。随笔写得很流畅，我一口气就翻完了。字里行间，将曹晓明的咸淡人生娓娓道来，笔调静美又不失俏皮，见证了一位上海女孩成长历程中的喜悦和烦恼。浏览扉页，还有一张上世纪80年代初她和恩师程十发的合影，照片里的曹晓明，倚靠在画桌旁看老师作画，青春妙龄，温柔娴静，端庄典雅，出尘脱俗，拿今天的时髦审美标准来讲，简直叹为"美眉"，惊为"女神"！

"上海女孩"是啥样子？嗲妹妹？娇滴滴？作兮兮？从衔着金钥匙出生的千金小姐，到闯荡欧洲的普通穷学生，从海派绘画大师的入室弟子，到美国中餐馆里端盘子的姑娘，曹晓明用她的经历告诉人们，这些标签早已作古，上海女孩照样耐得住寂寞，经得起磨砺，可以是既传统又时尚、既细腻又大气的。

曹晓明《荷花》扇面

　　晓萍的性格，说了算，定了干。在她的安排下，我按图索骥，找到宛平南路上的曹晓明工作室，曹晓明和她的先生金泽光早就在等候我了。仿佛晓得我的心思似的，一进门，曹晓明就亮出一个精致的扇盒，里头的折扇还用扇囊裹着，就像女主人身穿的织锦缎唐装一样风情万种。"晓得侬黄先生藏扇，我试着画了一把，扇面背后的字，我写得勿要太认真哦。"曹晓明谦逊中带着几分率性。幸福来得太突然，我一路奔波还没缓过劲来，惟有连声道谢。

　　打开扇面，"花"开眼前，墨色交融中透出独有的灵动与雅致。看得出来，自幼跟随名家心追手摹，以及游学欧美汲取丰富养分，让曹晓明的笔端汇中西画意于一体，或淡雅的简笔勾勒，或浓重的大块泼墨，时而纤细，时而跌宕，清朗旷达，触目生新，戛戛独造出现实与幻景相融并蓄的罗曼蒂克。因而，静观其画风，既有水墨画之韵味，又有抽象画之美感，巧妙地为传统国画穿上了梦幻的"新衣"，酣畅淋漓挥洒间，自有一份大家闺秀的雍容华贵与婀娜多姿。

　　正当我情不自禁为扇作一赞三叹，一旁作壁上观闷声不响的金泽光，却"煞风景"地开了腔："这一笔，还可以画得更好一眼。"曹晓明"急"了，连声嗔怪："侬这个

曹晓明《花卉》扇面

人，老没劲的，批评起人来不看场合，不留情面，一眼也勿晓得鼓励人家。上一趟我画外滩24号，画得老辛苦，结果好哉，伊走过来眼睛一瞄，讲房子结构统统错脱——不是一眼眼不对哦，是统统错脱！其实也不至于全部错脱嘛。依讲，介直截了当，啥人受得了？"……

　　夫妻俩半真半假"吵"了起来，我这个局外人，只好坐在一边尴尬地喝着茶。

　　至于曹晓明与金泽光老底子是怎么结缘的，还有故事要讲。14岁时，曹晓明随同济大学教授倪景楣学素描，19岁的金泽光亦是学员。倪老师画室有个规矩，由学生轮流当模特，有一天轮到了年龄最小的曹晓明。诸多同窗的画作中，金泽光将小模特若有所思的眼神描摹得入木三分。10年后再相聚，金泽光还保留着这张素描。于是，女大当嫁的曹晓明没有听从家里人的"撮合"，心里早已潜伏了意中人。经过包括影星邬君梅在内的亲朋好友的"三堂会审"，最终集体"亮灯"：金泽光以"稳重不失风度"顺利过关，牵手成功！

　　金泽光姓金，是金子总是会发光。这话是曹晓明说的。金泽光本行是建筑师，常州大剧院、松江程十发艺术馆即是他的作品。闲暇，他把凝固的乐章延伸到了宣纸

上，以建筑师的视角，演绎出具有传统人文精神的现代水墨画。而且，他写的建筑随笔，也是才情横溢，恬淡幽雅，出奇的清美耐读，这眼界，这情怀，这修养，可以看作是上海这座风华城市的精深底蕴。临别，金先生赠我一幅建筑小品，绘的是江南民居的一角，笔触是简洁的，表达却是丰富，隔着古色古香的窗户，似乎能望到水乡的潋滟波光，线条沉静而稚拙，古意中散发着闲趣。我想，这般画面情致，与金泽光儒雅低调的古典性情，是完全吻合的。

所以，曹晓明回头又讲："伊老淡定的，好比是我的保护神。现在我的作品全部叫伊把关，伊讲好我才敢拿出来。伊不像别人那样吹捧我，当面总是泼我冷水，背地里却为我自豪，拔我支持。"呵呵，上海女孩真是个幸福女人哪！

写到这里，读者要问：曹晓明乃老画家曹用平的千金，你怎么只字不提？看官莫急，容我逐一叙来。去曹晓明画室造访时，我特意带去了一本画册《金融奇葩》，里面收进了曹用平上世纪80年代为储蓄宣传挥毫的两幅作品：《欣欣向荣》，《黄金满树报丰收》。曹用平如今90多岁了，早年师承王个簃，汲取吴门精髓，擅画花卉蔬果，尝将金石韵味融于笔墨，涵蕴隽永，独辟新野，画界获"曹紫藤"之雅号。"文革"时期，曹用平家藏的名家墨迹被悉数抄走，数百幅古画杳无踪迹，而他却淡然视之。曾经我眼即我有。玩收藏，我记住了曹老先生的一句话："我一生一世都白相过了。"

说到老爸老妈，曹晓明给我看手机里储存的照片：老先生微闭着眼睛，仰脸坐在椅子上，听凭老太婆替他修脸刮胡子，一副惬意的神情。"灵伐？灵伐？阿拉屋里厢这两个老宝贝老灵的吧！"曹晓明的口气里分明有种孩子般的炫耀。

"乘着阿拉老宝贝精神好，我寻机会花花伊，叫伊帮侬画一把扇子吧。" 曹晓明由衷地说道。上海闲话"花花伊"，即是哄骗哄骗的意思。小人靠捧，老人靠哄。可以想见，貌美如花的千金柔声细气，在耳畔一番"花言巧语"，老先生的心里肯定绽放出花儿朵朵来……

天地飘飘一江鸟

——看沈鸿根笔底"软硬兼施"

我也"有一搭没一搭"地练过沈鸿根、顾仲安的字帖。按照坊间的说法，顾仲安的字，棱角分明，正气凛然，用笔踏实，配正人君子；沈鸿根的字，玉润珠圆，潇洒流美，用笔飘逸，配成功绅士。

不得不承认，数字时代，有了电脑和手机键盘代劳，人们在日常生活中提笔写字的机会越来越少了。据说一些模样光鲜的白领，在一年的时间里都写不到1000个汉字。作孽啊作孽！

有过一段时期，硬笔书法风靡大江南北，上海滩名气"乓乓响"的有四位：沈鸿根、顾仲安、林似春、钱沛云，外码头则有庞中华、陆维中、王正良等名家。其中的林似春，为我的硬笔书法老师，我跟他学了3年钢笔字，惜乎心猿意马，或因儿时经常刻蜡纸，直笔硬画，破了童子功，始终未能习得精髓，挥起笔来，刚正有余，气韵不足。都说一手漂亮的好字是人的"第二张脸"，我这写字德性，篡改一句护肤品的广告语："干我们这行的，写不好字，嗨，还真对不起咱这张脸！"

后来，我也"有一搭没一搭"地练过沈鸿根、顾仲安的字帖。按照坊间的说法，顾仲安的字，棱角分明，正气凛然，用笔踏实，配正人君子；沈鸿根的字，玉润珠圆，潇洒流美，用笔飘逸，配成功绅士。

上世纪80年代末，我在老北站一家银行干活。同事当中，有位叫谭玉衡的老法师，年逾半百，闲来喜好练练硬笔书法，还报名参加了书法函授班的学习。这个函授班的创办人，正是别号"江鸟"的沈鸿根。老谭一有空，就拿出函授班寄来的字帖

沈鸿根书法扇面

"侬葫芦画瓢"，正经八百，孜孜不倦，随后从中挑出几张作业寄回。每当印有函授班字样的信件送到，老谭就像等待发榜的考生那样，小心翼翼地拆开信封，看"江鸟老师"会在自己的钢笔字作业上画多少个红圈，为习字的点滴进步而露出孩子般的笑容，还不时递给我瞅个真切："侬看看，圆圈圈比上一趟多了好几个呢。"

寒来暑往，老谭完成了初级班的学习，旋即中级班的录取通知紧跟了上来，函授费用也从10元涨到了20元。老谭平时锱铢必较，克勤克俭，20元不是个小数目，思忖了半天，只好中途"辍学"了，但他奋笔练字的习惯却一直保持着。

忆及这段往事，倏然觉得，那个年代，文人言义不言利，沈鸿根却是非同寻常，用今时的话来讲，"有脑筋，会来事，善经营，懂运作"。当年，他还策划操办了两桩硬笔书法发展史上的"重要事件"：1981年春，沈鸿根与友人叶隐谷、林似春联手，在沪上创办了国内第一家民间硬笔书法团体——晨风钢笔字研究社，兼任社长之职；同年，他在上海和平公园组织举办了全国第一届硬笔书法展览，并至江浙一带巡回展出，风风火火，名噪一时。

无意间搜得江鸟先生20年前写给文友的一纸信函，其中提及他的润笔标准："……所嘱题字已就，奉上，请查收。如有人求字，可介绍来，但应照润格办。毛笔中堂每幅500元；条幅每幅300元，题签每条200元，招牌每字500元，作序每篇500元，硬笔书法每件100元，签名设计每名50元。海外朋友，润笔加倍。"按劳取酬，言之凿凿，小葱拌豆腐，一清二白。

江鸟，鸿也；鸿者，大也。5年前，适逢黄某人弄璋之喜，得一6斤6两儿子，取名黄羽鸿。朋友悉知犬子名字中有个"鸿"字，特意觅来江鸟先生的一幅扇面书法，凑趣道贺。扇书虽简单，却包涵无限心意，吾自是感激不尽。据说沈鸿根取别号江鸟，应有"鸿踏雪泥"、"鸿鹄大志"之意，无怪乎他的钢笔字既有淳厚朴茂、大巧若拙之古雅，更具飞鸟出林、惊蛇入草之奇趣，实乃"天地飘飘一江鸟"也！

"江鸟体"独标圈内，而沈鸿根并不满足于"硬笔书法家"的名头，自认为"软硬兼施"，软笔书法亦自成一格。我观沈鸿根毛笔行草，笔似断而意实连，气势贯畅，顾盼生姿，似乎很想追求沉稳之气与清雅之味。但客观来讲，他墨迹中的线条较为平缓，少了几多雄放挺拔、清劲遒健之骨力，结体与章法也不够凝练稳健，这大概是他的毛笔书法"软而不硬"、掌声寥落的原因之一。

张炜在《纸与笔的温情》一文中，以作家特有的敏感，道出对手写文化的留恋，并由此察觉出汉字书写的诗意性根源。华夏文字，源远流长，从甲骨到殷墟，从象形到象声，横竖撇捺弯折勾，篆隶魏宋行草楷，车载斗量，博大精深。文字是文化之魂，忘却书写，是一种对文化"丢根弃本"的行为。无论E时代发展到何等的光怪陆离，俺们都不该轻易颠覆手书汉字的传统习惯啊。

"鸿言无忌"黄羽鸿

"女儿是水做的骨肉"

——马小娟画"窈窕美眉"美也不媚

好在我藏扇面手卷，就不存在问题。窈窕美眉，镜花风月，寸丝不挂，藏于扇中，半遮半露，可展可收，涵蓄低调，意犹未尽。其实，"食色性也"，"吾未见好德如好色者也"，古圣人都有如此透彻的见解，今人的扭捏，反而显得小家子气了。

一位老领导，新宅刚装修完，知道我画廊里人头熟，托我替他挑一幅油画，还特别关照："千万不要画光屁股女人的，屋里没法挂，老太婆看到要骂我花老头子的！"呵呵，言下之意，若是老太婆没得意见，老头子还是乐意欣赏的。

人体艺术作品，向来仁者见仁，智者见智，色者见色。《三字经》头一句应该是"人之初，赤条条"。美术圈内盛传，早在1965年，毛主席他老人家就在"内部"谆谆教导："男女老少裸体模特儿是绘画和雕塑必须的基本功，不要不行，封建思想加以禁止，是不妥的。""文革"风暴来袭，首开写生裸体之风的刘海粟刘大师先是站着挨斗，忽一日，传来最高指示，其中毛主席夸了一句徐悲鸿，夸了半句刘海粟，刘老闻旨，叫一声"毛主席懂啊！"此后挨斗，就恩准刘大师坐下来接受革命群众教育了。那个10年，唯一可供人民群众窥看的"女裸体"，全躲在《赤脚医生手册》里。虽说如今社会早已开化开明开放，但真要在自家厅堂里悬挂人体艺术作品，心里还是有些抖豁啊。

好在我藏扇面手卷，就不存在问题。窈窕美眉，镜花风月，寸丝不挂，藏于扇中，半遮半露，可展可收，涵蓄低调，意犹未尽。其实，"食色性也"，"吾未见好德如好色者也"，古圣人都有如此透彻的见解，今人的扭捏，反而显得小家子气了。

马小涓《裸女》系列扇面

去百乐草堂，堂主徐乐华小心翼翼从柜子里取出五六件扇画，全是马小娟画的裸女，古雅、柔美、纯净、内敛，看了爱不释手。一问价码不便宜，我选了两幅。徐乐华见我下了单，似乎恋恋不舍，包装前又对扇中尤物多看了两眼，而后轻手轻脚用纸包好，说声"便宜你了"。一笔寻常交易，瞬时变得缠绵悱恻起来。

马小娟笔下的女子，无论穿不穿衣，一开始并不怎么招人待见：面孔扁扁的，额头窄窄的，眼睛高高的，一条长线勾勒的鼻子，两瓣墨笔点出的朱唇，几分夸张，几分拙相，比明代画家陈老莲画得还怪异，击碎了常人印象中的美女模样。然而，这种不拘于标准意义的造型，摈弃了人物画唯美甜腻之俗套，仔细咂摸，令观者于朦胧幽静的氤氲之气里，感触到一股属于江南女子的清淡忧愁与落寞柔情，进而呈现一种深藏不露又耐人寻味的美感。

看过马小娟的画，再看她本人，笔墨流露的优雅气质，或娇柔，或舒缓，或温婉，分明跟画家的性情别无二致。所以，画卷里充溢的娴静雅致，大抵也在表现她的生活状态，从容不迫，泰然自若，没有一丝浮躁气。尽管这些年马小娟的作品气息有点变了，变得更"都市"、更"小资"了，可无非是让古典仕女穿上了时装旗袍，背景换作了摩登时尚的"新天地"，骨子里散发的，还是那份悠悠古韵之境。

笔能达意，墨能通情。有评论家感言：小娟的造型很独特，她笔下的仕女，一色浅发短额，容长的脸，秀俏的鼻，眉画春山，目如横波，更加樱桃小口，粉面生春，加上淡淡的晕染，越发肌肤莹润，转盼有神……是现代的夸饰，是一种放大的美。上海中国画院院长施大畏，30年前就对这位刚从象牙塔里走出的研究生画家印象至深，对其用笔墨色彩叙述的女性故事赞赏有加：

小娟的作品像一面多棱镜，总是恰如其分地折射出她心中的世界——每一面都很美丽。有的人总想像贝多芬和勃拉姆斯，用艺术语言承载历史和社会的使命；而小娟却犹如莫扎特和肖邦那样，恣意地让美丽画面从指间尽情流淌，就像缪斯女神将美丽带给人间。小娟也把自己心中的美丽带给她的朋友和读者。

让马小娟真正声誉鹊起的，当推前些年她创作的《红楼梦》与《金瓶梅》系列。我曾参加复旦大学与哥伦比亚大学联办的高级研修班，复旦的一位朋友馈予一册百年校庆礼品书，正是马小娟精心绘制的120回《红楼梦》线装画册。开卷细阅，赏心悦目，并不具体描摹原著的环境场景，而注重刻画人物神态及内心变化，落笔洒脱，遐想意外，大观园里那些个金枝玉叶，风姿绰约，环肥燕瘦，皆惟妙惟肖，似乎从画外都能感受到她们肌肤的呼吸。之后她又接手创作《红楼梦》的祖宗——《金瓶梅》，风格与技巧把控上更加游刃有余。画《金瓶梅》，不"露"会失去味道，"露"则容易流于卑俗，男欢女爱的场景无法回避，但马小娟的分寸拿捏得非常恰当，不淫邪，不粗鄙，不越轨，"三观未毁，节操未碎"，艳而不俗，点到为止，审美愉悦款款而达。

不过，让马小娟困惑不解的是，《金瓶梅》完稿后，因为涉及题材"烫手"，报批程序"辣手"，多家出版社一度不敢接手，"现在外面公开出版的人体艺术画册，暴露程度远远超过我画的《金瓶梅》了呀"。

听说也有男画家看了马小娟画的《金瓶梅》，不以为然，自古情爱唯"男"独尊，"女人怎么画得好《金瓶梅》?!"其实，男性有男性的角度，女性有女性的态度，不可一概而论。女画家特有的细腻与敏感，对于这部旷世奇书的视觉诠释，无疑有着别样的意境。就如早年周谷城与夫人李冰伯对《金瓶梅》的见解大相径庭，周谷老习惯将其归入"淫书"之列，周夫人却不认同，辩而驳之，可见女性的观念也非抱残守缺，谨小慎微。有道是"思无邪，故无畏"。

马小娟，画名亦写成三点水的"小涓"。想想也是，马小娟这一辈子，为学为艺，前后生活在玄武湖旁、西子湖畔、苏州河边，得益于水的滋养，与水有着不解之缘。更何况，曹雪芹曾妙笔拈出"女儿是水做的骨肉"之绝句。只要看马小娟作品里的点睛妙术，那些女子的眼睛，是用淡淡的水墨精心染写出来的，因此总有盈盈秋水般横波顾盼之美，清澈透明，直抵心灵。

《马小娟新绘红楼梦》封面

画家的口吃，藏家的吃口

―――何曦说话结巴笔墨表达不"结巴"

且观何曦的画，常以"何兮"落款。"何"者，不妨可以看作是对传统的诘问、取舍与超越；"兮"者，充满了感叹与致意。何曦何兮，难以定义。他的多向性与独创性，总带给人们匪夷所思的另类解读。

交关有意思，画家当中多口吃。远一点的，如明末清初"中国画一代宗师"八大山人朱耷，有"近代绝笔"之称的宋代画家董羽，清代文学家、书法家"铁齿铜牙"纪晓岚，个个声闻遐迩，但一说话却结结巴巴，听……听起来相当费劲；近一点的，像海派书画大师程十发，口吃很厉害，却极爱说戏话，且妙语连珠，令旁人笑痛肚皮。至于当代画家彭鸣亮、严培明，也是"著名"的结巴，严培明甚至喊出了"口吃是我创作的最根本的动力"这样的口号，看似励志，实则苦涩。也许，画家苦苦追寻的，正是一种不用开口就可以袒露思想的表达方式，口纳于言，默会于心，他们更乐意用自己的语言去发现大千世界。

上海中国画院画师何曦，口吃达八级，喜讲俏皮话。遇有媒体采访，他扬"短"避"长"，惜字如金，常说几个字的短句，像老底子发电报一样，倒能应对过去。美术评论家林明杰爆料：一次看画展，踱至名家抽象新作跟前，众人正悉心揣摩，他在边上悄悄嘟哝一句："倒蛮……像三……文鱼刺身。"经他这么一忽悠，大家哈哈一笑，回头再看那幅画，真觉得妙不可言啊。

很难想象，像何曦这样说起话来省略号哒哒哒的节奏，急得煞老百姓，当年在大学做老师时是怎么给学生讲课的。据说每当他为了艺术上的观点分歧，与他人争

何曦《蜻蜓奇石图》扇面

辩时，总是面红耳赤，心急火燎，却辞不达意，很快就败下阵来。然而，他的内心深处，永远潜藏着一团求是的烈火。正如那首被他唱得格外流畅的郑智化的歌曲："当别人误解我的时候，我总是沉默，沉默对我来说其实是一种反驳。"

生活中的何曦少言寡语，但在创作中却机智敏锐，思如泉涌。上世纪80年代末，他在浙江中国美院读书时，就厌倦了"一石二鸟三朵花"的传统花鸟画模式，开始琢磨自己的笔墨语言和独特的意象表达。渐渐地，何曦以对生活的勘探之态，将画笔切入自然、生态与城市，给传统花鸟画注入了惊世骇俗的新形式，象外之象，弦外之音，唤起受众"活在当下"的诸多联想。于是，缸里的鱼，灯下的鸟，笼中的雀，盆里栽种的湖石，高不过门楣的丛竹，都成为他画面的主角，其间穿梭着各种作为生命活体的昆虫，冷艳而唯美地叠加在画幅中，令人犹如品读现代主义诗歌的隐喻句法，于多重维度的审美奇遇中，释放被压抑长久的视觉张力。这……这……这下该轮到观者口吃不已、惊掉下巴了。

我的扇斋，藏有一幅何曦画的蜻蜓奇石扇面。但见奇石嶙峋，鬼斧神工，占据视线的主干，一侧的蜻蜓身姿轻盈而柔弱，与巨石形成鲜明的反差。精致准确的造型，简约爽利的笔触，化清气为灵气，化惊奇为传奇，一记头拆散了传统笔墨程式，蕴涵着当代艺术的精神元素，这昆虫怪石不过是何曦借助和传达的替身，分明有着都市生活中你我他的影子，表达了画家对生命境遇的人文关怀。正所谓"写貌物情而发人思"。

何曦这一路默默前行，颇具戏剧的间离效果，独来独往，我行我素，有些孤独，可他似乎非常享受这份孤独。且观何曦的画，常以"何兮"落款。"何"者，不妨可以看作是对传统的诘问、取舍与超越；"兮"者，充满了感叹与致意。何曦何兮，难以定义。他的多向性与独创性，总带给人们匪夷所思的另类解读。这不，何曦又玩起摄影了，影展办在原曲画廊，取名《心眼》。他用画家的眼光去捕捉美妙瞬间，无论光影、视角、构图，都有绘画般的高度，每一帧气质纯粹，浪漫极致，这便是何曦特有的"心眼"哦。

庞飞他们还没进画院之前，何曦算是年龄最小的画师。我认识一位收藏大家，在小画廊里挑了两幅何曦的作品，被好朋友施大畏施院长晓得了，就苦口婆心地对藏家说：侬买何曦的画做啥？我叫伊帮侬"塌"两幅就是了。看来，不善言辞、外冷内热的何曦，在大畏的眼里总归是"小鬼头"一只。

"小鬼头"何曦，资历不浅了。2009年，他的作品《陌生》参加十一届全国美展，捧回银奖。提起这幅画名，画家庞飞说过一段插曲。当时何曦拿来两张画，随便挑了一幅参展，可惜没有名称。偶然间，翻到一本闲书，书名就叫《陌生》，于是"借"来一用。画作获奖后，这个信手拈来的题目被媒体反复品评，居然都说妙极啊妙极，实在有意思。同时去全国美展的画院同事洪健，也拿了个银奖，作品标题却颇费思量。起先洪健取名为《上海杨浦水厂》，后来画院的头头脑脑去考察了一圈，发现这个水厂可不简单，系李鸿章搞洋务运动时开建的，大伙儿聚首一商量，改题为《洋务遗存——上海杨浦水厂》，又觉得外地人对杨浦水厂比较生疏，再改两字，定为《洋务遗存——上海百年水厂》。由此，画题和画面相得益彰，倍感厚重沧桑，为作品加分不少。

洪健的扇画故事，请看后一篇。

映日荷花别样"洪"

——洪健摹写老建筑"贵到没朋友"

上海姓什么？上海姓水。水是流动、变通、融汇，这是海派文化海纳百川的特有禀赋。荷花旁水而生，水厂源远流长，"洪"字偏旁为三点水，统统离不开水。洪健生于斯长于斯，在海派文化的浸染中如鱼得水，行云流水。

三年前的夏日，上海中国画院翻箱倒柜，在附属美术馆推出了"荷风徐来——上海中国画院藏荷花作品展"，甚是应时应景。漫步展厅，满目莲荷，名家手笔，别具情味，北宋散文家周敦颐的经典绝句禁不住蹦达出来："香远益清，亭亭静植，可远观而不可亵玩焉……"陈洪绶、吴昌硕、齐白石、虚谷、江寒汀、来楚生、张大壮等绘写的荷塘佳绝，济济一堂，院藏精品，真的是"荷"盘托出了。

展览的操盘手洪健，60后，上海中国画院画师，还挂着一个展览部主任的头衔。却说布置完荷花画展，或许觉得还少几分生趣，不甘平庸的洪健，一不做二不休，索性跑到沪郊运来了莲蓬，闲散地插在展厅四周，于是乎画里画外，活色生香，清风盈怀，"蓬"荜生辉。

无意间觅到一幅扇面，正是洪健的工笔荷花。一生画荷无数的大千先生说过："中国画重在笔墨，而荷花是用笔用墨的基本功。画荷，最易也是最难，易者是容易入手，难者是难得神韵。"洪健画荷，深得个中三昧，扇中花叶参差，红绿相扶，凝露逸香，姿媚转盼，绰约如凌波仙子，高洁素雅，又挺拔俊秀。在他细腻巧密、灵性四溢的勾勒下，花瓣的正侧、明暗、尖圆、凹凸，皆过渡得丰盈而微妙，再观荷叶舒卷掩映，叶筋纹理隐现，用墨清新脱俗，淳厚飘逸，汲天地灵气之精，拥潇洒儒雅之神，

洪健《荷花》扇面

淡墨轻岚共一体，配上画题"莲花迎我至，婀娜我自痴"，令人遐想翩翩。

不过，洪健最受人追捧的不是风情万种的水中芙蓉，而是保留着历史遗痕与神髓的都市老建筑作品。也许，花鸟静物之类"小情小景"式的审美格局，已经难以承载他内心的艺术架构和精神体量，因而他以当代视角切入城市命题，围绕生硬的单体或组群的建筑立面，把欲言又止的克制和欲说还休的明智，巧妙地投射到城市记忆的宽银幕上，给干净利落的画面渲染了一层情绪色彩和文学意象，进而展开了一场自我扬弃的艺术"破冰"之旅。

一日去画廊，见识了洪健"精工"的建筑图像，一栋夕照下树影摇曳的旧宅，乍看之下，色调灰灰的，笔触硬硬的，空旷而静穆，却不乏磅礴的"气场"，有一种别样的冷峻。一问价钱，掌柜的回称"三万一尺"，不由得倒吸一口冷气：画价这么高，确乎"贵到没朋友"了。

你还别嫌贵，有消息说，在2014九城艺术联展上，洪健的"上海故事"系列，一鼓作气售出了14幅，高居榜首，成了画展的"人气王"。窃以为，洪健的"火爆"，在于画家的变革与突围，已非局限于材料属性或笔墨程式的改变，而是移转了中国画传统的审美表现对象，使画作视野更开阔，水墨取向更多元，文化品性更独特，让观者产生了陌生化的艺术体验；再则，画作摹写的题材，无疑开启了沪上买家的特殊情结：老洋房、旧公寓、石库门、大马路，粗壮的梧桐，斑驳的墙面，锈蚀的门窗……全都凸显了这座城市的历史肌理与质感，并同当下的时尚生活融为一体。于是，隐现在都市意象里的建筑不再冷若冰霜，有了可以伸手触摸的厚度与温度。诚如康德所言："审美判断其实是一种情感判断。"人们从洪健撷取的建筑"活体标本"里，唤起对于过往历史的缅怀与追索，抚纸兴叹，或感沧桑物移，或致遥想流连。

读王唯铭大著《与邬达克同时代》，挥洒自如地游走在百年上海的凝固乐章之中，似乎对洪健苦心营造的"场景美学"，乃至在画纸上盘摸出来的"文化包浆"，有了更为鞭辟入里的体察。很大程度上，都市景观是一部可供繁复解读的文本，洪健纯粹的风格化还原，无论形态还是气质，给予老建筑一种新的生命延续，使城市特性得到了深具蛊惑的张扬。

前一篇提及的那幅《洋务遗存——上海百年水厂》，让洪健从全国美展拿回了银奖，可以视作他的"上海故事"视觉表述的代表作。宽幅的通屏形制，"计白当黑"的空间处理，彰显了历史背景的宏大叙事性，从中既能窥见洪健熟稔的严谨写实的精湛技法，也借鉴了西画光感透视甚至雕塑艺术的"旁门左道"，从容完成了对历史钩沉、城市传奇及人文意蕴的图像升华。

上海姓什么？上海姓水。水是流动、变通、融汇，这是海派文化海纳百川的特有禀赋。荷花旁水而生，水厂源远流长，"洪"字偏旁为三点水，统统离不开水。洪健生于斯长于斯，在海派文化的浸染中如鱼得水，行云流水。

画是情书，用眼睛去定情

——“女文青”鲍莺、万芾的浪漫诗意

传统工笔花鸟画，古往今来，繁花似锦，万涓成海，名家辈出，宋代之前主张色彩浓重厚实，宋末元初转而以清幽淡雅为风尚。然而，凡事过犹不及，太过清淡则失之轻薄，讲究单纯则缺少变化。新生代画家欲突破传统独辟蹊径，画出新韵，恐非易事。

女画家活跃于海上画坛，是有传统的。追溯海派绘画史略，自上世纪30年代起，上海就诞生了国内第一个“中国女子书画会”，群芳吐艳，落英缤纷，一连串闺阁画家的大名，叫藏家如数家珍。不可否认，传统女性绘画，当属封建文化制式下的道德呈现，妙书画，工诗律，不过是闺阁名媛消闲遣怀、怡情修德的工具罢了。尽管凭借女性的细腻和敏感，她们笔下的花花草草里，偶尔也会闪烁着生活感悟的一线灵光，但终究还是趋附于男权社会的艺术评判作为认同标尺。这样的潜意识，游荡至今，或深或浅，从来都未摆脱。

反观当代女性画家，源自中国画传统，又分明深受西风的熏染，或许画的依然是大千世界的闲花逸鸟，却以乐观进取的理念和独辟蹊径的方式感知自然，倾诉心曲，画面呈现平静而朴素，审美形态诗意而浪漫，一花一叶之间，喷涌出一股蓬蓬勃勃的生命热力。新近觅得女画家鲍莺、万芾的扇作，观其优雅脱俗的“新工笔”，便有这种深切的感受。

看得出来，两位女画家都有过浓得化不开的文学情结。不然，她们的笔墨里，怎么会汩汩流淌着诗一般的宁谧与澄明？

鲍莺《牡丹图》扇面

　　70后的上海中国画院画师、文学学士鲍莺爱读诗，念书时喜欢张爱玲的作品。在她信手拈来的读书笔记里，频频出现关于"浪漫"和"诗意栖居"的描述，洋溢着典雅蕴藉的传统美学意趣，又传递出当代女性所秉持的绘画理念。字里行间，总能看到画面意境的本相所在："我的画是我的'情书'，让我表达我的追求。"因而，铺展开鲍莺的画作，不论是工笔设色，抑或水墨晕染，宛如一首首平淡娴静的诗歌，蕴涵着很文学、很诗意的心灵独白，轻吟浅唱，细语呢喃，体现出女性画家的独到审美与诗性追求。前几年，鲍莺曾把自己的一次个展标题，命名为"诗露　花语"，极见匠心，恰有一种隐语在不言之中款款表达：这些绽放在画纸上的闲花野草，从花瓣到叶尖，缀满了唐诗宋词的晶莹露珠，在古淡天然的意趣中，让自然妙境得以浪漫起来。

　　手头这柄鲍莺绘制的成扇，也是以花卉为主题，暗香幽馥的氤氲里，透出一股新鲜生动的气息。所谓"夺造化而移精神"，鲍莺醉心于体察入微的新工笔，在恬淡疏朗的调性下诠释出一种明媚的心绪，扇面充满了阳光而郁勃的人文情愫，以及古雅婉约却不乏现代气质的别致美感，张扬着自信与活力，激发观者的愉悦感，叫人

万芾《花鸟》扇面

没法忽略她的存在。

至于另外一枚"女文青"，上海工艺美院教授万芾的作品，自有一种淡淡的喜悦与淡淡的哀愁。这令人联想到以"物哀"为美的日本文学，即在悲戚荒凉的心境中生发出的忧郁美。当然，"物哀"不能只理解为悲哀、伤感之义，也包含了哀怜、同情、感动、凄美的意思，这种美，要靠心灵来感悟。还是文人郁达夫对日本文艺美学概括得比较到位："清淡中出奇趣，简易里寓深义。"

万芾与文学的缘分，似乎更深一层。读赵丽宏的小说《童年河》，无疑是一场温馨惬意的美妙享受。其间不仅有作家情真意挚的生活叙事，并且配有10多幅万芾的工笔画插图，画风写实逼真，淳朴中飘散着暖暖的情意，与赵丽宏的文字堪称"绝配"。万芾还时常应约为《上海文学》画插图，精心勾勒的工笔白描，将小说中的情节与人物神态刻画得惟妙惟肖。所以，赵丽宏曾在他的四步斋里记下如是文字：

万芾是一个性情安静的女画家，她不张扬，不浮躁，虽然生活在热闹的都市，却能以一颗沉静的心观察自然，谛听天籁。天地间的树木花草，在她的眼中都是曼妙可亲的挚友，而栖息翔游于花树中的花鸟虫鱼，都是她的知音。自然弥漫在心田，天籁回漾在胸臆，她的笔墨才会如此丰沛传情。

传统工笔花鸟画，古往今来，繁花似锦，万涓成海，名家辈出，宋代之前主张色彩浓重厚实，宋末元初转而以清幽淡雅为风尚。然而，凡事过犹不及，太过清淡则失之轻薄，讲究单纯则缺少变化。新生代画家欲突破传统独辟蹊径，画出新韵，恐非易事。而万苗的工笔水墨，以少胜多，以静思动，将大千世界的花树飞鸟统统邀集到宣纸上，造型精准，不失曼妙神韵，朦胧静美，更显格高意远，可谓于繁复之中显单纯，于工整之中见逸趣，确有过人之处。

画廊里很少见到万苗的扇画，此幅扇面，系《上海美术》杂志责任编辑卢金德先生转赠给我的。但见方尺之地，巧心构筑，颇具"景格扇"的多维空间——光影抒情，淡淡交错，过滤了市井的喧嚣，投射在疏密有致的枝杈间；鸟雀栖于墙头，羽毛纤毫毕现，仿佛可以触摸到那细密温热颤抖着的柔软，小鸟眼神含着灵光，充满静谧而神秘之感，空灵唯美，摇曳生姿，映现出中国传统的诗性大美。万苗画笔所致，虽然只是花园中一个小小角落，却让人窥见"一花一鸟一世界"的丰繁浩瀚。我想，落笔如此细腻悠静，能将田园牧歌式的景致带给公众的女画家，该拥有怎样一颗远离尘俗的心呢？

听说新生代画家，不少人有着一边画画，一边戴着耳机听CD的习惯。那耳机里面，好似隐隐传出王菲的歌声：住在同一个天体，学会用眼睛去定情，爱情是面镜子，有谁住在那里，我寻找你看见天敌，点破天机，用我一滴泪的力气……

赵丽宏小说《童年河》封面

唯女人与小人好"养"也

——朱新龙、朱新昌画坛"哥俩好"

朱新龙和朱新昌擅画人物,阿哥新龙多画女人,传达情意缠绵,阿弟新昌喜画小人,留驻童真烂漫。到了他们笔下,唯女人与小人好"养"也。这个"养",是养眼、养心、养性的意思哦。

海上画坛多兄弟画家,朱新龙、朱新昌就是其中一对。兄弟俩自幼便在一起涂鸦,从画连环画起家,成名较早,一同加入了中国美术家协会,均为国家一级美术师,在全国美展中屡屡获奖,甚是难得。朱家兄弟合作的《儒林外史》、《封神演义》、《炎黄源图说》,都是连环画藏家津津乐道的精心之作。

接触过朱新龙、朱新昌的朋友说,兄弟俩性格内敛,宽仁豁达,淳朴厚道中不失温文儒雅,平实低调里透着睿智与灵气。然而,他们一旦进入创作状态,却是生龙活虎,激情喷薄,凭着他俩对艺术规律的感悟和对文化形态的理解,以及早年练就的扎实的写实造型能力,兼蓄多种绘画元素,锐意创新,臻于佳境,其写实与变形、泼墨与工笔,在宣纸上水乳相融,珠璧交辉。

朱新龙和朱新昌擅画人物,阿哥新龙多画女人,传达情意缠绵,阿弟新昌喜画小人,留驻童真烂漫。到了他们笔下,唯女人与小人好"养"也。这个"养",是养眼、养心、养性的意思哦。

世博会前夕,我去上海中国画院拜访施大畏施院长,穿过大厅,但见十数位画家热汗涔涔,挤挤插插,正在协力创作世博会献礼长卷《万国风采耀浦江》,而领衔主创者正是朱新昌。一脸倦容的朱新昌告诉我,这幅长达21米的风情画卷,描绘了世博园区5.28平方公里内的所有展馆。铺开长卷,浦江胜景尽收眼底,各色人物摩肩接

朱新龙《弈棋图》扇面

踵，细细数一数，竟多达7000多人。为让巨作尽早摆进中国馆展示，他率领画院部分画师、中青年艺术家17人，已经日夜挥毫2个多月了。临了，为了纪念这份难忘的集体创作情谊，他们还把团队众生相画进了长卷一隅。且观在世博广场玩自拍的一群画家里，中间那位撑着拐杖的，即是庚寅本命年在家搬动雕塑时砸伤大腿的施院长，十足的"跷脚老虎"，而边上交叉双臂、面相憨直的中年人，不就是团队主心骨朱新昌吗？

被施大畏称作"老实头"的朱新昌，却画了很多极其浪漫且充满童趣的作品。七年前的上海扇博会，我就相中了他的数帧儿童题材的扇画作品，画中的书童、顽童，在阳光底下尽情嬉闹玩耍，实在好白相啊！所谓丹青三昧，并不在于笔墨本身，而在于笔墨内涵与物象的彼此冲融。朱新昌的砚边余墨，大多追朔孩提时代的纯真记忆，崇尚写意格致和文人意趣，以灵动的线条、恰当的变形与淡雅的施彩，在诙谐愉悦的生动视觉中，隐隐道出一种田园诗歌般的快乐和宁静，犹如音符般的美妙动感。

不过，这年头朱新昌除了画小人，又别开生面，将聊斋故事里的狐仙鬼魅，用中国画方式逐一呈现。画聊斋，文学语言和绘画语言如何转换，并不是一件容易的事。刚画了十来幅，朱新昌觉得压力甚大，有些信心不足，干脆搁下画笔，到蒲松龄的家

朱新昌《童嬉图》扇面

乡跑了一趟，香烧过了，头磕过了，气息接上了，灵感找到了，心里有了责任感和敬畏感，"再画不好我怕蒲松龄半夜里会找上门来的"。

整整两年时间，费尽心血，他把120幅聊斋绘本拿了下来。天天跟"花妖狐魅"打交道，"老实头"朱新昌并不安分，他大胆汲取现代元素，采用虚构空间，故意打破透视追求构图平面化，以分割、错位、拼接的表现手法，使画面在唯美的框架下得以缱绻舒展，又将瓷器图案、杨柳青年画、民间剪纸等统统融入其间，构建起虚幻迷离又蕴涵丰富的奇异世界。望着一个个活泛起来的鬼怪人物，耳畔倏然响起电视剧聊斋的一句经典歌词："鬼也不是那鬼，怪也不是那怪，牛鬼蛇神它倒比正人君子更可爱……"作家莫言也以《学习蒲松龄》为题，替朱新昌的聊斋绘本作了序。

鬼狐有性格，笑骂皆文章。阿弟新昌笔下的聊斋女子妩媚有态，而阿哥新龙描摹女性，更是拿手好戏。就读于皖苏沪三家高等院校美术系的朱新龙，善于洞察女性清澈而明丽的内心，由内而外地勾绘其真性真情。因而，看朱新龙塑造的女性形象，眼神之间的传递，眉宇之中的流露，言谈中好似不动声色，却缠绵悱恻，婀娜多姿。

闲来逛画廊，店主向我推介朱新龙的作品，"阿弟的画越卖越贵，阿哥的画就更有苗头啦"。这个推理其实并不成立，但阿哥画作表达出来的文人情结和笔墨意趣，倒确实可圈可点。去的那天，刚巧没有他画女人的扇面，便挑了一幅弈棋图，纸上水墨酣畅，拙雅相济，形神兼备，相当有味。

与阿弟相异，阿哥的画风更趋写实，泼墨工笔相得益彰。画廊里挂了几幅朱新龙绘的新作，娴雅仕女或吹箫，或抚琴，或赏花，或捧卷，落笔飘逸灵动，笔笔有变化，气质唯美惬意，处处见匠心，色调丰富又恰到好处，在传统与当代的时空交叠中闪烁着繁华梦境，不愧一派江南烟雨供养的笔墨精华。绘画之道，当择品流。从他的画卷里，总有隽美诗情天然逸出，显露出画者对传统文化情结的迷恋和心智魅力。此般意境，非深厚古文诗词沉淀而不可得也。

当下的市场，阿弟新昌的画比阿哥新龙更讨巧，更好销。对此阿哥坦言："我的一些朋友也喜欢吾弟的画，有人要我学习他的画法。可是我总觉得我们相互影响会很多，绘画面目应该不同。"是啊，兄弟虽是同根生，但在艺术呈现上应该有不同的理念，别样的风貌。路途漫漫，艺无止境——奔跑吧兄弟！

朱新龙国画《碧荷馨香》

上海闲话，可勿可以画出来？

——范生福、范思田兄弟"海上寻梦"绘风情

怀旧，是一种生命态度，更是一种情感温度。范生福、范思田合作的扇面鱼贯而出，依旧是上海滩风情题材，那些个充满市井气息的镜头，仿佛影院散场后残留在座椅上的余温，是可以触摸到的快乐童年的记忆。

用上海闲话写文章，我试过，有点别扭。老朋友吕争在新民晚报上编了个新版面，版名就叫"上海闲话"，约我写一篇稿子，不过要用上海闲话。我磨磨蹭蹭拖了几个月，感觉有些不好意思，硬着头皮写了交差，内容就写我的藏扇生活。

我的上海闲话，讲得不算纯正，也不算离谱。好在有吕争把关，标题改成了《扇哉善哉，我侪园好》（侪：全的意思；园：藏的意思），文中一段描述拍卖会的景象，写成上海闲话即是："迭把扇子一露头，拍卖会像煞倒翻了田鸡篓，好几个藏家五斤吼六斤，侬勿让我，我勿让侬，形势邪气吃紧。我头脑一热，穷追勿舍，从一万块起板，一记头拍到三万块，闹猛得一天世界，十几个回合拗手劲，总算拨我搞定……"语言鲜活是鲜活，但敲打电脑键盘时很费脑筋，跟我读书辰光写"中译英"考题时的生涩表情，确有一拼。这篇文章，后来还被收进了《浓浓沪语海上情》一书。

上海闲话难写，难读，但画出来却是交关好白相。比方讲，老底子有一则沪语童谣——"小三子，拉车子，一拉拉到陆家嘴，拾到一包香瓜子，炒炒一锅子，吃吃一肚子，拆拆一裤子，到拉黄浦江边解裤子，拨拉红头阿三看见仔，拖到巡捕行里罚角子"，这样的闲话要是由画家画成多格漫画，该是多少妙趣横生啊。

画老上海风情，除了贺友直是"一只鼎"，沪上还有不少画家也跃跃欲试，其中

范生福、范思田《海上寻梦》系列扇面

的范生福、范思田兄弟，算是异军突起。年前的晚报"上海闲话"版面，就连载了兄弟俩的专栏，将老上海人的生活百态，逐一捕捉到画格里，笔触细致入微，颇耐咀嚼。有消息说，兄弟俩还曾以"海上寻梦"为题，联袂举办了画展。而专栏的文字，则请老作家沈寂主笔。沈寂以写十里洋场世态人情著称，对申城掌故了如指掌，画面经他妙笔演绎，底蕴十足，令读者浮想联翩。

一笔写勿出两个"范"。范生福是兄长，他的大名我不陌生。七八年前，我还收藏了他的一帧《荷花仙子》扇面，画得清新脱俗，流利潇洒，尤其是人物的一头秀发，活像著名小吃龙须酥，纤毫毕现，实在服帖。范生福自幼喜读连环画，暇余临而摹之，悉心揣摩我国古代线描技法，先后向赵宏本、贺友直、顾炳鑫、颜梅华、华三川等前辈求教，博采各家流派所长，形成了清秀素洁、典雅稳健的传统白描风格。看他的画，时常让我回想起少儿时代读过的《故事大王》，几乎每期杂志，都有他招牌式的线描插图。而小弟范思田，师承当过孙中山先生随从秘书的书画名家田恒田寄苇，同样擅长连环画，画风严谨不苟，细腻精致，拿过全国科普美术作品展二等奖。

范氏兄弟画了一辈子的连环画，各自的代表作不胜枚举，但联手编绘的连环画仅有《辛弃疾》、《宋璟砸碑》等几本。凭心而论，兄弟俩的线条功夫有目共睹，不矫柔，不造作，不虚浮，不管别人怎样翻新出奇，他们总是以不变应万变，将传统进

范生福、范思田《海上寻梦》系列扇面

行到底。特点和弱点之间，往往只有一线之隔。也许正因为缺少变化，两人的作品有点刻板，容易让读者产生审美疲劳。这个我就实话实说了。

怀旧，是一种生命态度，更是一种情感温度。初夏一场拍卖会，地点恰好在我儿时念过书的崇明路小学的隔壁。范生福、范思田合作的扇面鱼贯而出，依旧是上海滩风情题材，那些个充满市井气息的镜头，仿佛影院散场后残留在座椅上的余温，是可以触摸到的快乐童年的记忆。我一不做二不休，将几幅扇面统统拍了下来，不是"任性"，为的是留驻一份甘洌醇厚的岁月情怀。

弄堂游戏，街头小卖，沪语童谣……尽管物是人非沧海桑田，但回味着扇画里的曾经，思绪还是会一下子跌进往事，继而，心潮翻腾。但见其中一帧扇面，绘的是炒白果的情景，挑担人一手拉风箱，一手炒白果，边炒边唱："香是香来糯又糯，要吃白果快来买，两个铜板买五颗，五个铜板买十颗，小弟弟吃了长得大，老太爷吃了福气多……"忽由记起，小辰光大人关照过，白果性热，不可贪吃，小人一天最多吃五颗，多吃要出鼻头血，甚至一命呜呼——吓煞人哦！

白果不能多吃，扇子却是多多益善。倘若再遇有范氏兄弟的"海上寻梦"系列扇画，我肯定眉头皱也不皱，一鼓作气继续"吃"进。就像现时顶顶热门的一句歌词所唱的：你是我的小呀小苹果，怎么爱你都不嫌多……

新民晚报《扇哉善哉，我侪因好》插图

画鬼容易画人难

——宣森、聂秀公的人物画缘

> 春拍时，场内气氛有些诡谲，几位"群众演员"潜伏四周，围绕宣森等人作品，"你抬杆来我颠轿"，推波助澜，兴风作浪，好生生一场拍卖会，弄成了《红高粱》里的经典桥段。

自古丹青，人物最难画。《宣和画谱·人物叙论》如是说："画人物最为难工；虽得其形似，则往往乏气韵。"人物画强调神似，精神面貌要表现灵动的瞬间，动态抓不准，静态就出不来。这是画人物之精髓所在。

在我观来，描摹人物，过程和结局大体有三个，第一是吃力，第二是不讨好，第三是吃力不讨好。尽管如此，还是有不少画家缱绻于人物画领域，吃辛吃苦挥毫，管它讨不讨好。此种孜孜以求的艺术态度，值得为之击掌。这不，我从画扇面的画家里又找出两位，一位是从上海去往外地的宣森，一位是从外地来到上海的聂秀公，一来一往，促成了地缘、画缘与情缘的奇妙邂逅。

人生如棋，落子无悔。画家宣森，地地道道的上海人。1966年，高中毕业的宣森上山下乡到黑龙江农村"修地球"。后来因缘际会，在当地的文工团、电视台、出版社等单位谋职，干的活儿大多与绘画相关。最有苗头的，还数他在出版社当美术编辑的那段岁月，荣誉接踵而至：连续四届获得全国优秀少儿读物编辑奖；主编的中国第一部百科图典《万影图苑》和《世界儿童小说宝库》，均获冰心儿童图书奖；《幼儿剪纸》、《推理故事》入选第三届全国书籍装帧艺术展……我曾读过宣森的《绘图中国情歌》，很有意思的一本书，700余首中国历代情歌的传世精品，300多幅别具风格的插图，从"关关雎鸠"到"康定情歌"，从陕北的信天游到青海的花儿，在画家的妙

宣森《红楼人物图》扇面

笔演绎下，可读可唱，可闻可赏，充满了诗情画意。

　　看官有所不知，宣森创意设计的卡通造型"璐璐"，画一戴围脖的小鹿形象，曾当选2002年第十届全国冬运会吉祥物。"璐"与"鹿"同音，我头一回与宣森的扇画打照面，倒有几分"鹿撞心头"的感觉——这幅"曹雪芹与红楼梦"的扇面，居然挤挤插插画了17个人物，尤其是背景的红楼群像，刹那之间的眉目神情，举手投足的分寸把握，场景氛围的渲染营造，都能恰如其分地传示出人物的个性情感。扇面题书"都言作者痴，谁解其中味"——其中的"作者"，莫非说的不是言情大师曹雪芹，而是"吃力不讨好"的人物画家？

　　"假作真时真亦假，无为有处有还无"，《红楼梦》太虚幻境牌坊上的那副对联，似乎也暗寓了此幅扇画的拍卖"奇遇"记。春拍时，场内气氛有些诡谲，几位"群众演员"潜伏四周，围绕宣森等人作品，"你抬杆来我颠轿"，推波助澜，兴风作浪，好生生一场拍卖会，弄成了《红高粱》里的经典桥段。数个回合下来，价格超出了我心理预期的两三倍，上海闲话"宣森"成了"虚身"。一看情势不对，乘着"击鼓传花"最后一记还没落槌，赶紧出逃，还是躲在一隅欣赏他们"自娱自乐"吧。转眼到了秋拍，果不其然，此扇又上拍，大概是上回"戏"演过了也无趣，现场竟然"托"光光，

聂秀公《清音莫愁知己少》扇面

我不费吹灰之力，仅以一千多大洋即手到擒来，"落了片白茫茫大地真干净"！

时下，参加字画拍卖，也得备上兵法36计。如果说巧取宣森扇画，借用了"欲擒故纵"，那么聂秀公扇画的得来，算是"声东击西"了。

早些时候，在拍卖场上遇有聂秀公的一套彩绘扇面连环画，20多幅，起拍价就要10万元，恰逢那时我正谋划"大手笔"吃进杨秋宝的180幅金瓶梅扇画，家庭财政告急，心里暗自放弃。拍卖场里那些个"点头朋友"，知我喜藏扇面及连环画，两好并一好，以为我会出手，有的还摩拳擦掌，欲同我一争高下。谁晓得我出其不意，避开火力，云淡风轻地拿了另一张聂秀公的独幅扇画，因竞价者寥寥，惠而不费，"性价比"交关高。顺着画意，我的轻松神情好似在跟拍卖对手打油："清音莫愁知己少"，不挤你的独木桥！

聂秀公的经历有点特殊：出生于安徽，学习于南京，谋职于上海。当年在上海人民美术出版社工作时，曾与贺友直、颜梅华等连坛名家挤于一室，面对面、背靠背，创作了大量脍炙人口的作品。其中顶顶有影响的，当属上世纪80年代由他执笔的10本连环画《李自成》，线条飘逸而不失稳重之态，画风秀美而蕴含阳刚之气，尤其是他极擅的一抹长线条，有舞剑之笔势，令其笔底的悲壮英雄具有相当的气概。小说作者姚雪垠看了聂秀公画的《李自成》后，特意给出版社写了一封信，大赞这套连环画"真正地体现了小说的精神，刻画精湛"。

然而，这股"聂旋风"刮得并不持久，盖因聂秀公为人低调，不喜张扬，不假修饰，不求虚名，长年默默耕耘于人物画苑地，坚持自己的艺术语言，没有半途转投其他画种"扒分"，离市场有点脱节了。尽管如此，他的朴实无华的表现手法，以及充满人文气息的绘画风格，仿佛童年时代翻看的那些小人书，还是叫人倍感亲切。

这些年，连环画日渐式微，一些老牌出版社不思进取，热衷于"挖老底"，"吃老本"，翻印经典老版本，成了标标准准的"啃老族"。据说10多年前聂秀公改编了梁羽生的武侠名著，绘就了一套连环画《萍踪侠影》，却因种种原因无缘出版。方尺之间的闪展腾挪、锦拳绣腿，惟有"寂寞高手深院锁清秋"了。

iD时代报"时代书评"专版

"牛博士爸爸"接翎子

——戴逸如送我"花好月圆"

扇中花团锦簇,金鱼戏水,活色生香,笔姿放逸,拍案叫好之余,心里却琢磨:那轮圆月在哪里呢? 正思忖着,眼前一亮,豁然开朗,不由得哑然失笑:这金笺团扇的造型,不就是泛着金黄的月亮吗?

初次结识戴逸如先生,约在外滩罗斯福会所。听他说话,慢条斯理,却流淌着平静的智慧;看他用餐,优雅绝伦,似乎在咀嚼岁月的精华。我与戴逸如很投缘,不知不觉地,聊过了一段好时光。

我奉上拙著《扇有善报》和《扇解人意》,戴逸如接过"彩色翎子",回称改日替我也画一幅扇面。时隔两周,收到了他绘制的团扇,题曰:"花好月圆,金玉满堂",好口彩啊。再观扇中花团锦簇,金鱼戏水,活色生香,笔姿放逸,拍案叫好之余,心里却琢磨:那轮圆月在哪里呢? 正思忖着,眼前一亮,豁然开朗,不由得哑然失笑:这金笺团扇的造型,不就是泛着金黄的月亮吗? 正所谓:举头望明月,低头赏扇面,心中生圆月,情谊共婵娟。

知道戴逸如,得往前推20年。我酷爱漫画,兴趣来了也画几幅,不晓得天高地厚,偶然读到戴逸如主编的《世界漫画大师精品珍赏》,喜出望外,恨不能生吞活剥,大快朵颐。这本珍赏,为我洞开了张望世界漫画经典的窗口,构筑了触摸大师妙笔趣墨的阳台,也使我明白漫画的天有多高,地有多厚。以后在《新民晚报》副刊上,时常看到戴逸如创作的"牛博士"形象,将漫画与随笔融为一体,评说世事风尚,画为文字点睛,文字为画增色,亦图亦文,相得益彰,已经连载了10多个年头。为这,他

戴逸如《花好月圆》扇面

拥有了一个新头衔——"牛博士之父"。

　　戴逸如的漫画，讲究意境，追求哲理，浸透了中国画的神韵。很可惜，《新民晚报》副刊为黑白印刷，版面编排的尺幅也比较"袖珍"，无法真切地体味宣纸上的笔墨语言。好在还有戴逸如的文字，可以聊补不足。他把朴实的画外之音，化作机智幽默的对话方式，观照人生，折射社会，勾勒出现代人的喜怒哀乐。对于自己的两栖身份，戴逸如有过这样的表达："作家也罢，画家也罢，说到底，无非是用他的笔表达他的思想。如果把作品比作肉体，那么思想就是舍利子。没有思想的肉体即便千娇百媚，即便花枝招展，然而转眼之间，就会化成一缕青烟，随风而逝。唯有思想的舍利子可以漾着恒定的、绝不招摇的光芒而长留天地间。"《天·人·书》、《施舍阳光》、《思想是舍利子》、《蜜蜂叮癫痫》、《左思右想》、《我在天上读人间》、《般若花开》……单是从他出版的书名来推敲，即能够一眼窥见他的剑胆琴心和人生智慧。

世界上最可怕的事，就是比你聪明的人比你还努力，还认真。年前我的新书《家俭成储——储蓄宣传画的故事》出炉，寄去一册请戴老师指教。过了两天，戴逸如发来短信："已拜读多篇，这本是我见到的大作中最有意思的一本，是填补空白之作，甚好甚好。想请教封底刊的是何印章？"我答是一枚老底子钱庄的印章，印文"则财恒足矣"，意谓资金充沛，财源亨通。戴逸如听过呵呵一笑：好白相，"涨姿势"了。

上海交通大学出版社的张天蔚社长给我打来电话，说戴逸如的《唱游俄罗斯》即将首发，会在上海书展上搞个仪式。这本新书，戴逸如舍弃了画笔，摆弄起了数码相机，怀揣他少年时代的俄罗斯梦想，行走在异域的浪漫风情里，摄取了数千幅佳构，辅以充满诗意的文字表述，着实让人耳目一新，从而领略闭一只眼睛看世界的妙处。首发那天，我赶了过去，在现场"喀秋莎"的动人旋律中，我跟普通读者一样，排队，购书，签名，握手，看到戴逸如有点意外的眼神，心里十分快乐。真正的君子之交，就应该是这样的。

花好——月圆——扇美——情真。谢谢侬噢，戴老师！

《家俭成储》封面、封底

古月依旧照今人

——苏小松、邵仄炯"活"回了宋元古风

仿古有两种，要么亦步亦趋，照搬照摹，津津乐道于古人的一鳞半爪，要么承前启后，触类旁通，让古典画法与时俱进"老树发新芽"。前者是家道中落，后者是瓜熟蒂落。

海上画界，有几位新生代画家，年纪轻轻，顶多60后70后，在圈内也可算是"小鲜肉"，但他们身上有着浓浓的古典气质，谈吐举止儒雅亲和，敦厚雅逸，笔下的山光云色，亦弥漫着老派韵味，却在高古中不乏勃勃生机，叫人眉目一亮。这股被称为"新古典主义"的画风，既有中国传统文化的浸润，也有以宋元架构为基础的延伸，更具当代旨趣的笔墨呈现，三股道走到了一块儿。

所谓传统，是一份不能抛弃又不能死守的财富。古人称画画为写真。写真，并非苛求画得惟妙惟肖、貌似活物，而是写自然之真气，探山水之真情，觅笔墨之真趣。这个"真"，是画家通过自身积累与感悟造化而来的迁想妙得。

看一画展名曰《"瓣香"三人展》，推出苏小松、白璎、邵仄炯三位科班出身的中青年画家，虽说画品迥然相异，但他们由古典而现代、由传统而穿行的文心，却是一脉相承。海派大家程十发论画时说过，要"化进来"，而不是"化出去"。啥叫"化进来"？就是坚守自己的文化底线，广泛汲取现代艺术审美的巨量滋养，师法传统寓新意，灵动豁畅，别开生面。乙未新春前夕，我的扇斋也善于"化进来"，添了苏小松、邵仄炯两位新锐画家的扇作，皆取材山石松云，蕴藉典雅，神完气足，给人以一种清丽秀润的视觉享受。

苏小松、邵仄炯的艺术履痕，有颇多相似之处。苏小松从上海大学美术学院国

苏小松《宋人寒林平远图》扇面

画系毕业后，进入上海人民美术出版社工作，担任《艺苑掇英》丛书编辑，辗转各地博物馆选编画集，与大量宋元绘画精华近距离朝夕相对，眼界顿开，受益匪浅；邵仄炯为苏小松的学弟，走出象牙塔，至上海书画出版社谋职，成为一本有着30多年历史的《书与画》杂志的编辑，整天介阅画无数，学识与眼光与日俱增，而且，他还时常运用浅显易懂的语言谈画论道，解析经典，让读者分享他追摹古画的心得。抛却繁杂公务，每当夜阑人静，他俩潜心于笔墨游走，尽情吐纳白天吸收的养分，在宣纸上呈现出另一种梳理的可能。

苏小松的这柄成扇，重新演绎了"宋人寒林平远图"。《寒林平远图》乃宋代画家李成的代表作，原图一块残碑，几株枯树，散乱坡石，凄凉原野，观后使人陷入凄怆冷落的情境中。这位骨子里流淌着唐室贵族血脉的天才画家，对宋元山水画风格流变的突出贡献，在于他擅长表现山川地势与季节气候的丰富变化，并有所寄托感喟，从荆关一派宏伟壮丽的面貌中脱颖而出。然而，李成生不逢时，战乱纷繁，生灵涂炭，纵有匡天济世之志，却也只能被湮没在一声叹息里！

邵仄炯《仿倪高士笔意》扇面

彼时彼景，到了苏小松的笔端，古韵与新意却碰撞出了明丽的火花：扇中少了残碑，古柏枯木依然，荒石与虬枝盘根错节，河道与山峦平缓起伏，占据了主体视线；而宋人李成描摹树枝充满力度的"蟹爪"画法，被处理得不那么凌厉逼人，针叶繁密之间还点缀了几笔暖色调，古风淋漓又不乏今人气象，气度静穆又略带灵动豁畅，满纸幽芬琳琅，引人沉醉其间。

仿古有两种，要么亦步亦趋，照搬照摹，津津乐道于古人的一鳞半爪，要么承前启后，触类旁通，让古典画法与时俱进"老树发新芽"。前者是家道中落，后者是瓜熟蒂落。按照苏小松的理解，中国传统绘画中的"新"和"旧"，并无特定界限，"新"应该是有源之水、有本之木，当从古人的笔墨经典里吸收养分，师古不泥古，传承并出新，属于画家逐步成熟完善的一种自然流露。恰如刘旦宅一语道破的："新的不一定是好的，但好的一定是新的。"

偶尔翻读大半年前的《新民周刊》（2014年第32期），发现我刚从画廊买来的这柄成扇，倏然刊登在苏小松的一篇访谈文章里，标题起得"通古贯今"：《苏小松：新古典主义的时代性格》，记者为上海滑稽名家王汝刚的公子王悦阳。至于扇子是如何从杂志版面上"飞"入寻常画廊，进而标价成为商品的，我无意当福尔摩斯，随手记下，至少证明这帧扇面是"发表"过的。

王悦阳《荷花》扇面

　　独木不成林。印象中，王悦阳在《新民周刊》上，也写过另一位"今之古人"邵仄炯的文章。受好奇心驱使，我将载有《邵仄炯：如将不尽，与古为新》的杂志（2015年第4期）翻了出来，冀望能梅开二度，在版面上找到家藏那幅邵仄炯作品的"萍踪扇影"。惜哉，难偿所愿。

　　邵仄炯的扇画，非但我欢喜，连作家董桥亦是青睐有加。多年前，董桥先生偶得邵仄炯的山水扇面，眼前一振，欣然挥写："这柄扇子一面画山水，青年画家邵仄炯作品，骎骎入古，苍茫成趣，山峦江水老松茅舍人物没有一笔不是古人，乍看彷佛文徵明……看了真是惬意。"董桥身怀雅趣，著藏皆丰，读书多，阅历广，眼光独，悟性高，少有人能及。老先生对邵仄炯作如是评价，足见扇纸上游荡着的高古清气，给了他一派天真坦荡、可游可居的自在体验。

　　画家"仿"兴未艾，我收藏的这幅山水扇面，乃"仄炯仿倪高士笔意"，清逸脱俗，古拙工致，对传统文人画之脉络拿捏得甚为精准。倪高士何许人也？为元代诗人画家倪瓒，擅画山水、竹石与枯木，笔简意远，惜墨如金，尤以山水画典型技法"折带皴"著称，即笔毫变中锋为侧锋，干笔作皴画山石，枯笔干墨，淡雅松秀，营造荒寒空寂之意境，外表落寞而内蕴激情。后人模仿倪瓒者如过江之鲫，但大多学其皮毛，难仿倪高士萧散超逸的气质。窃以为邵仄炯的山水，用素笔白描阐释古典，疏中有密，繁简得宜，却无因循匠气，无程式化摆布，在景致搭配和图式结构上自有新意，万籁俱寂中充溢着倪高士主张的"胸中逸气"，故高人一筹。无怪乎心高气傲之章汝奭，看了仄炯小品，大为服帖，赞曰"上上逸品也"。

有人说，中国画是一场笔墨的修炼。当下社会，浮躁喧嚣，邵仄炯却画得从容不迫。上次在电视节目里，看年纪轻轻的邵仄炯弄墨之余，弹古筝、吟昆曲，有板有眼，余音绕梁。正因心境如此，邵仄炯对传统抱有一颗虔诚之心，孜孜不倦研习古法，从中获得启示，化为己用。素养和修养互生，意境和画境交融，才能涤荡出开阔胸襟与磊落情怀。

临了，还想说说写过苏小松、邵仄炯的《新民周刊》记者王悦阳，因为我手里还藏了他画的荷花扇图哩。我与王悦阳一面之交，好像还是在庞飞外甥开的画廊里。王悦阳与父亲王汝刚长得"活脱似像"，标准"小鲜肉"一枚，胖嘟嘟的脸庞架一副眼镜，说一口不紧不慢的纯正上海话，平时喜欢摇一把大扇子，一副儒雅持重的文人模样。由于从小爱涂鸦，王悦阳6岁就拜程十发为师，并被发老认为"过房孙子"。这年头，他除了做记者采写海上画坛逸事，还出版了《清溪樵子：钱慧安评传》、《跟程十发品名画》、《程十发的笔墨世界》等著作。至于王悦阳的扇面画得哪能，我也拿出来"晒一晒"，诸位看官说了算。

《艺苑掇英》

《书与画》

"连"蓬头还起得来吗

——连环画名家试笔扇面小品连连看

连环画家笔下的扇面，活儿地道，很有故事性，时常给人以无限的想象空间。这跟我童年时看连环画的感受别无二致，沉浸于画面人物和"桥段"的描绘，总能引发天马行空的联想。童年无价，光阴胜金，能从扇子里呷摸出儿时的美好心情，也算是物有所值啊。

连环画变相起源于敦煌，但从何时真正兴起的？遥想上个世纪初，上海的黑白电影和京剧连台本戏盛行，但平头百姓口袋瘪瘪，电影院大戏院哪能想去就去，只好碰鼻子拐弯，寻找其他可替代的文化娱乐渠道。于是，画家就把看来的电影和戏曲故事画出来，让大众通过连续的画面来感受看戏的乐趣。时下荧屏里的电视剧如过江之鲫，极尽"狗血虐心"之能事，多得看不过来，谁还会有闲功夫去翻一页一页的小人书？

山不转水转，让连环画家来画扇面，会呈现怎样的风景？在我观来，连环画刻画细腻，宛如精致小菜，扇面方尺之地，又如玲珑小碟，小碟盛小菜，精上加精，细之又细，相得益彰，谓之绝配。

洒家集扇，又关注连环画，遇有连环画家画的扇面，两好并一好，自然倍加青睐。这不，罗希贤、黄雨金、庞先健、郑家声、钱生发的扇画来哉，容我先喝一口茶，慢慢道来——

小辰光，看汤晓丹导演的电影《难忘的战斗》，如痴如狂，欲罢不能，就去书店买了一本罗希贤编绘的同名连环画，反复咀嚼其中的经典情节和战争场面。由此，我记住了这位叫罗希贤的画家名字。那时搞创作，作者很重视深入生活，这跟时下闭门造车的"跑马书"，不可同日而语。为画好这部作品，罗希贤专门去了皖西和皖南的山区，收集了大量的绘画素材，每一幅画面都倾注了他的似火激情。在罗希贤30多年来绘制的150多部连环画里，读者可以真切地触摸到他严谨专注的笔墨态度，以及简洁质朴而充满细节张力的画风。

手头恰好藏有几页故纸，系罗希贤当年为体验生活打给出版社领导的申请报告，其中一份写道：

我现正在创作《火种》一稿，上下册共396幅，内容是反映上海工人二十年代的斗争生活。其中有一段描写主人公被骗到北方某煤矿作苦工，在那里遇到了地下党、觉悟成长的情节。上下册内计有70幅需要到北方煤矿深入生活，收集资料。经了解，山东省一些煤矿比较适合情节的需要，我准备在本月上旬赴济南，听取省宣传部门意见，由他们介绍至省里几个煤矿和集镇。时间约半至一月。以上报告妥否？请批示。连创二组罗希贤1980年10月3日。

如今，连环画日暮途穷，年近古稀的罗希贤醉心于风俗画的研究和创作，奉献了诸如《江南水乡图》、《上海石库门》、《江南节庆图》、《鉴真东渡》、《兵马俑》、《暨阳古韵》等一系列长卷，恰如新时代《清明上河图》，细腻而传神地记录了社会风情百态，令人叹为观止。

颇为难得的是，罗希贤在挥毫连环画《画说贝叶经》之余，顺手画了两帧与贝叶经故事有关的扇面：《金鲤鱼》和《青瓜王》，甲午初夏摆上了拍卖会的展台。因众多藏家的火力点均集中在小人书上，我几乎不费吹灰之力，即捕"鱼"摘"瓜"，轻松收获，手绘价格竟比连环画印刷品还便宜。"面包拍出面粉价"，倒令我始料未及。据传，贝叶经系傣族人民用加工后的贝叶作为书写材料刻写的佛教经文，体系庞大，卷帙浩繁，上至天文历法，下至民俗民情，非寥寥数语可以概括。而罗希贤的《画说贝叶经》，以鲜活的画面将傣族传统文化艺术诠释得引人入胜，妙趣横生，其功底非一日之曝也。

细数罗希贤的《青瓜王》，满满当当画了七八个美女，画家黄雨金也不含糊，他的《婴戏图》里，七个孩童或扳腕，或观战，或奔跑，或呼喊，天真烂漫，童趣无穷。我在上海"国拍"偶遇这幅扇画，觉得很合眼缘，从1000元拍到2200元，就归我黄某

罗希贤《青瓜王》扇面

罗希贤《金鲤鱼》扇面

人的账下了。画漫画及连环画出身的黄雨金，为中国美术家协会会员，上海美协连环画艺委会会员。自1962年他在《解放日报》刊出第一幅作品算起，发表各类画稿超过一万幅，多次在上海美术作品展评中获奖，其中的《连升三级》，更是被誉为连坛佳作。上海闲话里，黄雨金的谐音为"望远镜"，听说他的画作因其清新活泼，喜气洋洋，现下颇受海内外藏家的关注，购藏者不在少数。看来藏家的眼光也同望远镜一样，看得真切、望得深远噢。

黄雨金《婴戏图》扇面

连环画的封面，登上了扇面，可谓"面面俱到"，正是我所感兴趣的。庞先健画的《金瓶女》扇面，与同名连环画封面如出一辙，只是背景根据扇画的弧形布局作了丰富演绎，更具诗情画意。画者题记："根据传统戏曲改编的连环画金瓶女讲述了报恩寺和尚收养的男孩和女孩经历了种种磨难终于冤案昭雪结成良缘。壬辰年先健画廿多年前连环画题材。"

屈指数来，庞先健从1972年开始连环画创作，已经有了40多个年头，先后编绘了《创业史》、《宣武门之变》、《葛巾》、《戴手铐的旅客》、《灰阑记》等数十种连环画。如今"小人书"市场日薄西山，作为上海人民美术出版社的副编审，庞先健非常注

庞先健《金瓶女》扇面

庞先健连环画《金瓶女》封面

重对青少年读者的培育。记得2011年上海书展期间，一项名为"和庞先健老师一起学画连环画"的活动，吸引了小读者的眼球。活动除了系统介绍连环画艺术特色之外，庞先健还在现场挥毫演示，让小朋友近距离感受连环画的绘画技法与魅力。为了拯救传统的画种，老画家孤军奋战，苦苦支撑，这样的场面，看了叫人动容。

庞先健的同事郑家声，也是上海人民美术出版社副编审，中国美术家协会会员。不过，自幼酷爱美术的郑家声出道更早一些，1950年，他刚满17岁，就从宁波辗转到上海，进入大达书局当练习生，吃"萝卜干饭"，羽翼渐丰后考进新美术出版社，1956年公私合营并入上海人民美术出版社，担任连环画创作员。郑家声画过的连环画车载斗量，但他自己比较满意的有五部：《黑鹰骑士》、《智激美猴王》、《杜鹃山》、

《真假猴王》和《毛泽东同志在陕北》。巧的很，我新近觅到的一柄成扇，扇面即是郑家声画的《智激美猴王》。西游记题材，出过的连环画汗牛充栋，顶顶吃香的是赵宏本的版本，而郑家声绘写的美猴王，神态灵动，纤毫毕现，每笔都有来历，绝不敷衍草率，这便是连环画家的看家功夫。我一见如故，择"扇"而从了。回来后查了资料，郑家声的《智激美猴王》，至1980年10月共印了7次，印量达131万册。这个数字，即使放在连环画出版的黄金时代，也是相当了不得啊。

郑家声《智激美猴王》扇面

东面日出西面雨。一边是连环画出版日趋萎缩，一边却是连环画手稿行情蒸蒸日上。钱生发的连环画代表作《韦拔群》上了拍卖台，虽说原稿还缺一页，但现场短兵相接，竞争尤为激烈，创下了该场拍卖5.1万元的高价。拍卖鸣金收兵，画家承诺，将补画一幅画稿，以补藏家缺憾。这场拍卖，我也在场，起先对钱生发的《韦拔群》心有所动，但之前花费5万元拍了老画家王亦秋的数套画稿，气数已尽，只好移情于钱生发的扇画《群瀑图》，略用一点碎银，也可领略纵横气象。钱生发当过中国福利会《儿童时代》美术编辑，一不留神，我还购藏了一套他和黄英浩合作的连环画稿《回国》，朝花夕拾，感慨良多，仿佛回到了无忧无虑的烂漫童年……

钱生发《群瀑图》扇面

事隔不久，"连坛老法师"张文标向我通风报信，说是钱生发家属打算出让一套《郭沫若的故事》连环画原稿，当时出版了6册，约800幅，侬有兴趣伐？我跑去一看，果然精彩，几经砍价，遂以15万元成交。然而，半年后我偶遇几把白蕉、周练霞等名家的成扇，机会不等人，可我钱袋窘迫，头寸一时调不过来，只好忍痛将这套画稿转让给另一藏家。此乃题外插曲。

连环画家笔下的扇面，活儿地道，很有故事性，时常给人以无限的想象空间。这跟我童年时看连环画的感受别无二致，沉浸于画面人物和"桥段"的描绘，总能引发天马行空的联想。这些扇面拿到市场上，"连"蓬头未必起得来，然而，童年无价，光阴胜金，能从扇子里咂摸出儿时的美好心情，也算是物有所值啊。

藏家有言：交流开心，交易伤心。行情与心情，有时并不是一码事。

不"闽"则已……
——"误打误撞"识得陈云华、陈运星

小辰光，我也是小书摊的常客，安坐下来，一本小人书在握，渐入状态，时常废寝忘食，其痴迷之情，不亚于如今沉湎于网吧的少年"网虫"。那时的小书摊，因地制宜，因陋就简，两扇门板式书架，成就了一副吃饭家什。

画家陈云华和陈运星，理论上没什么关联，可不知怎的，我一度将两人搞混了。一次拍卖，我误将陈运星当作陈云华，错拍了一幅作品。好在价钱不大，画得也将就，于是误打误撞，将错就错，反正将就了。

不过，细想想，两位画家还是有交集的。除去两人五百年前是一家，都是画小人书出身的，而且他们皆与福建有缘：陈云华是上海人，年轻时响应国家号召，去往福建参加革命工作；陈运星为福建人，却是喝黄浦江水长大的。既然如此，我不妨把他俩的扇作和盘托出，是谓孤掌难"闽"也。

上世纪50年代初期，意气风发的陈云华告别上海滩，被分配到福建一家幻灯厂工作，之后又调入福建人民出版社，并受聘为上海人民美术出版社特约创作员。在异域他乡，陈云华孜孜不倦，独立绘制或与人合作了不少连环画，诸如《老支书的故事》、《小城春秋》、《野火春风斗古城》、《愤怒》、《三家福》、《战斗在敌人心脏里》等，多为闽粤题材，为连坛端出了几道别具风味的"地方菜"。

接到《小城春秋》绘画任务时，陈云华才20岁出头，风华正茂，精力充沛，他和另一合作者、同为上海人的赵隆义花了很长时间，两赴厦门体验生活，游走于大街小巷，画了大量的建筑和人物速写。由于福建人的脸型，与内地人不同，他们仔细观察，

陈云华《太白醉酒》扇面

力求勾勒出具有鲜明地方特色的人物造型来。同时，他又走访了不少经历过这一历史时期的老人，积累了丰富的绘画素材。马拉松式的案头准备工作告一段落，才开始动手绘制。500余幅画稿、厚厚三册的《小城春秋》，历时两年大功告成，书中人物形象清新，无雷同感，尤其是对环境的描绘，对地方风情的把握非常到位，朴实无华中堪有回味，较好地再现了当时的氛围。印象中，《小城春秋》还拍过电影，梁波罗演的，以国内革命时期厦门大劫狱为背景，塑造了一批热血青年的形象。

老底子画连环画，一幅画精雕细琢，磨上几天是常有的事。不像现下的"跑马书"、"礼拜书"，萝卜快了不洗泥，闭门造车，涂好拉倒。我曾觅得一帧陈云华绘制的连环画《老支书的故事》封面，这部连环画，曾被陈云华视为自己比较满意的作品之一。封面尺幅比较袖珍，但画得精到，笔墨运用炉火纯青，特别是农舍农具之类的细节，生动逼真，可见画家为了达到艺术的真实，当年走了多少田间路，吃了多少农家灶啊。

小人书画得用心，小扇面亦不含糊。不久前偶遇陈云华的扇画《李白醉酒》，精勾细画，游刃有余，扇中诗仙醉态可掬，我看了欢喜。何况拍场波澜不惊，仅花二千大洋，就能拿回家体味纸醉"扇"迷啦。同场拍卖会，另见陈云华的国画《老上海连环画作坊》，画中作坊挤挤插插，旧时连环画作者聚集一堂，有的构思，有的打样，有的描图，流水作业，一派热闹景象。如果要办连环画博物馆，把这幅画挂出来，恐怕再

陈运星《山丹丹花开》扇面

合适不过，足以让墨香留传小人书的一段悠长记忆。

话分两头。与陈运星相识，要从一本漫画册页说起。拍回这本册页，画家却要请我吃饭——参加过无数场拍卖会，这样的好事，我倒是头一回碰到。

我拍卖，不任性，但随性。说实在的，选择陈运星作品之前，我对这位画家的情况并不熟悉。只是翻看了他的《老上海风情》漫画册页，觉得好玩，有趣味，就不假思索举牌了。期间，亦有买家跟我竞争，一直"顶"到5000多元，他出局，我买进。耳听身后有人低语：有点贵，不合算。但拍卖就是这样，不是所有价值都可算计，也不是所有算计都有价值。萝卜青菜，各有所爱，喜欢就好。

打开册页，老上海的味道浓得化不开："买豆浆"，热气腾腾的清香顷刻扑鼻而来；"夏天之趣"，叫蝈蝈的鸣噪瞬时回荡耳畔；"扯铃"，让人忍不住动手扯出几多新花样；"肉摊头"，叫人管不住嘴巴吃它个碗底朝天……漫画是成年人的记忆会餐，看了陈运星绘出的沪上民间生活情景，鲜奔活跳，百年依然，令我顿生不知有汉无论魏晋之感慨。

册页里最传神的，还数"看小书"。小辰光，我也是小书摊的常客，安坐下来，一本小人书在握，渐入状态，时常废寝忘食，其痴迷之情，不亚于如今沉湎于网吧的少年"网虫"。那时的小书摊，因地制宜，因陋就简，两扇门板式书架，成就了一副吃饭家什。作为换饭吃的手段，摊主往往将一本连环画拆为几册，在情节的要紧关头打住，欲知后事，请借下册，以多挣一点租费。就这样集腋成裘，书架不断扩容，小书摊成了"大户"，供三口之家吃一口苦饭，绰绰有余。这些难忘的场景，在陈运星的笔墨演绎下，呼之欲出。我想，陈运星小时候也应该坐过小书摊的板凳，否则他画不出这般的生动与机趣。但是他后来有出息了，一口气画了100多部小人书。其中的几部，好像还获得国家"五个一工程"什么奖，风光得很。

陈运星托多伦路卖字画的小陆子传话过来，想请我这个买家聚一聚，吃顿饭。恭敬不如从命。饭局约在甜爱路拐角的一家小店，买家和卖家碰头了。

陈运星不修边幅，说话蛮激动的，说我买了他的册页，赛过遇见了知音，备下薄宴，聊表心意。而且，他知道我喜好藏扇，特地替我画了一把成扇，取意《山丹丹花开》。这倒好，有吃还有拿，让我受宠若惊，喜出望外。打开扇面，却见一幅欢天喜地的陕北风俗图，交关闹猛。奇怪的是，那位头扎羊肚兜手巾、牵着毛驴的新郎倌，手里还摇着一把扇子。陈运星笑言，这新郎倌画的就是我黄某人，尽管未曾谋面，但他是照着《扇有善报》扉页里我的模样画的。哈哈，先不说像不像，闽人陈运星，的确有着一副陕北人的热心肠。好白相，实在好白相。

翻阅陈运星带来的几册《连博》杂志，其间刊登了近年他创作的数幅白描长卷，《锦绣中华》、《白相城隍庙》、《世博盛景图》等，均逾10米之长，细腻清秀，一丝不苟，既有整篇之恢弘，又有局部之闲趣，煞费心思，下足了苦功夫。

十多年前，我曾约贺友直先生绘制一幅旧上海金融街的风情长卷。老先生酝酿了好几月，坦诚相告，自己穷出身，对于金融生活一点都找不到感觉，不可霸王硬上弓，还是另请高明吧。记得那时贺老师对我说：画笔亦史笔，可以包容万象，而真实、确切的规矩却是不能破的。曾经有人请我画上海的舞场。我接了活后，想想还是退了。因为老底子自己只趴在窗台上看过人家跳舞，两手趴得蛮吃力的，结果掉了下来——没看清啊。你说叫我怎么画？

眼下旧话重提，未想陈运星来了兴致，大腿一拍：我小辰光就在天津路一带白相，那时还能看到不少钱庄，我脑子里有一些印象的。当然，我还得读一些金融掌故，查找相关的图片资料，试着弄弄看。

要看书，查资料，银行博物馆里有的是啊。我满怀期待地告诉陈运星。

一顿饭，或许"吃"出一幅谋划已久的金融风情长卷。我这个银行博物馆馆长，收获绝对勿是"一眼眼"啊。

一"团"清气涤烦尘

——梅若、余欣、丁一鸣的团扇风情

　　学习中国画，向来有两大难点：一是好老师难找，二是好范本难觅。过去老师授徒，丹青绝技一般不轻易示人，而且鲜有系统传授，学生只好烂泥萝卜"揩一段吃一段"，关键靠自己领悟。

　　秋风渐起，百乐草堂主人徐乐华兴之所至，邀集画家绘制了几柄团扇，我去玩赏时，程大公子程多多的那柄已经被人捷足先登，剩下的，我一记头"团"购了。倏然想起诗人刘大白的诗句："一阵秋风，收拾起多少团扇。"

　　团扇，形似圆月，又因宫中多用之，也称"宫扇"、"纨扇"。宋朝之前，所称扇子，皆为团扇。古代诗人写景咏物赋情怀，多见团扇。王昌龄《长信愁》曰："奉帚平明秋殿开，且将团扇共徘徊"；班婕妤《怨歌行》曰："新裂齐纨素，皎洁如霜雪。裁为合欢扇，团团似明月"；刘禹锡《团扇歌》曰："团扇复团扇，奉君清暑殿。秋风入庭树，从此不相见"……由诗赏扇，由扇读诗，真的是花"团"锦簇、一"团"清气了。

　　海派画家梅若画团扇，选用他驾轻就熟的花鸟题材，清竹淡雅脱俗，翠鸟宛在眼前，工笔写意转换之间，有着花鸟大家江寒汀的影子。也难怪，梅若自幼酷爱绘画，10多岁就随吴野洲、潘君诺习画，后来结识江寒汀女儿江圣华，改学"江派花鸟"，数十载笔耕不缀，渐渐受人关注。听圈内人讲，梅若笔下"品种齐全"，胸中似有一本绘画辞典，能闭着眼睛画出几百种花卉，近百种禽鸟，无不活灵活现。这源于他曾长期生活在新疆建设兵团，返沪后又经常赴农村郊野写生，体验农家生活，汲取自然大美，所以他对花木禽鸟之结构形态烂熟于心。

　　我晓得梅若，还在于他的网络绘画教学，搞得风生水起，名声大噪。学习中国

梅若《竹鸟》团扇

高枝已约风为友密荼能留
雪作花咋夜嫦娥
一更潇涵又摇蘸影
过纱窗 梅若书

梅若书法团扇

画，向来有两大难点：一是好老师难找，二是好范本难觅。过去老师授徒，丹青绝技一般不轻易示人，而且鲜有系统传授，学生只好烂泥萝卜"揩一段吃一段"，关键靠自己领悟。梅若则一派林下风范，除了在网络上将画技和盘托出，还出版了《中国画技法一点通》4大册教程，一版再版，深得学画者的青睐。

花鸟画，作为中国画的一大类别，自中唐独立成科，工笔写意美不胜收，各种流派数不胜数。从团扇来看，梅若的笔势是精妙而又"安分"的，这与他循规蹈矩、不擅机巧的秉性大抵一致。画界浮华嘈杂，年近古稀的梅若似乎就像天生的绝缘体，甘于寂寞，安于平凡，不追名，不逐利，沉浸在书画世界里孜孜以求。因而，他的笔端总是呈现出典雅温儒的静谧气氛，看不到半点卖弄或造作，给观者以蔼然可亲的平行感。其实，早在25年前，画家茆帆就在《书与画》杂志撰文，高度评价梅若的花鸟画，称他"真是安分得很悲壮的一个人"。这么多年过去了，物是人非，人是物非，梅若依然坦诚随和，宽厚大度，依然慢吟浅唱，沉声静气，依然画他的"草长莺飞二月天，拂堤杨柳醉春烟"。这样的"安分"，比起那些一有点名气就顾盼自雄的画家，不晓得要高明多少了。

和梅若的"安分"相仿佛，余欣也是一位讷于言、敏于绘、有些"守旧"的画家。举目画坛，叫余欣的华人画家有好几位，景德镇画陶瓷的，新加坡策办画展的，我所收藏的团扇画者，乃上海书画院专职画师余欣。

乍一看余欣的山水团扇，还以为是陈翔画的，但细细打量，却是别有天地。团扇属于小品，但是余欣在构图上依然掩藏不住恢弘气韵与高古格调，但见扇中山峦明丽，凉亭静谧，看树有色，闻水有声，远近景象之对比，虚实疏密之掌控，一切都在氤氲中悄然生动。

你可以说余欣"守旧"，却不能否认他的"出新"。余欣拜美术理论家、山水画家江宏为师学艺，故其山水画传统功底扎实，具有浓厚的文人气息。他醉心于南宋山水技法，用墨层层渲染，秀润恬静，画家胸中块垒与笔墨涵养相济相生，透过皴擦晕染的一招一式，构筑起契合现代审美情趣的空间秩序。团扇虽小，以小观大，古意今情，辉映于山水之间。此间的"小"，已非浓缩的边角盆景，而是画家对传统章法的变奏和气脉的延续，并消化融入到抑扬顿挫的线条之中，使自然景物的生机勃发纤毫毕现，呼之欲出，进而成为物象之灵魂、意境之窗口，令人赏心悦目。

余欣《山居图》扇面

丁一鸣《仕女》团扇

闲读媒体报道，说余欣的画作巡游九城艺术联展，在各城市都十分抢手，有相当的升值潜力，"在沈阳一经亮相便被藏家订购，后期从上海急调了4张作品也很快被藏家摘走，所以喜欢余欣作品的藏家要尽早来展厅参观，以免再次错过，留下遗憾"。这般说法，有点大卖场急吼吼吆喝的味道，夸张得很，反而叫读者满腹狐疑。不过，余欣的作品开始受到买家重视，倒是可以确定。

有如一枚硬币的两面，画家中既有"安分"的，也有"不安分"的，丁一鸣就属于后者。我的《扇解人意》一书，曾收入丁一鸣的扇画"我亦闲中消日月"，其时我在文末写道："丁一鸣，我看好你！"回首观之，我确乎没有看走眼。几年前这帧扇面，只花费了二三千元，而今的丁一鸣团扇，已高歌猛进至八千元，且是徐乐华给我"优惠"的，顿生"不知有汉，无论魏晋"之慨。

此柄团扇，构图颇见奇趣：中间一道竹帘将扇面隔成两个空间，堪称"黄金分割"，晕化清丽淡雅，留白出人意表，隐约朦胧的背后，仕女形象慵懒闲散却极见妩媚，有种"我本将心向明月，奈何明月照沟渠"的一往情深，于眉目间展露无遗，跟古典词意婉约契合。况且，仕女手中也执有一柄团扇，扇中有扇，扇中有画，画中有扇，蕴涵了无比丰富的笔墨意象和艺术情味。常常，丁一鸣在经意与不经意之间，赋予一切视物以灵性与韵致，用枯笔焦墨和水墨淋漓浑然相融，复迭成一种既玄幻又和谐的生动景象，挖掘出匠心独运的翰墨惊喜。

或许，这些轻秀率意的仕女及高士形象，并非丁一鸣的挥洒追求，他只是以墨驭笔，宣泄其豪迈磊落的绘画语言，于斯文散漫中抒发平淡天真，流露冷眼深情。他所画出的不是某一位古人，抑或某一处山水，而是他戛戛独造的水墨审美取向。丁一鸣，果然画若其名：不鸣则已，一鸣惊人。

团扇题诗春又晚。小梦惊残，碧草池塘满。一曲银钩帘半卷，绿窗睡足莺声软。告别百乐草堂，我跟徐乐华讲，假使再有画家画团扇，快发图片给我哦。我喜欢这种"团团转"的充盈和恬雅。

赏心而知"肉"味
——上海书画院画师刘亨、涂旭峰、顾炫、蔡毅强

雅玩扇文，竟然出现这么多的"肉"，"肉"飞眉舞，"肉"心"扇"骨，恍然"舌尖中国"，妥否？其实，美术与美食，都有一个"美"字，尚美之心，人皆有之；何况，名家画论里也是"叨叨见肉"……

这年头，"野狐禅"画院屡见不鲜，两三个画匠凑拢，撑起一块招牌，我当院长，你当副院长，还剩一个，封个秘书长，人人都有头衔，泥沙俱下，鱼目混珠，一时间叫人良莠莫辨。然而，圈内真正认可的沪上美术创研机构，惟有两家：一曰上海中国画院，一曰上海书画院。

你若盛开，蝴蝶自来。上世纪80年代末，上海书画院的前身上海书画研究院启帷，画家杨正新、韩敏先后担起院长之责。2002年，研究院正式更名为上海书画院，聘请陈佩秋为院长，乐震文为执行院长。前一阵子，上海书画院动作频频，交关闹猛：一歇歇到祖国三大宝岛之崇明岛开辟书画创作基地，一歇歇在恒大古玩城"良禽择木"设立画家展厅，一歇歇白相"高大上"搭建海上绘画流派数据库，一歇歇群体性培养发掘丹青"小鲜肉"长江后浪推前浪……忙得一天世界，沸沸扬扬。

上海中国画院画师的扇作，我搜罗了一些，上册扇著《朝花夕拾》一文中亦有记述。算是无心插柳，新近收进若干扇面，竟有几枚上海书画院着力培塑的"鲜肉"，"鲜"得跳脚，"美"到冒泡，且容我逐一叙来。

"红烧肉"刘亨

刘亨的"亨"，释义诸事顺意，路路通达，怪不得刘亨从艺之路走得顺风顺水，

刘亨书法扇面

刘亨《秋壑松风》扇面

得心应手。有段时间，关于他的推介文章在各大媒体铺天盖地，颇有"猛火红烧"的意味。70后的刘亨，毕业于上海大学美术学院中国画系，在上海多所艺术高校兼职任教，如今蛰居"云间"（古时松江称谓），当起了上海书画院松江分院院长。

年少时，刘亨在书法家父亲刘兆麟的影响下，由颜体入手，及至诸家，深得裨益，练就童子功。正所谓书画同源，稍后刘亨开始主攻绘画，摹古路径十分清晰，以步入大学校园为界，从明清文人画转向晋唐宋元之规整画，追本溯源，临习求变，于坚守中重温传统之精髓，师古而不泥古，旨在融会贯通。观其"工笔意写"抑或"意笔工写"，探寻新趣味，摆脱"业余味"，状态干净明丽，古朴高雅，渐呈自家面目，令人赏画之余，不免发思古之幽情。

绘画"六法"之首，便是"气韵生动"。看刘亨的扇画"秋壑松风"，秀石苍柏，蕴藉高旷，近松以细笔写出，远峦以淡墨轻染，树浓山淡，浓淡相间，烟云流润，古气郁勃，境界幽美静谧，秀逸中表现变幻莫测之态，浑厚中尤显萧散洒脱之趣。扇子画得有味，但比照刘亨的名头，价钱却是"贵"到没朋友。我还价，画廊老板象征性作了让步。万般纠结之际，忽见扇子背面刘亨小楷抄录的晋人陆机《遂志赋》并序（注：画家误写为陆云陆士龙，系陆机陆士衡之胞弟也），密密麻麻，足有四五百字之多，且记："华亭刘亨书于见山草堂南窗灯下，时窗外狂风暴雨之大作然画得深意未记天籁耳。"当下世人多见心浮气躁，能有年轻画家浸淫书画而物我两忘，余感慨系之矣，遂解囊埋单也。

"笋烤肉"徐旭峰

说罢本帮"红烧肉"刘亨，再来一道宁波"笋烤肉"徐旭峰。光阴荏苒，上海书画研究院诞生时，镇海人徐旭峰刚刚会蹒跚学步。眼下，徐旭峰已经获得上海大学美术学院硕士学位，转而成为上海书画院一名画师。

和刘亨走的似乎是一个路子，徐旭峰对书法、篆刻、绘画理论的涉猎，比同龄人更深一层、更胜一筹，他以近千年前宋代院体画的形式趣味，借鉴当代艺术精神，表达今世人生的审美思考，"移步不换形"，脱窠臼而出新貌，得古法而渐成一家。即说他绘就的这面"清荷消夏"扇画，秉承了宋院画线条轻盈的传统，又不乏当代人的独特视角，设色淡逸雅致，清淡疏简，纯净而充沛的机心和道心纵横交织，洋溢于弧形空间，墨色之间，闪烁着年轻画家的天赋与灵感，以及参禅悟道所生发的哲

徐旭峰《清荷消夏》扇面

学意蕴。

很长一段时间，徐旭峰在恩师乐震文院长的支撑下，除了涂抹小山小水小趣味，还埋头搞起了一项浩繁"大工程"——海上绘画流派数据库。这个项目，史料堆积如山，信息汗牛充栋，板凳要坐几年冷，但结果或许是三个：第一是吃力，第二是不讨好，第三是吃力不讨好。没有一颗耐得住寂寞、守得住清贫、挡得住诱惑的平常心，根本拿不下来，就像我们银行博物馆操持"中国近代银行业大词典"工程一样。然而，徐旭峰不为尘世纷扰所动，仿佛"竹笋烤肉"的小火慢炖，从列定名单到整理年表，从赏鉴作品到口述采访，心无旁骛，追根溯源，聚沙成塔，初见端倪。并且，他率先"抢救"的也非名师大家，因为大名头的资料满坑满谷，早已有人为之树碑立传，而是独辟蹊径，将目光瞄准那些画艺卓然却被时代湮没的"画坛隐者"，为海派绘画脉络传承竭忠尽智，殚思极虑。

人的一生，有意义、有意思的事似乎并不常见，把有意义的事做得有意思，才是正道。正是从画史挖掘中孕育而出敬畏之心、敬爱之意，让徐旭峰的画作于调朱弄

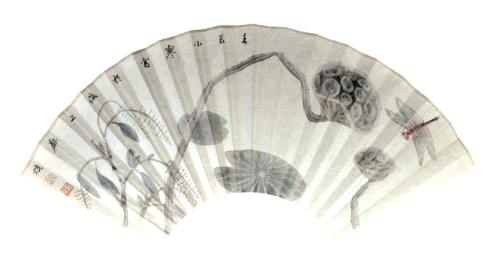

顾炫《蜻蜓莲蓬》扇面

蔡毅强印谱扇面

紫、意定神闲中，让人读出一点清高，一分淡定，一丝灵动。

"粉蒸肉"顾炫

不同于"学院派"刘亨、徐旭峰的求艺修炼，上海书画院画师、"翰青雅集"艺术总监顾炫经历的却是一条画坛"私塾"之路。顾炫的父亲顾潜馨，海派工笔花鸟画家，师从吴湖帆高足张守成，梅景书屋的正统艺术血脉，也因此延续到了顾炫身上。纯粹依靠家学渊源，顾炫先是"吃萝卜干饭"练了三年线条，又临摹了大量宋元绘画经典，再对着身边的花鸟鱼虫写生，在吸收父辈绘画养分的同时，融入自己的笔墨感悟，创造出符合现代人审美体系的丹青面貌。

看顾炫的扇画，一枝莲蓬，一片荷叶，一只蜻蜓立上头……格调幽深，敷色雅致，疏密的组合，俯仰的角度，韵致的掌控，氛围的烘托，都有别于传统花鸟画构图，充满了当代气息。他的作品，不卖弄才情，不炫耀技巧，而是将自小打磨并积累的功力，老老实实地展露无余，在烂漫画境中达到古意与今风的精神契合。就好比菜肴里的"粉蒸"做法，现代时尚的渲染，无疑增添了情味对素材的附着力，画面的粉性和笔墨的浓淡有机调和，从舌尖、鼻尖到心尖，芬芳氤氲中自有一股素雅幽玄的好味道。

当代人的心态，急吼吼，气汹汹，扑腾腾，乱糟糟，假如有闲读读顾炫的工笔花鸟，倒是一桩将"鸡汤"熬成"高汤"的赏心乐事。据说顾炫的画室，就选在浦东的一栋老宅里，此间粉墙黛瓦，杨柳依依，竹篱茅舍，鸡犬相闻，非常适合制造闲云野鹤的生活，挥洒古朴清旷的画品。

"酱油肉"蔡毅强

晓得蔡毅强，得益于香山画院蒋小姐的推介。8年前我的《扇有善报》行将面世，欲请人刻一枚书名章，经蒋小姐牵线，遂敲定西泠印社社员蔡毅强。但当时我们仅限于你刻章、我付酬的简单关系，银货两讫，谢谢再会！直到2013年，我的动漫收藏新著《漫不经心》，亮相上海书展并作签名售书，未想蔡毅强也是一位漫画藏家，那天他顶着高温酷暑，挤在排队的长蛇阵里等待签售，我们这才真正对上了号、接上了头。

不多日，蔡毅强专程造访我的办公室，带来了他精心集藏的漫画家自画像图册，想让我也在上面留下"墨宝"。我当即翻了翻图册，徐昌酩、杜建国、徐克仁、郑辛遥、沈天呈、谢春彦、潘顺祺、戴逸如等人的头像跃然纸上，都是大名赫赫的漫画名家啊。看了这个"阵容"，我有些怯阵，欲退避三舍，但拗不过蔡毅强的蘑菇战术，只好取出画笔，曲线加圆圈，眼镜加鼻头，寥寥数笔，在图册上绘就了我标志性的自画像——呵呵，曾有好友说我的漫画头像，跟七喜小子Fido Dido略有几分相似。蔡毅强心满意足地收起图册，拿出他的一帧印谱扇面，称这幅扇面前不久参加了上海扇博会，没有卖出去，不妨转赠给你吧。这番坦诚，令我接纳之余，顿生几分钦佩与感怀。

浏览上海书画院网站，倏然发现蔡毅强亦是他们的兼职画师，但从年龄来看，应该算是"老鲜肉"了。蔡毅强自幼喜好舞墨弄刀，经杨之光发蒙，后受业于安持传人徐云叔，篆刻主攻精整工稳一路，尤以细朱文印为一绝，用刀稳健峻朗，线条珠圆玉润，印风爽健豁达，气息和畅。在他观来，"无论是工整或写意，万变不离其宗，篆法的妥帖，章法的经意，刀法的自然，传达的都是一种古雅惬心的神韵"。

梁实秋先生在《雅舍谈吃》中提到了"酱油肉"，柔曼殷红，晶莹凝玉。正宗的酱油肉，得先把肉在酱油里腌泡，再挂起来风干，再泡，再风干，如是再三，历久弥醇。等待的过程也是一种幸福。蔡毅强的为学态度，恰似耐得住守望的酱油肉，屏气敛息，师宗高远，锲而不舍，金石可镂。所以，面对细朱文印创作领域王福厂、陈巨来两座难以逾越的高峰，蔡毅强知难而为，因材游刃，以谦谨的治学风范，优游于方寸之内，终融合百家，艺事猛进。细赏他留赠的印谱扇面，宛如落"印"缤纷，平实中不失奇崛，巧思里曲尽雍容，一呈静穆祥和、隽秀高洁之风神，绝无刻意雕琢之匠气。毅强兄的从艺态度，借用一篇文章的标题概而括之："兴幽松雪见，心苦砚冰知。"

红烧肉、笋烤肉、粉蒸肉、酱油肉……雅玩扇文，竟然出现这么多的"肉"，"肉"飞眉舞，"肉"心"扇"骨，恍然"舌尖中国"，妥否？其实，美术与美食，都有一个"美"字，尚美之心，人皆有之；何况，名家画论里也是"叨叨见肉"：中国美院院长许江感慨"绘画是有肉身之痛的"，毕加索画画讲究"灵与肉的完美结合"，如此这般，我尽可以壮起胆子做一回"肉祖宗"喽。

附庸风雅or附庸俚俗

——另类裴晶一本"歪"经念到底

按照炳刚兄的说法，裴晶是一位很难被归类的画家，人家争着"附庸风雅"，而他却喜好"附庸俚俗"，彻底放下科班出身的西画兼国画的身段，化大雅为大俗，肆无忌惮，嬉笑怒骂，一本"歪"经念到底，倒能歪打正着，自成一格。

不知怎的，每回遇见姓裴的朋友，脑子就会联想到保险监管领域有位叫裴光的领导，直呼其名，听起来"赔光赔光"的，哪能不让那些看似神抖抖、气昂昂的各家保险公司老总，见到他不慌兮兮、吓势势甚或死翘翘？

这里推介一位姓裴的画家，大名裴晶，虽说音似"赔金"，但比起"赔光"来，总归要强一些。

锦绣文章的李炳刚，"转会"去宋庆龄题字的少儿出版社当了副社长，看他笑起来天真烂漫、萌态可掬的模样，我觉得他的选择是"合乎情理"的。一天炳刚兄来了电话，说裴晶老师的工作室周末有个雅集，他看过你写的扇书，想邀请你一起聚聚，肯赏光吗？

裴晶老师？立马查了网络，发现人家可真的是做老师的啊。60后的裴晶，出生在上海，却在北京的部队大院里长大，从上海戏剧学院舞美系毕业后，便留校当了老师，办过《老裴画老画》个展，还策划了《集体堕落》上戏毕业生艺术展——什么什么？上戏毕业生"集体堕落"？再看裴晶老师自刻的闲章，诸如"身心触电"、"桃花儿开"、"作风问题"、"闻香而动"之类，虽未谋面，感觉此人是个表象慵懒、内心执著、情趣丰富的搞艺术的家伙。

裴晶《洛神》扇面

那个周末刚好有事，辜负了盛情邀约，也无法验证我对裴晶老师的直觉对不对头。后来逛画廊，瞄到一帧裴晶泼墨的"洛神"戏画扇面，仿若传出梅兰芳的唱词"思想起当年事心中惆怅，再相逢是梦里好不凄惶"，线条流动而变形，形态颠覆而夸张，色彩艳丽而明亮，是我想象当中的裴晶画风。于是摸摸口袋，请"神"回府，心里禁不住打油一句：相识何必曾相逢，买把扇子扇扇风！

之前对于裴晶的作品，孤陋寡闻，无缘领教，但只要说起他绘制的电影《姨妈的后现代生活》海报，令我印象深刻，眼前一亮：斯琴高娃珠光加宝气露出一道事业线，周润发古装加领结笑出十颗大板牙，造型另类却又惟妙惟肖；花花绿绿的世俗图景中，添加了几多顽主式的佐料，传统的时尚的跨界的交织在一道，嚣张泼辣地呈现出都市百变风情。上海话称功夫、技艺为"生活"，功夫道地、技艺精湛，常说"生活做得清爽"，就这个词汇的内涵延伸出去，这幅无厘头、风格化的电影海报，完全称得上是《裴晶的后现代"生活"》。

以戏谑之笔演绎戏韵，以戏耍之味烧炒戏码，游戏翰墨，戏画连篇，乃裴晶之拿手好戏也。我曾读过裴晶老师的另一种"戏画"——革命样板戏画集，让杨子荣李玉和郭建光一拨英雄人物，置身于酒池肉林、声色犬马之中，不惜冒犯公众的传统价值观审美观，通俗、谐俗、逸俗，甚至有点艳俗，画面太"露"叫人不敢看。按照炳刚兄的说法,裴晶是一位很难被归类的画家,人家争着"附庸风雅",而他却喜好"附庸俚俗",彻底放下科班出身的西画兼国画的身段,化大雅为大俗,肆无忌惮,嬉笑怒骂,一本"歪"经念到底,倒能歪打正着,自成一格。

至于裴晶老师的工作室,我还是想抽闲去坐坐的,时间嘛,就等到这本扇书付梓出版之时吧。

裴晶电影海报《姨妈的后现代生活》

跨出去，还能收得回

——杂家卢金德头衔多到"一天世界"

《芥子园画谱》，乃清代中国画技法图谱式教科书，或曰初试丹青者之启蒙良师。卢金德笔名"芥子园"，爱开玩笑的程十发生前碰到卢金德，常用上海话谐音称他为"驾驶员"。

卢金德不时来我办公室，给我主编的《行家》杂志送稿。每次来之前，总要问一遍从宝山到浦东陆家嘴的交通路线，公交车坐几路，地铁怎么换，出了站朝哪个方向走，到了银行大楼进哪扇门（我所在的办公楼有好几个进口），每回都问，好像从来也没记住过。我必得不厌其烦为他指点迷津，请他一路当心。

年近七旬的老作者，冒寒暑，顶风雨，靠着两条腿传递稿件，进门还口口声声称我"黄老师"，叫我十分过意不去。我塞给他一张交通卡，让他以后打车过来，他执意不肯收下；我又说时下网络便捷，投稿犯不着吃吃力力跑一趟，毕竟路途迢迢，步履维艰。这之后，卢金德倒是不常来了，写好稿子，请家门口的电脑誊印社代为打字，并拜托朋友通过电子邮箱发来，一切有条不紊。

印象中，卢金德似乎永远都穿一件灰灰旧旧的茄克衫，皮鞋上的泥迹也不擦洗，花白头发如一团乱麻，全然一副不修边幅的邋遢模样，惟有镜片后的一双小眼睛，时常闪动着睿智的光芒，肚子里藏着一本沪上文坛"活字典"，听他聊艺林艺人往事，绘声绘色，很有趣味。现如今他不来坐坐，倒令我若有所失。

不想当作曲家的诗人，不是一个好画家。看卢金德递来的名片，说"叹为观止"恐怕一点都不夸张，头衔多到"一天世界"，除了美术家协会会员是"中"字头的，其他身份尽管均属"地方粮票"——上海市的，这也绝不简单：作家协会会员，书法

卢金德《舟行图》扇面

家协会会员，音乐家协会会员，舞蹈家协会会员，摄影家协会会员，戏剧家协会会员，民间艺术家协会会员，创意设计工作者协会会员……顶顶让我想勿通的是，卢金德怎么还是舞蹈家协会会员，看他质似蒲柳的身段，哪能做得出羽衣蹁跹的优美造型？

卢金德舞之蹈之，我不看好，但对他的丹青泼墨，却刮目视之。他用大写意色彩，巧妙表现山水画的皴法，转沉厚为轻灵，生动见骨，意气风发，荡漾着葱郁清亮之新韵，沁人心脾。所谓"种瓜得瓜，种豆得豆"。卢金德的灵性，得益于"贵人相助"，他长期供职文化单位，与前辈画家抬头不见低头见，加之他美术理论功底扎实，善于博采众长，将油画、水彩、粉画的技法统统融入中国画，借鉴多，变化多，画法多，故而事半功倍，别开生面。

《芥子园画谱》，乃清代中国画技法图谱式教科书，或曰初试丹青者之启蒙良师。卢金德笔名"芥子园"，爱开玩笑的程十发生前碰到卢金德，常用上海话谐音称他为"驾驶员"。至于他是怎么在艺术大道上纵情"驾驶"的？无须我赘言，沪上诸多名家已有精辟评述，交关省力，只消拿来"粘贴"一下即是——

陈佩秋说：卢金德上世纪80年代初就认识谢老了，很尊重前辈。他"文革"后进

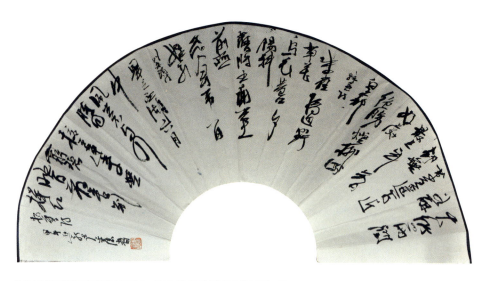

卢金德书法扇面

入了文联，那时好多前辈文艺家健在，他真诚地向他们讨教，音乐、戏剧、曲艺都很认真地当回事研究的。他认识的前辈画家又多，本身又是作家，什么叫文人画，就是融会贯通。

陈燮君说：卢金德起步于艺术史的研究和美术赏析文章的撰写，他善于理性思考和艺术哲理的分析提炼，这自然为他的绘画作品融入了理性思维，在重视绘画性的同时又努力显现思想性，强调艺术理念的凸显。

程多多说：卢金德看的书很多，严冬时节也捧着书。我父亲很是欣赏这种苦读书的精神，对卢金德印象也好。与比自己有水平的人接触是卢金德学习的方法，也使他的文章有理论深度。改革开放后，中国美术又从传承进入创新期，卢金德去了上海美术家协会，犹如买得一张台前的票，他对上海美术的发展看得一清二楚。

曹可凡说：画画要像读书一样下功夫，要多看，借鉴别人，你借鉴得法，绘画就会进步快。卢金德供职的单位多艺术专家，他时常向他们讨教。现在他退休了，有大块时间了，音乐、戏剧、文学、古书、现代书都要看上几回，进补也。

……

这样的"驾驶员"，想必会一路驰骋，勇往直前。前些日子，好久不见的卢金德又来我办公室，因知我喜好藏扇，特意送上他新绘的山水扇面，"请黄老师指教"。卢金德还是一如既往的温良恭俭让。扇画满眼青山叠翠，碧水透绿，印象派色彩与传统墨韵水乳交融，又见书法笔触出势生趣，文人气息甚为浓郁，蛮灵，蛮灵。

无意中读到一条拍卖信息，卢金德的扇画"万紫千红"，在2014年初夏上海国际会议中心的一场拍卖会上，从1800元起拍，落槌价定在6600元，战绩不俗啊。平心而论，卢金德的作品，是否真值这个价码，我说不好，但听朵云画廊原掌门人沃明东兄讲，其扇作曾摆在朵云轩的柜台里摆过一阵，二三千块一幅，卖得不错。想想人家卢金德的墨迹，还是蛮吃价钿的，得空我要挑份礼物回赠给他，算是无功不受"扇"，来而不往非礼也！

据云多年前澳门举办海派名家画展，主办方也带去了卢金德的两幅山水画。几位参展的"知名"画家心里有点不爽，且出言不恭：哪能让介小名头的人"混"进来了？闻之我倒要替卢金德抱不平：你们除了一辈子仅仅会画几棵树几只鸟，还会什么？肚皮到底有多少墨水？有本事也来写几篇诗歌、谱几首曲子、编几出小戏，酸叽叽说人家"混腔势"，依倒是来"十八般武艺"混混看？

卢金德的"跨界"，玩得风生水起，有模有样。

《芥子园画谱》封面

苏腔苏味

——姑苏城"淘"得顾曾平、周矩敏、潘振元扇作

在审美追求上，苏州评弹讲究"理、味、趣、细、技"。理者，贯通也；味者，耐思也；趣者，解颐也；细者，典雅也；技者，工夫也。同样，书画创作之神形气韵，虚实呼应，也脱离不了这个法则。

有些焦虑，是因为还没有举槌；有些兴奋，是因为已经落槌。

辛卯初夏，苏州南园宾馆。来姑苏城拍卖淘宝，难免要关注一下当地的名家作品，就好比外出旅游，总得捎带一点土特产。菜肴，我喜欢吃"苏式"的；戏曲，我喜欢听"苏式"的；扇画，"苏式"的亦别具风味。

初夏时节雨纷纷，或许是一场大雨阻挡了买家的脚步，那日现场"小猫三只四只"，竞拍比较清淡，只消一二个回合，我就将几位苏州书画家的扇作收入囊中，心里好比吃了一颗采芝斋的粽子糖，交关甜蜜。

苏州画家，又画苏州风情，合乎我入乡随"苏"的兴味——顾曾平的扇画《姑苏人家》，首先闯进我的眼帘。但见泥金纸本扇面，树木掩映之间，透过推开的窗户，两位姑苏女子犹抱琵琶，弹弦弄乐，似在低吟弹词开篇：窈窕风流杜十娘，自怜身落在平康，她是落花无主随风舞，飞絮飘零泪数行……糯腔糯调，委婉动人，气清韵雅，情景交融。

国家一级美术师、苏州美术馆专职画家顾曾平，擅长中国写意人物画，但画得最得心应手的应该是连环画。记得小辰光，我看过他编绘的连环画《双喜嫂》，有点类似阿庆嫂与敌人斗智斗勇的故事，封面上的双喜嫂手持20响匣子枪，英姿飒爽，威风

顾曾平《姑苏人家》扇面

八面，形同女汉子，令我印象至深。这本小人书，曾入选1973年全国优秀连环画展，现在仍是连坛藏家"五筋吼六筋"竞相争逐的精品。

插图，是文学作品不可或缺的部分，为美文配插图，使顾曾平与文学结下了不解之缘。上世纪80年代，借调到苏州美协的顾曾平，左右开弓，一个人包揽了《苏州文艺》的所有插图。后来陆文夫创办《苏州》杂志，里面的插图也由他独家承包。那段时期，凡是外地杂志约苏州作家写稿，都指名道姓要他配图。这皆源于他笔下流淌的江南水乡风情，清丽婉约，生趣盎然，富有浓郁的姑苏市井气息，单纯的黑白线条里充满了无限柔情。故而，苏州作家范小青的《裤裆巷风流记》初版本出版时，就约请顾曾平绘制了10多幅插图，恬淡细腻的画风，与精巧而密致的小说情节甚为熨帖。

在审美追求上，苏州评弹讲究"理、味、趣、细、技"。理者，贯通也；味者，耐思也；趣者，解颐也；细者，典雅也；技者，工夫也。同样，书画创作之神形气韵，虚实呼应，也脱离不了这个法则。与顾曾平同为苏州老乡的画家周矩敏亦深谙此道，他描摹的《瑞雪丰年》，小小扇面里居然画了九位孩童，外加一个小雪人，全都短眉、细眼、阔鼻、小嘴，笔凝闲情，墨结谐趣，人物造型似乎有着丰子恺的影子，"漫"味十足，

周矩敏《瑞雪丰年》扇面

让我越看越欢喜。

周矩敏科班出身，毕业于南京艺术学院绘画专业，当过苏州国画院院长、苏州美术家协会副主席，名头不俗。生于斯，长于斯，他常选择民国年间视为上海后花园的苏州文人生活情状，作为其人物画创作的系列题材，开辟了"故乡情、上辈人、身边事"的新路子，用独特的视角和鲜活的手法，绘制出《姑苏情韵·百俗图》，景无虚设，笔不妄下，还原了那段流逝岁月的民风乡情，以及老百姓与世无争、随遇而安的生存状态。清新质朴的笔墨记录里，透溢出一种农耕社会乌托邦式的精神追求，历史感、朴拙感与幽默感纷至沓来。尤其是画卷里那些个"人人头"，动作幅度收敛，表情细微含蓄，举手投足，给人一种慢条斯理的感觉，典型的江南人体貌特征，亲切而和谐，倾注了画家强烈的地域情感色彩。这般奇风高格，在他的方尺扇画里，也挥洒得淋漓尽致。

偶然得知，周矩敏的笔墨技法，曾得到海派书画大家沈子丞的传授。我的旧著《扇解人意》，其中一篇《多收了三五斗》就写到了沈子丞。上世纪30年代，沈子丞已驰名海上，诗书画论，无不精能，人称江南才子。只是遭遇"文革"之后，老先生被上

潘振元书法扇面

海中国画院扫地出门，隐居苏州。他生前没有一官半职，平时甘于寂寞，洁身自好，埋头画案，缄默寡言，故而渐渐被人遗忘。恰是这段被"革命小将"撵出上海的插曲，让周矩敏捕获了跟名家研习的宝贵机缘。大师教诲如暮鼓晨钟，使他的才情学养和审美旨趣得以迅速提升，运思更为精深，运笔更为精到，师承传统之余，别出机杼，自立新貌。

好扇背后有好字。中国书法家协会会员潘振元，也是地地道道的苏州人，还担任苏州书法家协会副主席。潘振元的书法，走的是碑帖结合的路子，真草隶篆，各体皆能，其行书苍劲刚健，隶书朴茂古拙，草书骨骼清癯，笔力沉着稳健，雄浑老辣，故有人评价他的字颇似"南人北相"。去过苏州西山古樟园的看官或许会发现，古樟西侧慈航堂之抱对"云横树梢风如黛，雨过岚光翠欲流"，即为潘振元所题。

同沪上书坛前辈任政相仿佛，潘振元也有在邮政系统谋职的经历。身边的同事多是民国时期考入邮局的"长衫先生"，他们满腹经纶，学识渊深，写得一手好字。潘振元虚心讨教，用心揣摩，诗文书三位一体，又在苏州老作家吴凤珍的引荐下，拜师书画名宿、"楹联大家"崔护先生，读书绘画，磨砺气质，终因博览群书而彻悟，专注诗文而凝练,通晓音律而高古,其作品语境,达成了金石气和书卷气的融会贯通。清人刘熙载云:"高韵深情,坚质浩气,缺一不可以为书。"在下觅得一帧"高韵"、"坚质"兼而有之的扇书,不亦快哉!

拍卖会暂告段落,午间稍事休憩,肚皮唱起了空城计,我到隔壁面馆吃碗奥灶面。一同吃面的苏州藏家认出我来,上前套近乎:"侬刚刚拍到手的扇面,全是苏州书画界的老阿哥,阿拉苏州人自家不识货,倒是侬上海人眼睛尖,出手搞定了。不过,苏州的拍卖市场一直像温吞水,今朝侬过来捡到便宜哉!"

一席话,说得我心花怒放。我乘兴加了一份闷肉浇头,犒赏一下自己嘛。嘿嘿。

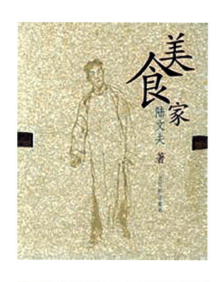

《美食家》封面

《裤裆巷风流记》封面

偶像派使了实力派的劲

——"川味"新人贺娟、吕欣之奇思妙画

表象的缤纷恰是内心忧郁的最好独白。那些童话般的描摹手法，像是一种与生俱来的性情使然，赋予生灵万物可亲可近的"人格魅力"，而悉心营造的空洞落寞的氛围，分明是画家对周遭生态演变的真实感悟，以及由内自外层层传递的无奈心绪。

太太从不对我的扇面藏品评头论足，那天将贺娟的两柄团扇搬回家，太太却禁不住点赞：灵的，两只兔子画得有意思，好白相啊。

太太破天荒的有感而发，让我回过头来更加关注贺娟的作品。一查资料，贺娟与我太太居然是同一年生人，都是1985年的。宅女贺娟是四川美术学院油画系的高才生——请注意，我用的是"高才生"而非"高材生"，前者具备天赋、才气和聪慧，后者则是磨砺自强方成材。大四那年，贺娟同四川美院其他几位美女画家一起，签约上海华氏画廊。在贺娟观来，签约画家身份的最大好处，就是可以让她成为"居里夫人"，宅在家里专心画画，不用外出推销自己。听讲她常常好几天不出门，难得上网，连发邮件也请男友代劳。

华氏画廊掌门人华雨舟人厚道，心肠热，不时为我推荐灵光闪现的新人新作。一次，去他画廊小坐，叙谈间恰巧贺娟发他一彩信，全是新出炉的画作：克隆兔，连体牛，四头鸟，青蛙长出纤足，龟壳布满菌丝，老鼠穿着毒蘑菇的花裙招摇过市……奇妙的组合里弥漫着卡通气息，温和的变形里跃动着工笔匠心，貌似轻松活泼的笔触之中却又隐含社会世相百态，好看又耐看，趣味兼玩味。

贺娟的作品，多以动物为题材，夸张、细腻、梦幻，充满了不可遏制的生命张力，

贺娟抽象画系列扇面

又略带一点点小忧伤，画家的独特气质与复杂情感宣泄无余。前些时候，华雨舟约请贺娟绘制了一批团扇，来得早不如来得巧，我去时刚好完工，他让我随兴挑两幅。二三十柄团扇摊在地上，仿若遍地盛开的朵朵鲜花，姹紫嫣红，锦绣盈庭，一下子让我篓里挑花，眼睛越挑越花。华雨舟请助手燕燕替我参谋，美女助手眼光不俗，我就悉听尊便了。

看贺娟在小小扇面上挥洒别样的精致，既有卡通的古灵精怪，亦有国画的典雅脱俗，她似乎在传统与时尚、冷漠与温情的矛盾体验中，寻求"陌生情景"的和谐表达。表象的缤纷恰是内心忧郁的最好独白。那些童话般的描摹手法，像是一种与生俱来的性情使然，赋予生灵万物可亲可近的"人格魅力"，而悉心营造的空洞落寞的氛围，分明是画家对周遭生态演变的真实感悟，以及由内自外层层传递的无奈心绪。况且，贺娟对于绘画技法的运用，另具一格，除了从传统花鸟工笔中咀嚼精华，也善于吸纳新材料、新手段为我所用。那帧卡通女孩扇面，却以飞鸟的羽翅装饰鬓发，羽毛上又精"点"细画，构成凸起的点状肌理，极富视觉机趣，奇崛诡异，惹人怜爱，真乃心有灵犀一"点"通啊。对照现下充斥银幕圈钱的伪3D，令观者不由得感慨：画家的灵性，才是最真的3D啊！

这年月，画坛"川军"突起，新生代群体脱颖而出，艺术姿态前卫，创作思维多元，不满足于商业化的艺术快餐，不沉湎于调侃式的另类玩酷，而是追寻本源、感受快乐，着眼现实，反思生活，还原绘画纯粹审美的初衷，是谓"微观的现实主义"。这不，华雨舟"扇"开二度，取出贺娟的师兄——毕业于四川美术学院版画系的吕欣的扇作，同样叫我爱不释手。

绘画传达情绪。吕欣在上海顶层画廊举办过油画展，他的作品，呈现出高雅的忧伤，也不乏幽默的细节。窃以为，这样的气质，与《我是歌手3》里的"音乐诗人"李健相仿佛。吕欣放下曾经坚守的刚硬和猛烈，色彩开始变得细腻而丰富，形象愈加萌态可爱，不疾不徐的笔墨叙述中，挟带着一丝难以名状的静谧感伤，又存几多温润的憧憬，同观众展开和风细雨的对话。因此，即便不懂他的思想，看画面就好了，快乐，舒坦，不累人。

吕欣画好，文笔也不错。他的《跟跄画西游》，以另辟蹊径的视角审视西游故事，尝试将绘画与文学编织在一道，36幅油画，10余万文字，或天马行空，或揶揄调

吕欣《深草弥间》扇面

侃，或顾盼生姿，让人脑洞大开，堪称一部充满瑰丽想象的"画册"。这种图文并置的解读方式，好比川剧的"帮腔"（类似歌手身后的伴唱），不强势，不灌输，悠长隽永，娓娓道来，建构起不落俗套的微型趣味史诗。西游记里多妖怪，虽然从未谋面，我感觉，吕欣也是个长相和思路挺"妖怪"的画家哦。

印象中，吕欣的画面里一直有肥猪出没，我藏的这幅扇画，却见肥猪和肥兔在田地草间"嘿咻嘿咻"，有点"儿童不宜"，但卡通化的诙谐处理，丝毫不显猥琐淫邪，足以引人发喙，忍俊不禁。尤其是扇画配以标题《深草弥间》，无疑"幽"了日本艺术家草间弥生一"默"，并将这位"时尚怪婆婆"标志性的大南瓜图案画入扇中，情趣盎然，意味深长。

童话也好，神话也罢，总会在现实面前变成普通话。由此联想到，画题如文题，亦有画龙点睛之妙。你"造"吗？可口可乐曾叫"蝌蝌啃蜡"。大约90年前，Coca_Cola登陆中国上海，当时不晓得从哪里找来一位半吊子翻译，大笔一挥，将之译成了"蝌蝌啃蜡"。看到这四字，人们脑海里浮现的肯定是无数个小蝌蚪在水里啃蜡烛的情形，既恶心，又有点味同嚼蜡的心理暗示。老百姓光看名字就倒尽了胃口，更别说去买一瓶尝尝了。

这里，请允许我自我表扬一下我已经出版的几本书名：《扇有善报》《扇解人意》《家俭成储》……和《深草弥间》一样，一语双关且耐人寻味，想必是极好的。呵呵——见过孤芳自赏的，没见过这般自卖自夸的。

草间弥生南瓜艺术作品

拍案"金"奇

——杨秋宝绘180幅《金瓶梅》扇画

玩收藏，有时也要具备智勇双全的素质，破釜沉舟的气势，面对千载难逢的精品，哪怕囊中如洗也扑上前，就像春晚小品里那句著名的台词：司马缸——砸光！这段心路历程，套用当下流行的语汇来描述，即是"拥有却矫情，没钱也任性"。

我与杨秋宝老师有缘。

缘分一：第一次买杨秋宝绘制的扇画，记得是2008年初秋，不讲价，花了3600元。购下这柄画题为《九天玄女》的成扇，还有一则插曲。那天进得朵云轩大堂，就被杨秋宝扇画里圆润流畅的人物线条所吸引。可惜，袋袋里的现钞捉襟见肘，银联刷卡机又偏偏"吃素碰到月大"——居然"卡"拉不OK，只得悻悻而返。过了半个多月，从俄罗斯出差回国，小别重逢朵云轩，但见那把扇子依然在展柜里顾影自怜，心里就说：缘分啊缘分，赶紧掏钱买下。那份喜悦心情，比我在列宾艺术学院门口买到价廉物美的俄罗斯油画，还要加个"平方"哩。有关这个故事，我记入了"笑侃私家藏扇"系列丛书的第一部《扇有善报》。

缘分二：时隔4年后的夏日，去华宝楼观画展，见有一位长者端坐在画案旁，与同道正谈天说地，听他说得有趣，我这个不速之客也找了椅子坐下。几杯茶的工夫，长者侃侃而论，诗书画印，涉猎成趣，讲到激动处，总要"啪"地一声，拍一记大腿，如同说书先生手中的惊堂木，令听者格外过瘾。边上有人告诉我，这位长者就是画家杨秋宝。闲聊之余，杨秋宝问我也喜欢字画，我回称白相而已，收藏了一点小扇面。杨秋宝马上接口："侬晓得伐，银行博物馆有一位馆长，姓黄，不仅收藏扇面，还搞研

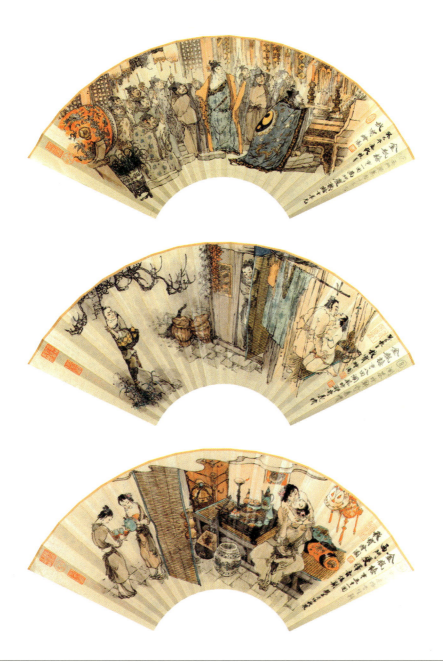

杨秋宝《金瓶梅》系列扇面

究，写心得，出了两本扇文化专著。侬要向伊好好学习啊。"话已至此，我也不好隐瞒身份了，只好自报家门。哈哈，"缘"来如此！杨秋宝说："你的《扇有善报》里，也写了我的一幅扇画，不好意思，让你破费了。"呵呵，低调而谦逊，跟费玉清说得一模一样。

缘分三：杨秋宝曾在文汇报美术部工作，时常根据版面需要锦上添花，画些漫画与插图。上世纪90年代后期，他曾创作长篇连环漫画专栏《阿海小传》，讲述了一位名叫"阿海"的沪上小青年遭遇的社会百态，针砭时弊，寓教于乐，传扬文明之道，在报纸上连载后颇具影响。杨秋宝事后回忆，因为漫画主人公是上海人，所以信手拈来——"阿海阿海"，叫起来蛮顺口的。我自念初中开始，写文章常用笔名"阿海"，阿海遇阿海，感情自然来，两者如故友相逢，交关亲切。一次饭局，杨老师跟我说，那套《阿海小传》的漫画手稿他还藏着，抽空复印一套"拔侬白相相"。我一激动，多喝了几杯石库门老酒……

缘，总是妙不可言。由此，我和杨老师开始了一段"金"喜交加的合作之旅。

杨秋宝"画了一辈子的画"，但是职业画家之路，仅仅走了10多个年头，他自10年前从报社提前退休，就开始靠画笔挣钱养家。"市场需要什么，我就能画什么"，这是他经常挂在嘴边的一句话。没有三两三，怎敢上梁山？在他的绘画生涯中，真正做到了排除一切干扰，心无旁骛，专注丹青。时下的海派绘画中，专攻人物画的画家已凤毛麟角。杨秋宝将人物画创作比喻为一条小路，就像上海的长乐路；而花鸟、山水创作则是一条大道，就像上海的延安路，虽然条条马路都通向外滩，但是小路要比大道来得曲折与艰难，不过好处也有，就是挤的人相对少些，"苦"出来的成就都是自己的。

杨秋宝的"苦"，听起来真心是不胜其苦。年轻时他喜欢涂鸦，家里没钱买纸买笔，就用石子在地上画，用粉笔在黑板上画，有时画到半夜三更，老母亲隔着门板催促："啥个辰光啦，好关灯哉！"——老娘是心疼电费喔。直到杨秋宝参加革命工作进入烟糖公司，一不小心又"混"进了宣传科，这让他真切地体会到"假公济私"的好处：笔墨是公家的，时间是公家的，就连晚上挑灯夜战操练画技，电费也是公家的，而且还在领导面前落个好印象："这小青年不错，人家下了班都去轧朋友、荡马路，他倒是留下来加班加点，苦练基本功啊。"

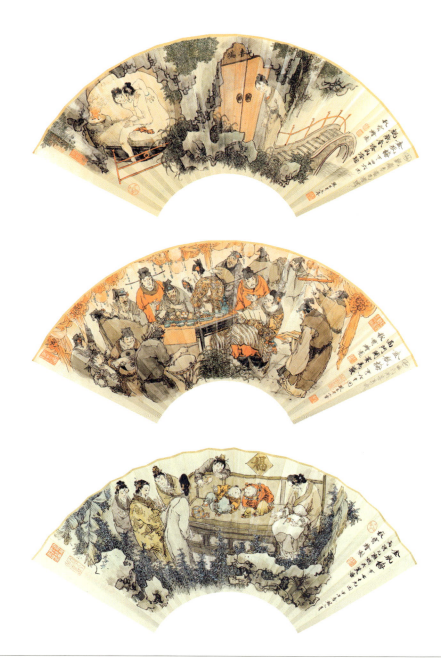

杨秋宝《金瓶梅》系列扇面

聪颖好学的杨秋宝无师自通，每当夜籁人寂，埋头钻研取材于中国古典神话的大型壁画，自学陈老莲的白描笔法，行云流水，铁划银钩，清圆细劲，再学颜梅华、戴敦邦，并融合任伯年赋色浓重、传神写照的特点，博取众家之长，将海派人物画风格拿捏得精准到位。皇天不负苦心人。前代画论所闪烁的思想火花，照亮了杨秋宝的艺术求索之路，他深悟陈老莲之所以成为"大师"，关键在于有所"创"。于是，他笔下的陈派人物遂有所"变"，提升到"似"陈、又"不似"陈的妙境，形成了清新秀雅的"秋宝画风"。

杨秋宝创作的人物画，大到意境构思、人物表情，小到建筑摆件、衣服首饰，无一不作认真考证研究后画就。诸如大观园的金陵十二钗，神话中的水月观音、十八罗汉、八仙过海、齐天大圣，在他的笔下都是栩栩如生，呼之欲出。我在杨老师府上，曾亲睹一幅大型绢画《西游记》白描稿，摊在客厅地上足足有四五个平方米，画面构思奇巧，神仙鬼怪惟肖惟妙，经典情节一览五余，令人叹为观止。

当下，许多称谓变得时髦起来，美术成了视觉，搞设计的都摇身变作"视觉总监"。什么是"觉"？窃以为就是王国维所描摹的"意境"，比古典文学的意境更丰富、更现代，更注重绘画形式的文学意味，这便是杨秋宝的人物画带给观者豁然开朗的新空间。

画人物苦，画连环画更苦。曾经有过一个时期，连环画成了千人摹、万人画的艺术品种，大师者如程十发先生，"山寨"者如农民画家，但这并不妨碍连环画的大俗大雅。杨秋宝长期浸淫于古典名著，并从国粹京剧中汲取营养。一次闲聊，他谈到，京剧语言美，表演程式也美，演员的亮相更美；连环画要生活化，但须有瞬间的定格，把最美的画面奉献给读者。为了画好连环画，祖籍常熟的杨秋宝，还把评弹擅讲故事的特色也移植到了作品中，一个场景他变换多种角度，一个人物造型他反复琢磨，直到把故事"讲"得跌宕起伏，引人入胜。这是画家心智的果实，灌注了人品、学问、才情与思想。所谓"非人磨墨墨磨人"，"韵胜原从骨胜来"。

与杨老师聊天，意外得知，杨秋宝的老丈人，居然是已故著名漫画家乐小英，怪不得他笔下的人物造型，胖墩墩，圆乎乎，笑眯眯，福搭搭，同乐小英创作的"小胖"形象颇有几分神似呢。当年，毛脚女婿还没上门，单凭杨秋宝的两幅连环画稿，就得到了老丈人的首肯，订下了这门亲事。

杨秋宝《金瓶梅》系列扇面

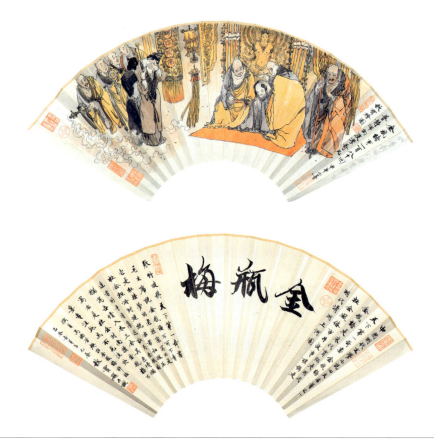

杨秋宝《金瓶梅》系列扇面

　　这段姻缘，让杨秋宝的人生旅程增添了别样的色彩。每每提到老丈人乐小英，他总是"乐先生长乐先生短"，认为老丈人的为人为艺，令他获益匪浅。就这样，杨秋宝的连环画，一口气画了十几年，出版过30多本连环画，部部叫得响：《红楼梦》入选第三届全国连环画展并获优秀封面奖，《墙头马上》获第四届全国连环画展套书二等奖，《武松》入选第六届全国美展，《大亨黄金荣》入选第七届全国美展……早些年在新民晚报"夜光杯"上，曾读到他创作的《琵琶记》、《高风歌》等连环画作品连载，我还一度收集剪贴起来，闲来慢慢欣赏。

　　当然，杨秋宝情有独钟的题材，还数《红楼梦》。约莫四年前，他就开启了一项前所未有的浩大工程，要把《红楼梦》120回故事，搬上120幅扇面。还在潜心创作期间，杨秋宝给我展示了一把已完稿的样扇，扇面呈现的是"林潇湘魁夺菊花诗"一折，密密匝匝画了20多个人物，造型精致，纤毫毕现，扇子背面，还有他蝇头小楷抄录的章节概要。为了这个"红"篇巨制的工程，杨秋宝呕心沥血，精工细绘，按照他的说法，"这辈子也许只此一件了"。

"图咏红楼梦"仅画了三分之二，就被一位藏家以400万元下了定单。这让杨秋宝喜忧参半：喜的是，自己的创作价值得到了市场的肯定；忧的是，这部扇集很可能沦为被人炒作的工具。他打心眼里希望能有真正懂画的藏家拥有这部作品。只是，杨老师是个知恩图报的人，感恩于一家画廊在他危难时刻的援手相助，他最终通过画廊运作了这部红楼扇集……

唉，这年头，不是系紧领口就能成为绅士，也不是敞开袋口就能成为藏家哦。

假如没有假如，也许只是也许。我藏扇，亦藏连环画漫画，在扇面上演绎连环画故事，自然是我心驰神往的一件藏品。失之东隅，收之桑榆。看来是杨秋宝看出了我的心思，再加上他的好友、艺缘斋画廊老板李玲的"撬边"，几番商议，年逾古稀的杨秋宝接受了新的挑战——为我的扇斋定制180幅《金瓶梅》扇画。这可能创下了连环画扇面的"吉尼斯纪录"了。

真的拍了板、定了调，我的心里倒有几分忐忑。毕竟是工薪阶层，尽管杨老师出了一个相对友情价，但对于囊中羞涩的我来说，还是禁不住虚汗淋漓。铜钿银子关心境呵。然而，好酒不怕巷深，好扇不怕价高，对佳作的舍与得就在刹那间，机会稍纵即逝，放过了或许就再也追不回来了。偶然间赏读自家藏扇，其中一柄杨秋宝绘

180幅《金瓶梅》扇箱

制的《司马光砸缸》，给了我颇多启示：玩收藏，有时也要具备智勇双全的素质，破釜沉舟的气势，面对千载难逢的精品，哪怕囊中如洗也扑上前，就像春晚小品里那句著名的台词：司马缸——砸光！这段心路历程，套用当下流行的语汇来描述，即是"拥有却矫情，没钱也任性"。

画过《红楼梦》，再画《红楼梦》的祖宗——《金瓶梅》，从酝酿到起稿，从勾线到敷色，"每天从睁开眼睛，画到闭上眼睛"，杨秋宝花费了将近两年的时间。比起其他文学名著来，被誉为"天下第一奇书"的《金瓶梅》，确实不太好画。幸亏上世纪90年代初，杨秋宝为稻粱谋，替台湾一家出版机构画过一部彩色连环画《金瓶梅》，虽说仅仅取了原著中西门庆与潘金莲相勾搭的一节故事，但构图饱满而不外溢，画风工细而富灵性，深得连环画藏家的追捧，算是"打过草稿练过兵"了。据说杨老师为了创作历史题材的连环画，买了一屋子关于历代人物服饰、建筑等图书，悉心考证，以求画面的细枝末节与史实相符，免出"关公战秦琼"之类的笑话。杨秋宝接活儿，就是这般正经八百。

画《金瓶梅》，"露"还是不"露"？这是个问题。不"露"会失去味道，"露"则容易流于卑俗，男欢女爱的场景无法回避，但杨秋宝的分寸感把握得非常恰当，不淫邪，不粗鄙，不越轨，"三观未毁，节操未碎"，艳而不俗，点到为止，审美愉悦款款而达。某次餐叙，酒酣耳热，席间有人说沪上一位女画家也画了一组《金瓶梅》插图，杨老师嘴巴一咧："女人哪能画得好《金瓶梅》？"听话听声，锣鼓听音，细加推敲，亦不无道理。

收藏是一种信念，相信美好，自然会遇见美好。辞午迎未之际，180幅《金瓶梅》扇画大功告成，喜气"羊羊"地搬进了我的扇斋。仔细打量，扇面扇骨，均为特制，扇面里隐藏"杨秋宝图咏金瓶梅"的印记，前画后字，相得益彰，扇骨则请竹刻名家孟星先生刻上每回书目，再放入红木扇箱，真乃一件精美绝伦的艺术巨制，值得我珍而藏之。

诸位看官，限于篇幅，本书选撷部分《金瓶梅》扇画，一鳞半爪，初窥堂奥。欲观全豹，容我卖个关子——且看下回分解！

后记

一直认为，扇子是一件奇妙的玩意。古往今来，大约有150多位文人骚客，挥写了上千首"咏扇"的诗篇。不知不觉中，我的"笑侃私家藏扇"系列，已经写到了第三本，"尚扇"若水，绵延不绝，意犹未尽。

把玩藏扇，一个人，一间屋，一点柔和的灯光，最好燃上一柱香；有些静，有些凉，有些中年的感慨。闲时抚摸扇骨，赏读扇画，盘摩包浆，感悟气息，脑海里浮现的却是前辈画家长须飘逸的身影，时空交错，古今相通，因缘际会，这就是一柄扇子带给我的独特感受。

古人收藏，讲究秘不示人。就连皇帝的私家珍藏，都小心翼翼地钤上一枚"秘玩"小印，至于历史上的收藏悬案，比比皆是，尘封了过往，埋藏了情愫，叫人玄妙莫测。我藏扇面，却是反其道而行之，挂在墙上，写在纸上，襟怀坦白，落落大方。因为，我的每一柄藏扇，来路清晰可鉴，有据可查，何须遮遮掩掩；况且，与同好分享扇面背后的故事，或捡漏之喜，或打眼之憾，或寻觅之道，倾心吐胆，痛快淋漓，"独乐乐不如众乐乐"。正所谓：扇子有清风，时时在手中，若要问我"借"，共赏趣无穷！

翻完本册，看官心头或存疑问：扇斋主人这些年来收揽的扇面名头，似乎不够大牌嘛！实话实说，我本工薪一族，当下物价高歌猛进，收藏指数也快马加鞭。老底子参加拍卖会，花个五六万，运气好可收获七八把扇子，现在不对了，或许只有一二把进帐。口袋里的银子，无形中被"多收了三五斗"。物有不可强者，则顺其变，不可求者，则安其然。按照这个说法来调整心态，能买进一二把算是不错，被"多收了三五斗"亦无妨，被"收"走的是身外的财物，收获的却是内在的快乐，扇子要买，日子要过，行情心情两相宜，直把"杯具"当"洗具"了。人生得失，笑望风云。对于错过，无法尝试挽留；对于得到，应当充满感激；对于失去，谁能保证那本该是属于你的？收藏之道，莫不如斯！

写作是一门孤独的手艺。前辈的鼓励，同道的扶助，家人的支持，让我以愉悦的心情和专注的态度，从容完成了本书的撰写。书稿从筹备到付梓，需要感谢的人有很多，无法一一列举，只好点到为止了。

一个人最珍贵的特长，就是能够专心致志地做一件事。这是中国工商银行董事长姜建清经常表述的观点，也成为我收藏与写作生活中孜孜以求的精神目标。三本扇书，八年光景，姜董事长始终予以关心和指导，他在《扇有善报》序言里直抒胸臆："字里行间，我们可以读到一名银行员工充实而快乐的业余生活，可以感受到作者笔尖闪耀的思想光芒，更可以体会到培养一种高尚趣味对人生和事业的帮助，正如书名所冀望传达的意义一样"；之后，又为《扇解人意》亲笔题写勉励之词："扇小乾坤大，笔下天地宽。"有缘聆听姜董事长的悉心教诲，如饮甘霖，如沐春风，为我的系列丛书注入了满满的正能量。

光阴荏苒，藏扇系列的出版，经历了上海古籍出版社两任社长王兴康、高克勤，他们的宽容接纳和热忱帮助，使我达成了从"笑侃"、"再侃"到"三侃"的快乐接力。编辑室主任吴长青埋头编审文博图录，抬头细察书业格局，担任了三本扇书的编辑。长青兄钻研甲骨文，我曾持一柄写满甲骨文的书法扇面求教于他，他丁是丁，卯是卯，反复考证，替我揭开扇面之谜。欣闻长青兄近获"上海出版新人奖"，其实他浸淫书界已久，资历深厚，也不怎么"新"了。

书名请上海书法家协会副主席戴小京挥写，缘于热心好友的推荐。移情于纸醉"扇"迷之后，我一度成了拍卖会的常客，相较当今拍场之"怪腔"、"花腔"、"娘娘腔"，兼任朵云轩首席拍卖师的戴小京的拍卖风格，却是干脆利落，一刮两响，我所藏的部分扇面，即出自他的槌下。圈内盛传戴老师有望出任"海上书坛一哥"，谋事在人，成事在天，我未敢妄加揣测。书道是书家人格特质的外化。戴小京擅以轻重疾缓的笔致来表情言志，笔墨优雅洒脱，不激不厉，同他在拍卖台上的表现一样，火候拿捏，恰到好处，我忍不住要赞一记！

"三侃私家藏扇"以钱慧安扇画开篇，杨秋宝扇画压轴，两位皆为海派人物画名

家，跨越百年，其画艺、画德、画品有口皆碑。我与杨秋宝先生因扇结缘，在创作空前绝后的180幅《金瓶梅》连环扇画的三年中，我从杨老师身上学到了严谨踏实的艺术态度，领悟到愈加深切的收藏真谛。末篇《拍案"金"奇》一文写到，20年前，杨秋宝曾在报章上连载长篇漫画《阿海小传》，因了阿海的缘分，他准备将漫画手稿复印一套赠我欣赏。此处，我得奉上一枚"彩蛋"：本书定稿的前几周，杨老师从旧宅里终于找到全套《阿海小传》手稿，连同另一部长篇漫画《阿冲的故事》手稿（请注意，不是复印件哦），一并馈赠于我。这，这可让我如何是好？杨秋宝先生慷慨大度、情深义厚的君子做派，令我肃然起敬。

　　……

　　每个人都是一把扇子，捏在手里，扇自己，扇别人，或被人扇。近读微信，有句话令我感同身受："一直善良下去……你就赢了。"我在杂志上开了专栏，名曰"我本扇凉"，"扇凉"音同"善良"，一语双关，言近旨远。收藏亦是良心事，人在藏，天在看，多行善，自会赢。

阿海

乙未冬日于海上扇有善报斋